우리 시대는 땅에 집착하는 시대다. 땅을 소유하는 것이 행복의 첫걸음이라고 생각하는 사람들이 많다. 땅에 이렇게 의미를 부여하고 소유욕을 드러내는 모습은 우리 시대뿐만 아니라 구약부터 신구약 중간기를 거쳐 신약 시대의 유대교에서도 관찰된다. 팔레스타인을 둘러싼 현대의 논쟁도 구약 시대부터 형성된 땅의 신학에 기반을 두고 있다. 또한 유대교 시온주의와 기독교 시온주의의 뿌리는 "약속의 땅"에 대한 굴절된 이해에 기반을 둔다. 그래서 땅의 신학이 중요하다. 개리 버지는 구약, 신구약 중간기, 그리고 신약 본문을 이 중요한 "땅"이라는 렌즈를 통해 분석함으로써 기독교적 영토 신학을 재정립한다. 개리 버지는 그 땅이 지역적이고 민족적인 땅이 아니라 기독론적이고 교회론적인 영역이라고 주장한다. 그러면서 통찰력 있게 그 땅은 예수 그리스도이자 교회라고 단언한다. 우리 주위에 깊숙이 들어와 있는 약속의 땅에 대한 왜곡된 신학의 민낯을 보고, 신약신학적 관점에서 땅의 신학을 바르게 정립하기를 원하는 신학생과 목회자 및 성경을 더 깊이 이해하기 원하는 성도들이 손에 들어야 할 책이다.

김경식 _ 웨스트민스터신학대학원대학교 신약학 교수

미국 칼빈신학교 신약학 교수인 개리 버지에 의해 집필된 이 책은 땅이 안전과 정체성, 그리고 문화적·종교적 장소로서 가지는 의미의 중요성을 지적하면서 땅 곧 영토에 대해 균형 잡힌 성경적 시각을 우리에게 소개함으로써, 성경이 말하고 있는 그 땅에 대한 이해의 지평을 넓혀주고 있다. 저자는 오늘날 기독교 시온주의자들이 이스라엘의 회복을 예언의 성취이자 성경적 유산의 회복으로 간주하면서 영토주의를 부르짖는 것은 성경을 단단히 오해한 행위라고 일축한다. 그리고 그들이 성경이 말하고 있는 그 땅(예루살렘을 포함한 팔레스타인)에 살고 있는 나그네와 이방인에 대한 배려를 전혀 무시하고 있는 것이 그 증거라고 지적한다. 저자는 결론적

으로 그리스도야말로 더 나은 본향을 열망하는 모든 그리스도인들이 거할 새로운 공간이자 장소(땅)라고 말하면서 땅에 대한 성경적인 답을 제시하고 있다. 성경에서 말하는 그 땅에 대한 매우 유용한 안내서이자 성경을 바르게 알고자 하는 모든 이들의 필독서임을 확신하며 이 책을 적극 추천한다.

김경진 _ 호주 알파크루시스 대학교 박사원장

그리스도인들이 잘못된 행동을 할 때는 많은 경우 잘못된 신학을 근거로 삼고 있다. 그리고 그 잘못된 신학은 잘못된 성서 해석에 기반한다. 저자는 이른바 "거룩한 땅" 신학이 신약성경이 말하는 "땅"에 대한 오석(誤釋)에서 비롯된 것임을 설득력 있게 기술한다. 예수는 "땅"에 대한 새로운 해석을 제시함으로써 신앙이 물리적인 "땅"에만 고착되는 것을 방지했다. 요한복음에 따르면 이제 지구의 어느 특정 지역이 아니라 예수가 바로 "그 땅"이다. 특정 지역이 아니라 예수를 통해서 하나님을 섬기는 것이 본질이라는 뜻이다. 저자는 구약성경에서부터 시작하여 신약성경 전반에 걸쳐 성경의 "땅" 신학을 깊이 있게 다루면서도 특유의 필치로 쉽게 이야기를 풀어낸다. 이 책은 단지 성서의 "땅"에 대한 잘못된 신학뿐만 아니라 우리의 잘못된 성서 해석에 도전하고 있다.

김동수 _ 평택대학교 신학과 신약학 교수

구약과 신약을 관통하는 핵심 주제들이 있다. 예를 들어 하나님 나라(왕권), 이스라엘, 성전, 구속사, 언약 등이 그에 속한다. 이 대열에 반드시 들어가는 주제가 "땅"이다. 오래전 구약학자 브루그만은 『성경이 말하는 땅』이라는 저서를 통해 "땅"에 대한 구약신학적 분석을 소개한 적이 있다. 이에 대비되면서도 상호보완적이며 완결적인 신약 신학적 저서가 출간되었다. 바로 신약학자 개리 버지가 집필한 본서 『예수와 땅의 신학』이다. 이 책은 제목이 암시하듯이 예수 그리스도 사건을 중심축으로 하나님의 "땅 약속과 성취"가 어떻게 구약과 신약을 통해 펼쳐지는지를 매우 유려하게 서술하고 있다. 또한 부제를 통해 한층 더 명확하게 드러나듯이, 이 책은 기독교 시온주의자의 영토 신학이 얼마나 성경을 잘못 이해하고 있는지를 여실히 드러낸다. 한 마디로 이 책은 팔레스타인 땅과 예루살렘에 대한 대중의 몰이해와 무지를 바로잡으려는 매우 도전적인 성경신학적 노력의 결과물이라 할 수 있다. 한국에서 쉽게 볼 수 있는 맹목적 성지순례 열풍과 친이스라엘·반아랍 정치 성향 및 백투예루살렘 운동들이 정말로 성경적 기반을 갖고 있는지를 살펴보려는 사람들에게 이 책은 필독서가 되어야 할 것이다. 목회자와 신학생은 물론 교회의 독서 모임을 통해 일반 신자들에게도 반드시 소개할 가치가 있는 보석 같은 책이다.

류호준 _ 백석대학교 신학대학원 구약학 은퇴 교수

본서는 성경에서 "땅"이 점유하는 신학적 위치가 얼마나 중요한지를 탐구한다. 저자는 "땅"의 의미를 꼼꼼하게 살핀 다음, 이를 토대로 예수가 선포한 "하나님 나라"가 유대 민족주의를 반영하는 정치 운동과 완전히 결이 다를 뿐 아니라, 1세기의 주류 신학과도 전적으로 불일치했음을 지적한다. 또한 본서는 "땅"의 문제를 "그리스도 중심적 해석"으로 해결함으로써 기독교 시온주의의 종식을 선언하는 데 크게 기여할 것이다. 저자는 타자의 고통에 둔감하고 폐쇄적이며 근본주의에 얽매인 해석이 성경의 내용과 얼마나 다를 수 있는지를 정확히 들춰낸다. 이 책의 독자들은 저자로부터 많은 것을 배울 수 있을 것이다.

윤철원 _ 서울신학대학교 신학대학원 신약학 교수

팔레스타인 땅, 이스라엘 땅, 이스라엘-팔레스타인 땅, 유대 땅, 약속의 땅, 성지(聖地) 등 여러 이름으로 불리는 "그 땅"은 세계 3대 종교가 기원한 곳으로 가장 성스러운 곳인 동시에 자기 민족 중심의 영토 이데올로기 대립이 치열하게 벌어지고 있는 가장 세속적인 곳이기도 하다. 이 복잡하고 예민한 주제에 대해 이미 두 권의 책과 여러 논문을 집필한 저자는 이 책에서 다음과 같이 단호하게 선언한다. "이스라엘에게 주어진 땅에 대한 약속은 예수에 의해 대체되었다." 또한 저자는 한국에서 시위하면서 이스라엘 국기를 들고 나오거나, 말세의 징조로 이스라엘의 귀환을 주장하는 백투예루살렘 운동을 펼치는 유대/기독교 시온주의자들에게 "신약성경"은 민족으로서의 이스라엘이 더 이상 구원사나 종말론에 의미가 없다고 말하고 있음을 주장한다. 땅을 주제로 한 언약신학과 종말론에 대한 흥미로운 주제에 관심이 있는 성도들과 신학생들과 목회자들에게 이 책을 강력하게 추천한다.

이상일 _ 총신대학교 신학대학원 신약학 교수

개리 버지는 이 책에서 팔레스타인 땅에 대해 "그리스도인답게 생각하는 것"이 무엇인지를 잘 보여준다. 저자는 빼앗긴 땅을 회복하기 위해 갈등과 투쟁을 불사하는 유대인들의 생각과 기독교 시온주의 운동의 위험성을 경계하면서 약속의 땅에서의 평화와 공존의 미래를 모색한다. 저자는 구약성경에서부터 시작하여 사해사본 및 필론과 요세푸스의 저작을 통해 "그 땅"에 대한 인식을 살핌으로써 영토 지상주의적인 태도를 견제한다. 더 나아가 예수와 신약의 여러 저자들이 "그 땅"에 대해 보여주는 생각을 통해 민족주의를 넘어서는 세계주의적인 기독교적 가치를 표방한다. 이 책은 독자들에게 "그 땅"에 대한 균형 있는 시각을 제공하고 평화로운 공존을 위한 고민을 시작하게 한다. 의식 있는 그리스도인들이 반드시 읽어야 하는 귀한 책이다.

이풍인 _ 총신대학교 신학대학원 신약학 교수

개리 버지는 신약학자로서 "땅"(the land)을 성경신학적으로 설득력 있게 제시하며 "영토 신학"의 새로운 장을 열었다. 아브라함이 받은 약속의 땅을 하나님의 언약과 성전 개념으로 연계시키면서, 신약성경에서 예수와 제자들이 그 땅을 교회와 믿음이라는 주제와 어떻게 연결시켜서 이해했는지를 설명한다. 또한 신약성경에서 땅의 주제가 단순히 구약성경의 반복이 아니라 복음서와 사도행전, 요한복음과 바울 서신, 그리고 공동 서신과 요한계시록에서 어떻게 신학적인 관계를 맺고 있는지를 성실하게 추적한다. 저자는 영토 신학을 근거로 현재 이스라엘과 팔레스타인 사이에 지속되고 있는 영토 분쟁에 대해 기독교 시온주의를 비판하면서 그리스도인들에게 윤리적 판단을 촉구한다. 아브라함에게 주신 약속의 땅이 교회와 그리스도인들에게 어떻게 연결되는지를 새롭게 이해하고 싶은 모든 독자에게 이 책을 적극 추천한다.

조석민 _ 기독연구원느헤미야 연구위원

신약학자 개리 버지는 "이스라엘-팔레스타인 땅"과 관련된 올바른 이해와 적용을 현대 그리스도인들에게 제공하고자 본서를 저술했다. 총 여덟 장으로 구성된 이 책은 구약성경과 유대교를 거쳐 신약성경이 진술하는 "약속의 땅"에 대한 역사적 문맥과 신학적 의미의 핵심을 놓치지 않고 잘 엮어내었다. 이 "거룩한 땅"은 예수 그리스도 안에서 현재화된 하나님 나라를 통해 이미 정복되고 성취되었다. 아울러 우주적 신앙 공동체를 이룬 종말론적 하나님 백성인 교회를 통해 땅끝까지 여전히 확장되고 있다. 저자는 유대교의 "민족적 시온주의" 못지않게 기독교의 "신앙적 시온주의" 역시 비성경적일 뿐 아니라 왜곡된 정치 이데올로기로 작동될 수 있음을 제대로 꼬집고 있는 셈이다. 이스라엘 땅에 대한 성경신학적 큰 그림을 소유하기 원하거나 이스라엘 땅으로 "성지순례"를 계획하고 있다면 이 책을 꼭 읽어보기를 추천한다.

허주 _ 아세아연합신학대학교 신약학 교수

개리 버지는 성경에 대한 깊은 지식과 중동에 대한 개인적인 경험을 바탕으로, 구약에 드러난 지리적 영역에 대한 관심이 어떻게 신약으로 가면서 하나님에 대한 믿음을 가진 사람들 곧 유대인과 이방인 모두를 위한 영적 유산에 대한 관심으로 전환되는지를 보여준다. 성경 자료에 대한 그의 설명은 유대-팔레스타인의 상황에서 하나님이 계획하신 이스라엘의 역할과 관련된 불충분하고 잘못된 정보를 바로잡음으로써 그리스도인의 신앙과 행동에 큰 영향을 미친다. 나는 이 주제를 철저하고 학문적이면서도 명확하고 간결하게 정리한 이 저서를 추천한다.

I. 하워드 마샬 _ 아버딘 대학교 신약 주석학 명예 교수

신약성경의 본문을 통해 "성지 신학"에 쉽게 접근할 수 있도록 노력한 저자의 역할이 돋보인다. 논쟁의 여지가 많은 문제에 책임감 있게 참여하기를 원하는 그리스도인들은 버지의 신중하고 건설적이며 도전적인 주장에 진지하게 반응해야 할 필요가 있다.

브루스 롱네커 _ 베일러 대학교 종교학과 W. W. 멜튼 석좌 교수

개리 버지는 이스라엘과 팔레스타인이 첨예하게 대립 중인 "성지"에 관한 논란에 큰 공헌을 했다. 그는 유대교의 상당 부분에서 발견되는 영토에 대한 강력한 충동을 인정한다. 그러면서도 신약성경의 문헌, 특히 누가복음과 요한복음과 바울의 서신들을 고찰함으로써 예수와 초기 교회가 영토적인 차원에 대한 믿음과 거리를 두었는지를 살핀다. 이를 통해 신약이 "아니요"라고 말하는 기독교 시온주의에 대해 강력하고 설득력 있는 비판을 개진한다. 이방인에게 도달하고자 하는 믿음은 영토에 대해 독점적인 주장을 펼치는 폐쇄적인 부족주의를 거부할 수밖에 없다. 그의 성경 읽기는 설득적이며 "믿음과 땅"에 대한 새로운 생각을 보여준다.

월터 브루그만 _ 컬럼비아 신학교 구약학 명예 교수

이따금 신학 풍토를 바꾸는 책이 나올 때가 있다. 이 책은 바로 그런 책으로서 그 땅(the land)에 대한 성경신학을 규정하게 될 것이다. 개리 버지는 그 땅에 대해 아브라함이 받은 약속이 어떻게 성취될지에 대해 예수와 사도들이 이해하던 방식을 조심스러우면서도 체계적으로 보여준다. 아브라함에게 주어졌던 그 약속들이 어떻게 예수 그리스도 안에서 유대인뿐만 아니라 모든 사람과 온 우주를 포함하는지를 설명한다. 이 책은 정말 훌륭한 책이다. 아랍과 이스라엘 사이의 갈등의 원인과 그 땅에 대한 통찰력 있는 성경신학의 기준을 제시하는 "필독서"라 평가할 만하다.

스테판 사이저 _ 『시온의 크리스천 군사들』, 『성경, 이스라엘, 교회』 저자

개리 버지는 이스라엘 땅의 성서 신학에 관한 한 미국 복음주의의 최고 전문가라 할 수 있다. 이 책은 분별력과 상식 및 주석적 통찰력을 되살려서 토론의 장에 내어놓는다. 이 주제에 대해 성경적인 근거로 무장하고 싶은 그리스도인이라면 필수로 읽어야 할 책이다.

크레이그 L. 블롬버그 _ 덴버 신학교 신약학 교수

개리 버지는 여러 해 동안 팔레스타인 사람들 및 이스라엘 땅과 관련한 주제에 집중해왔다. 그는 성경의 자료들을 자세히 검토함으로써 그리스도인들이 그동안 이스라엘 땅에 대해 특별한 지위를 부여해온 것과 더불어 기독교 시온주의에 대해 반론을 제기한다. 오늘날의 교회와 목회자들은 이 연구에 진지한 관심을 기울일 필요가 있다.

클라인 스노드그라스 _ 노스파크 신학교 신약학 교수

Jesus and the Land

The New Testament Challenge to "Holy Land" Theology

Gary M. Burge

시온주의의
성지 신학에 대한
성서적 반론

예수와 땅의 신학

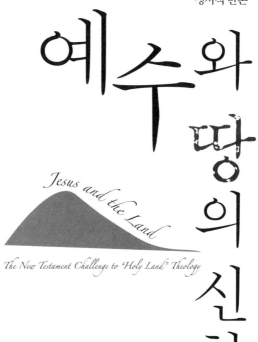

Jesus and the Land

The New Testament Challenge to "Holy Land" Theology

개리 버지 지음

이선숙 옮김

새물결플러스

목차

8장
땅, 신학, 그리고 교회

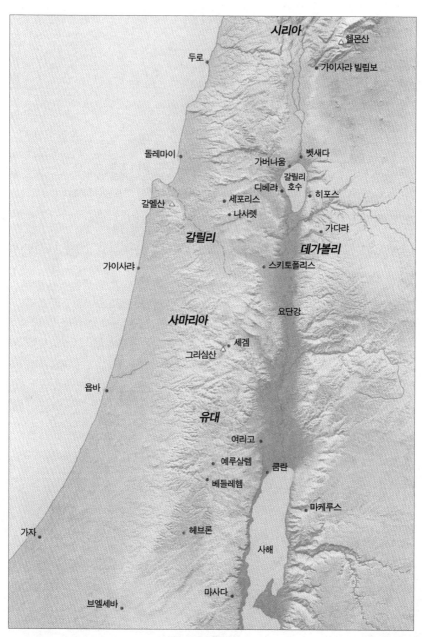

시리아

헬몬산 △

두로 •

• 가이사랴 빌립보

돌레마이 •

벳새다 •

가버나움 •

갈릴리
호수

디베랴 •

세포리스 •

• 히포스

갈멜산 △

나사렛 •

• 가다랴

갈릴리

데가볼리

가이사랴 •

스키토폴리스 •

사마리아

요단강

세겜 •

그리심산 △

욥바 •

유대

여리고 •

예루살렘 •

쿰란 •

베들레헴 •

마케루스 •

가자 •

헤브론 •

사해

브엘세바 •

마사다 •

1세기 성지 지도

서론: 땅, 장소, 종교

땅은 힘이 있다. 땅은 우리가 소유한 지형을 나타낼 뿐만 아니라 뿌리내린 장소를 대변함으로써 우리 자신이 누구인지를 이해할 수 있도록 돕는다. 대부분의 문화권에서 이 개념을 직관적으로 이해하는 반면, 현대 서구 세계는 많은 경우에 타향살이 감성을 갖고 있으며 이것은 정체성을 확실히 담보할 수 있는 장소를 찾고자 하는 열망으로 나타난다. 예를 들어 미국인이 유럽에서 온 방문객에게 자신의 조상이 프랑스나 독일에서 왔을지도 모른다고 말할 때는 150년 전의 일을 뜻하는 것일 수도 있다. 이처럼 미국인들이 붙들고 있는 조상의 정체성은 현재 자신의 삶과 꽤 동떨어져 있을 가능성이 크다.

이것은 이해할 만한 열망이다. 우리들은 각자 고향이라 부를 수 있는 곳, 익숙한 것들이 있는 나의 장소, 옛 이야기를 다시 들을 수 있는 곳, 그리고 대대로 물려 내려오는 유산과 연결되었다는 느낌을 경험할 수 있는 장소를 원한다. 나의 조부모님들은 "스웨덴과 독일로의 귀향"이라는 전설적인 여행을 하기 위해 수년간 돈을 모으셨다. 그분들은 그곳에서 어린 시절 부모님에게서 들었던 이야기들을 다시 채워 넣음으로써 자신들의 분리된 뿌리를 되찾고 정체성을 회복하고 싶어 하셨다. 내가 1990년대에 시카고로 처음 이사했을 때 그분들은 무척 기뻐하셨다. 시카고에 있는 스웨덴과 독일 이민자 공동체에서 성장하셨던 그분들은 나를 보러 오시는 길에 앤더슨빌에 가고 싶어 하셨다. 그곳은 1890년경부터 1940년까지 번창했던 스웨덴 사람들의 공동체였고, 그분들은 수십 년간 그 공동체에 속해 있었다. 거기에는 두 분이 결혼식을 올렸던 교회가 1920년대의 모습 그대로 남아 있었다. 할머니는 그로부터 50년이 지난 그날에 다시 한번 회중석 중앙 통로를 따라 걸으면서 하나도 변하지 않은 교회 안의 벽화와 강대상을 보고 자신이 역사와 시간 안에 뿌리를 내리고 있다는 느낌을 받았다.

장소는 각 사람에게 독특한 힘을 행사한다. 장소는 위대한 일들을 실행해 나갈 수 있는 영감을 주기도 하고, 이와 반대로 충격과 고통을 선사하기도 한다. **장소가 종교와 연관되면** 이 두 가지가 상징하는 힘이 갑자기 두 배로 강력해진다. 하나님이 나에게 그곳을 주셨다는 이유에 힘을 입어 그 장소에 대한 권리를 주장할 수 있게 된다.

세르비아의 지도자 슬로보단 밀로셰비치는 1987년 코소보 중심부에 있는 폴제(Polje) 마을 회관에서 지금까지도 널리 알려진 연설을 함으로써 코소보에 있는 세르비아인들의 지지를 끌어모았다. 당시에는 우연히 그렇게 된 것처럼 보였지만, 그 연설 이후 밀로셰비치는 권력을 갖게 되었다. 그러다가 코소보 전쟁이 한창이던 1999년에 모든 것이 명확해졌다. 밀로셰비치는 다 계획이 있었다. 그는 연설에서 이 지역은 하나님이 그들에게 주신 땅이라고 주장하면서 세르비아 사람들이 지닌 고대의 기억을 불러일으켰다. 무슬림이 코소보 인구의 대다수를 차지하고 있는 상황에서, 기독교를 믿는 세르비아인들은 650년 동안 앙심을 쌓고 있었다. 그들은 이곳이 역사적으로 기독교 땅이었기 때문에 자신들이 이 땅을 돌려받아야 한다고 생각했다.

그들이 이렇게 생각하게 된 배경이 있다. 1389년 6월 15일, 까마귀 들판으로 알려진 이곳 폴제에서 2만 5천 명의 세르비아 군인들이 4만 명 규모의 오스만 제국 군대를 상대로 세르비아의 문화적 정체성을 수호하기 위한 전쟁을 벌였다. 이 전쟁에서 오스만 제국의 군대가 승리했지만, 이를 계기로 이슬람에 대한 세르비아인들의 저항은 더 견고해졌고 그들은 오늘날까지도 그 땅을 다시 찾아야 할 땅의 상징으로 여긴다. 1987년 밀로셰비치는 그 유명했던 14세기의 전쟁터에 서서 세르비아의 그리스도인들을 향해 이렇게 말했다. "그 누구도 당신들을 물리칠 권리를 갖고 있지 않습니다.…이제는 아무도 당신들을 이기지 못할 것입니다." 까마귀 들판은 땅이자 상징이었다. 그 땅의 소유 여부는 세르비아인들의 민족 자결권을 구체화하는 데 중요한 역할을 했다. 그는 역사·문화·종교적으로 뒤섞인 감정들을 불러일으켰다. 바로 이곳에서 무슬림들이 그리스도인들을 죽였다. 그리고 다시는 그런 일이 일어나면 안 된다. 그 후 20여 년이 지난 2008년 2월 17일에 코소보가 미국의 지지를 받아 독립을 선언하자, 러시아의 지지를 등에 업은 세르비아 군중들은 분노를 참을 수 없었다. 같은 달 21일에는 20여만 명에 달하는 세르비아인들이 베오그라드(Belgrade) 광장에 집결하였고, 그날 밤 집회가 끝날 즈음에는 미국 대사관이 화염에 휩싸였다.

인간 역사는 이런 이야기들로 점철되어 있다. 유럽은 잃어버린 땅과 다시 찾아야 할 땅에 대한 고소와 맞고소로 가득하다. 땅은 단순히 부동산을 소유하는 것이 아니다. 땅은 안전과 정체성, 그리고 문화적 결합 및 목적과 관계가 있다. 땅은 우리가 소유하고 있으며 지킬 수 있고 세상으로부터 우리를 안전하게 보호해주는 장소라는 점에서 심오한 의미가 있다. 또한 많은 경우 땅에 대해 소유권을 주장할 때는 종교적 헌신과 연관되어 있다.

이 점은 고대 이스라엘의 지파 중심의 삶에서 잘 드러난다. 땅의 경계는 이스라엘이 가나안에 정착하는 과정에서 중요한 부분을 차지했다. 하나님은 이 땅을 각 지파의 유산으로 허락하셨다. 따라서 정착할 땅의 경계를 바탕으로 그 땅을 수호하기 위해 싸우는 것은 성경 시대를 통틀어 중대한 권리였다. 약속의 땅에서 사는 것은 하나님의 언약 안에서 사는 것과 밀접하게 연관되어 있다. 약속의 땅 밖에서 사는 것은 생각할 수도 없는 일이었다.

이 지역에서는 오늘날에도 같은 현상이 목격된다. 이스라엘 민족과 그들의 많은 이웃(참조. 18쪽의 지도)들은 끊임없이 전쟁을 벌였다. 모압 족속, 에돔 족속, 이집트인들이 이스라엘의 경계를 침범했던 그곳에서, 땅을 둘러싸고 예전과 비슷하거나 결코 정도가 덜하지 않은 싸움이 정기적으로 벌어지고 있다. 아랍인들은 수 세기 동안 "팔레스타인"이라고 불리는 이 지역에서 살았고, 아주 작은 유대인 공동체들이 그 옆에 있었다. 그러다가 20세기 초반에 "시온주의"라고 불리는 종교적 비전이 생겨나면서 이 땅이야말로 옛날 성경이 유대인에게 부여했던 유산이라는 주장이 고개를 들게 된다. 팔레스타인은 이스라엘의 소유가 되어야 했다. 그리고 1948년에 이 비전은 현실이 되었다.

그러나 두 번의 팔레스타인 봉기를 포함하여 1948, 1967, 1973, 1982, 2006, 2009년에 벌어진 이스라엘과 아랍 간의 전쟁은 그들의 싸움이 단순히 적을 무찌르는 문제가 아님을 분명히 보여주었다. 그것은 땅을 소유함으로써 문화적·종교적인 장소를 다시 부활시키고 윤리적인 어떤 것을 세우려는 싸움, 즉 유대인만을 위한 나라를 건설하고자 하는 싸움이었다. 예를 들어 이스라엘은 이 전쟁을 치르면서 4백 개가 넘는 아랍 마을을 파괴하고 주도면밀하게 마을을 비워버림으로써 도망갔던 거주민들이 돌아오지 못하게 만들었다. 이스라엘 군인들이 점령지의 벽에 쓴 낙서에는 아랍인들이 "사막으로" 내몰릴 것이라고 적혀 있었다. 이처럼 자신들의 목적을 달성하기 위해 고대 종교 부지 권리(ancient religious land claims)를 실제로 사용한 20세기 현대 민족 국가는 이스라엘을 제외하고는 거의 없다. 하지만 그 이면을 한번 살펴보자. 유대인들을 바다에 밀어 넣어서 그들이 차지한 팔레스타인 땅을 비워버리자는 아랍인들의 요구도 있다. 어떤 사람들에게 팔레스타인은 유대인들이 빼앗은 아랍 땅이었다. 이스라엘은 오랜 아랍의 문화적 유산을 근절시키려고 할지도 모른다. 예루살렘은 이슬람의 세 번째로 큰 거룩한 도시이므로, 무슬림들은 그 도시를 지켜야 할 의무가 있었다. 결과적으로 이스라엘이 이 싸움에서 이김으로써 세계에서 가장 큰 난민 위기가 발생하게 되었다. 이스라엘은 그 땅을 소유하게 되었지만, 많은 사람이 너무나 큰 대가를 치러야 했다.

자신을 땅과 결부시키려는 이런 종교적인 본능은 일부 고대 종교의 잔재도 아니고 진부한 것도 아니다. 이는 전 세계적으로 매우 일반적인 현상이고 현대 서구 종교도 예외가 아니다. 하지만 성지(혹은 이스라엘 땅)와 관련해서는 이런 현상이 더욱 강하게 나타난다. 유대인들이 이 땅의 토착민이라면, 팔레스타인 사람들은 설 곳이 없어진다. 반대로 팔레스타인 사람들이 그곳의 토착민이라고 하면, 유대인들이 설 곳이 없어진다. 유대인과 팔레스타인 사람들이 그 거룩한 땅을 놓고 자신들만의 인종적 혹은 종교적 주장을 호소하면 할수록 상대방을 더욱 강력하게 배제하게 될 것이다.

땅을 둘러싼 이런 경쟁적인 주장에 대한 해결책이 각 공동체의 종교적 틀 안에서 발견되곤 한다. 무슬림이 예루살렘에 집착하는 것은 무함마드가 자신의 준마 알 부라크(Al-Burak)를 타고 시온산으로 가던 중 밤에 본 환상에서 기인한다(코란, sura 17.1). 심지어 "먼 사원"(far-mosque, 오늘날의 알 아크사 사원)도 언급된다. 유대인들은 아브라함(당시는 아브람이었다)과 그의 자손들에게 주신 신의 약속을 언급하는데(창 12:1-3; 13:14-17; 15:18-20), 이는 이스라엘 족속이 가나안에 정착하면서 현실로 이루어졌다.

이 책은 그리스도인들이 땅에 대한 이 같은 경쟁적인 주장들을 어떻게 이해해야 하는지를 탐색한다. 우리가 가진 신학적인 틀에서 보면 땅과 신약의 신학은 어떤 관계가 있는가? 고대 이스라엘의 영토에 관한 주장에 대해 예수와 신약의 저자들은 무엇이라고 말했는가? 그들도 예루살렘과 그곳에 있는 성전의 신성성에 대해 같은 생각을 가졌는가? 또는 신앙과 장소(locale)의 관계에 대해 다시 생각하고 있었는가? 아니면 거룩한 장소는 믿는 자들에게 계속해서 속해 있어야 한다고 확신했는가?

이 주제 안에는 복잡한 문제들이 섞여 있음을 인정해야 한다. 땅은 성경신학의 신학적 사고들(예를 들면 언약 사상)로 이루어진 망과 연결되어 있어서, 한 범주를 고려하다 보면 다른 범주가 불가피하게 영향을 받는다. 예를 들어 예루살렘과 그 성전은 1세기 유대인의 삶의 중심이었다. 하지만 신약이 그 성전과 장소의 의미를 재고하게 되면, 영역(territory)과 종교적 삶에 대한 가정들 역시 변한다.

그리스도인의 관점에서 이 주제를 본다면 이것은 세르비아나 이스라엘과 같은 장소에서 일어나는 갈등 이상의 함축적인 의미를 갖는다. 땅을 놓고 벌어지는 투쟁은 인간의 영혼 안에 깊숙이 자리함으로써 우리가 세상을 보는 방식에 큰 영향을 미치고, 그 결과 너무나 많은 파괴적인 전쟁들을 발생시켰다. 따라서 땅과 그 가치에 대해 재고하는 것은 현대에 더욱 절실히 필요한 복음의 또 다른 형태가 될 것이다.

중요한 만큼 논란의 여지가 큰 이런 주제를 끈기 있게 탐구할 수 있도록 옆에서 격려해주고 힘을 보태준 많은 분들에게 감사를 드린다. 이 책을 쓰라고 처음으로 제안했던 브루스 롱네커는 원고를 꼼꼼히 읽고 많은 도움을 주었다. 베이커 아카데미의 제임스 어니스트도 여러 측면

서론: 땅, 장소, 종교

에서 나의 주장을 다듬을 수 있도록 도움을 주었다. 미국 베이커의 로드니 클럽과 영국 SPCK의 레베카 멀헌도 이 책이 나오는 데 힘을 보태주었다. 데이비드 샌더스는 모두가 놓친 허점들을 찾아내고 원고를 꼼꼼히 편집해주었다. 언젠가 자신의 책을 펴낼 나의 연구 조교 로라 게를리허는 색인 작업을 맡아주었다. 마지막으로 (본서 영문판의) 표지 사진에 관한 설명을 남기고자 한다. 2009년 6월 나는 아내와 함께 예루살렘 구시가지에 있는 그리스도인의 구역에 머물던 중에 멋진 사진관 하나를 우연히 발견하게 되었다. 그곳은 조지 카베지안과 그의 아들이 운영하는 사진관이었다(Elia Photo, 14 Al Khanka Street, 〈www.eliaphoto.com〉). 조지의 아버지인 엘리아 카베지안(1910-1999)은 영국의 식민 통치 기간에 예루살렘에서 사진사로 활동하면서 1948년 이전의 도시 모습을 사진으로 남겼다. 이 훌륭한 사진 작품들은 카베지안 가족이 운영하는 사진관에서만 구입할 수 있다. (본서 영문판의) 표지 사진은 해가 뜰 때 감람산에서 바라본 예루살렘의 전경인데 지금은 볼 수 없는 장면이다. 엘리아 카베지안을 기리며, 자신들의 귀중한 유산의 일부를 사용할 수 있도록 허락해준 카베지안 가족에게 큰 감사를 드린다.

이름에 관한 문제들

성경과 성지에 대한 주제는 아마도 오늘날 가장 논쟁적인 문제 중 하나일 것이다. 단순히 우리가 사용하는 언어로 인해 현대에 벌어지는 논쟁들에 말려들 수 있다. 이스라엘에서는 거의 **모든 것**이 정치적이다. 식당을 고르는 것에서부터 사는 집 주소까지 모두 정치와 연결된다. 이스라엘의 유대인들은 자신들의 이웃을 "팔레스타인 사람"이 아닌 "아랍인"이라고 부르는 것을 선호하는데, 이것은 그 이웃들이 문화적 정체성이나 민족적 열망을 가졌다는 사실을 인정하지 않으려는 의도에서 나온 습관이다. 학자들은 135년 로마 황제 하드리아누스 때부터 시작된 오랜 전통에 따라 그 땅을 팔레스타인이라고 부른다. 그리고 성지 밖 유대인의 삶과 구별하기 위해 팔레스타인 유대교(Palestinian Judaism)라고 지칭하기도 한다.

그러나 "팔레스타인"이라는 말에 담긴 정치적인 의미는 매우 크다. 특히 이스라엘 국가에 의해 추방당한 후 자신들이 살던 곳으로 돌아가기를 열망하는 기독교 아랍인과 무슬림 아랍인들에게는 더욱 그렇다. **이스라엘**이라는 말은 성경적 유산에서 나온 용어이긴 하지만 현대의 논란을 피해가기 어렵다. 웨스트뱅크(요단강 서안 지구)를 이스라엘이라고 부르는 것은 그곳에 대한 팔레스타인 사람들의 계획을 부인하기 위해서인가? 예루살렘 남부와 북부 언덕들을 일컬어 "유대와 사마리아"라고 부르는 것 역시 좋지 않다. 이 명칭은 유대인 정착민들과 그리스도인들,

그리고 유대인 시온주의자들이 선호하는 고도로 정치화된 이름으로서, 내가 피하고 싶은 호전적인 영토 이데올로기를 부추긴다.

"약속의 땅" 혹은 "약속된 땅"과 같은 이름들은 하나님이 아브라함에게 언약으로 주신 선물을 생각나게 하므로 우리의 목적에 부합한다. 그리스도인들은 오랫동안 이 장소를 **성지**(라틴어로 *terra sancta*)라고 불러왔는데 이런 표현도 좋은 것 같다. "그 땅"이라는 용어도 유용하다. 성경적으로 볼 때 이곳은 **특별한**(extraordinaire) 땅이기 때문이다. 이곳이 성지인 이유는 역사 속에서 하나님의 계시가 드러나는 무대였기 때문이다. 1세기 로마인들은 이곳을 유대라고 불렀다. 나는 신약성경 시기에는 이 이름이 가장 적절하다고 보기 때문에 그렇게 부를 것이다. 현대 이스라엘 국가와 점령지인 팔레스타인 영토(가자와 웨스트뱅크)를 언급할 때는 좀 더 포괄적인 용어인 이스라엘-팔레스타인을 사용하려고 한다. 적어도 이 용어는 이 장소에 두 민족이 살고 있음을 인정하고 어떻게 하면 이들이 미래를 공유할 수 있는지에 대한 고민을 드러내고 있기 때문이다.

오직 하나님께 영광을(*Soli Deo Gloria*)

1장

성경의 유산

땅이 성경적 믿음의 중심이 된다는 월터 브루그만(Walter Brueggemann)의 주장은 맞는 말이다. "성경적 믿음은 역사적인 속함(historical belonging)을 추구하고 있으며, 그런 속함에서 파생된 운명의식을 포함하는 개념이다." 그렇다면 땅은 "성경신학을 형성하는" 하나의 방법일 것이다.[1] 브루그만은 이스라엘의 (성경적) 땅 경험을 **약속된 땅, 차지한 땅, 잃어버린 땅**이라는 세 가지 경로로 세분화했다. 우리는 각 범주에서 하나님의 은혜와 언약 안에서 드러나는 놀라운 기회, 의를 행하고 하나님의 의도하신 백성이 됨으로써 이 땅을 소유하려 했던 이스라엘의 역사적 투쟁, 그리고 모든 것을 잃어버리고 그 땅에서 쫓겨난 이스라엘에게 임한 심판을 발견한다. 이스라엘이 기원전 6세기에 포로가 되어 끌려간 사건은 단순히 땅을 잃어버리게 된 위기가 아니다. 죄로 인해 더 이상 약속의 땅에서 살 수 없게 된 것은 그들에게 삶의 희망과 의미를 잃어버리는 것과 같았다.

그러나 구약의 관심은 다른 모든 땅과 구별되는 하나의 땅인 "그 땅" 곧 그 "약속의 땅"에 집중된다. 에스겔은 그곳을 세상의 중앙이라고 부르고(38:12) 예루살렘을 그 중앙의 중앙이라고 말한다(5:5). 이처럼 이 땅은 모든 창조세계 안에서 구별되었으며, 앞으로 살펴보겠지만 하나님은 이 땅을 그분의 소유라고 표현하심으로써 이 땅에 특별한 목적을 갖고 계심을 드러낸다.

구약의 약속

창세기에서 땅은 태초부터 하나님이 주신 선물이다. 뭍(dry land)의 출현은 혼란스러운 바다(시 104:5-9)와 대조를 이룬다. 창조 시에 땅은 생명을 맞아들이고 안전과 피난처를 제공한다(욘 1:9). 또한 모든 사람 특히 아브라함의 자손들이 문화와 국가를 뿌리내릴 수 있는 장소를 상징하기도 한다. 이런 의미에서 볼 때 땅은 이미 창세기에서부터 창조의 선물이었다. 땅은 하나님이 바다의 혼돈을 막고 세상에 만들어내신 장소다.

땅에 해당하는 많은 히브리어 단어들은 각각 미묘한 차이를 가지고 있어서 이를 통해 땅에 대한 다양한 생각들을 엿볼 수 있다. 땅에 해당하는 단어로는 들판(open fields), 과수원(orchards), 초장(pasture land), 광야(desert land), 뭍(dry land)이 있다. 땅을 일컫는 가장 일반적인 명사 "아다마"(*'adama*)는 농사를 지을 수 있는 흙이나 들판을 가리키는 단어다(창 2:7; 3:19, 잠 12:11). 하지만 이보다 더 일상적으로 쓰이는 단어는 "에레츠"(*'eres*)로서, 정확하게 구분되는 것은 아니지만 지형적 혹은 정치적 영토로서의 땅을 가리킬 때 많이 쓰인다. 이것은 "고향 혹은 고국"(창 11:28; 렘 22:10)을 뜻하며, 그곳에 사는 민족들뿐 아니라 "가나안 땅"처럼 부족별 영토를 지칭하는 데도 사용된다.

창세기 12:1-3에서 아브라함은 처음으로 하나님의 부름을 받으면서 큰 민족의 조상이 될 것이라는 약속을 받지만, 땅에 대한 약속은 받지 못한다. 땅에 대한 약속은 창세기 13:14-17에서 아브라함이 처음으로

예수와 땅의 신학

들어간 그 나라를 눈으로 쭉 훑어볼 때 비로소 주어진다. 땅에 대한 공식적인 약속은 창세기 15:18-21에서 구체적인 형태로 주어진다. "그날에 여호와께서 아브람과 더불어 언약을 세워 이르시되 '내가 이 땅을 애굽 강에서부터 그 큰 강 유브라데까지 네 자손에게 주노니, 곧 겐 족속과 그 니스 족속과 갓몬 족속과 헷 족속과 브리스 족속과 르바 족속과 아모리 족속과 가나안 족속과 기르가스 족속과 여부스 족속의 땅이니라' 하셨더라." 이 약속은 창세기 17:7-9에서 반복되고 그의 후손 이삭(창 26:2-4)과 야곱(창 28:13-15)에게도 주어진다. 각 경우를 통해 네 가지 주제가 분명히 드러난다. (1) 아브라함은 땅을 영원한 소유로 받게 될 것이다. (2) 아브라함의 후손은 이곳에서 큰 민족을 이루게 될 것이다. (3) 이 약속은 하나님과 맺은 언약과 직접적으로 연결되어 있다. (4) 땅의 모든 민족이 이 약속으로 인해 복을 받게 될 것이다. 이처럼 땅과 후손에 대한 약속은 구약에서 아브라함과 그 후손에게 주신 놀라운 은혜의 선물로 받아들여지고 있다.

약속의 땅은 언제나 좋은 땅으로 그려진다. 모세는 이스라엘이 이 집트를 떠난 후 이 땅을 "젖과 꿀이 흐르는" 땅이라고 부른다(출 3:8, 17; 13:5; 레 20:24; 민 13:27). 그리고 동쪽에서부터 그 땅 가까이에 이르렀을 때, 이스라엘 민족에게 그 땅이 이집트 땅과 다른 점을 강조하여 설명한다. 이곳은 (나일강처럼) 관개 시설이 필요한 곳이 아니다. 이 땅은 "산과 골짜기가 있어서 하늘에서 내리는 비를 흡수하는 땅"일 것이다. 따라서 이 땅은 하나님이 직접 돌보시는 땅이다. "네 하나님 여호와께서 돌보아 주시는 땅이라. 연초부터 연말까지 네 하나님 여호와의 눈이 항상 그 위에 있느니라"(신 11:11-12).

이 땅은 좋은 땅이기는 하지만 살기 쉬운 땅은 아니다. 이 땅은 믿음을 요하는 땅일 것이다. 이곳은 지상낙원과는 달리 사람들을 연마하게 될 땅이다. 예를 들어 중앙 관개 시설이 없기 때문에 비를 내려 땅을 적셔주시는 하나님께 의존하여 농사를 지어야 한다. 문화적으로도 가나안 민족(과 다른 민족들)의 문화로 가득 찬 이 땅은 이스라엘이 하나님께만 헌신하지 못하도록 유혹할 것이다. 그리고 정치적으로는 이집트에서 메소포타미아로 이동하는 대적들이 이곳을 고속도로처럼 지나다니게 될 것이다. 이런 상황에서 이스라엘은 다른 나라들과 협정을 맺어 안전을 구할지 아니면, 아니면 그들을 안전하게 지키시겠다고 약속하신 하나님 안에서 안전을 구할지를 결정해야 할 것이다.

구약은 이 땅이 속해 있는 두 개의 "지도"를 제시한다. 민수기 34:1-12은 이 땅이 동쪽 요단강에서부터 서쪽 지중해까지 뻗어 있고 "이집트 시내"에서 하맛에 이르는 "가나안 땅"이라고 규정한다. 이곳들은 고대 가나안의 지리를 규정하는 매개변수(parameters)가 된다. 여호수아 5:10-12에서 이스라엘이 요단강을 건넌 것을 "그 땅"에 들어간 것으로 묘사한 부분은 이런 견해를 뒷받침한다. 따라서 요단강 동쪽 땅들은 제외된다.

신명기 11:24은 이 약속의 범위를 한층 확대해 위에서 말한 경계 너머에 있는 요단 양쪽(모압과 압몬 제외)과 유프라테스강으로 이어지는 북

예수와 땅의 신학

부 지역들도 포함한다(창 15:18-21). 이런 설명을 근거로 하면, 이스라엘이 트란스요르단에 위치한 아르논을 건너면서부터 "그 땅"을 얻으려는 치열한 싸움이 시작된다. 많은 학자들에 의하면, 이 두 번째 지도는 통합 왕조가 정치적으로 확장된 세력을 가졌던 시대에 나온 것으로서 당시의 정치적 지리관을 반영한 결과물이다.

하지만 이 약속의 중심부는 분명히 요단강 서쪽 언덕들을 가리킨다. 그 약속은 예루살렘 근방의 지역에 초점을 맞추고 있지만, 그 범위를 북쪽과 남쪽으로 확대한다면 "단에서부터 브엘세바까지"(삿 20:1)가 약속의 땅이라는 주장이 가능해진다.

언약과 그 땅

약속이 반복될 때마다 그 땅은 언약과 연관된다. 예를 들어 창세기 17:8은 그 땅에 대한 약속을 기록하면서 곧바로 17:9에서 언약을 충실히 지켜야 한다는 것을 상기시킨다. "하나님이 또 아브라함에게 이르시되 '그런즉 너는 내 언약을 지키고 네 후손도 대대로 지키라.'" 그 땅은 하나님과 맺고 있는 관계와 상관없이 누릴 수 있는 하나의 소유가 아니라는 말이다. 이스라엘이 이 땅을 소유하기 위해서는 지속적으로 하나님께 충성하고 그분의 법에 순종해야만 한다. 즉 그 땅은 언약의 부산물이자 언약의 선물이다. 독립적으로 떼어내어 생각할 수 있는 소유물이 아니다.

레위기와 신명기 모두 이 약속에는 조건이 있다는 점을 엄중히 경고한다. 레위기 18:24-30은 이 땅이 가나안 족속의 문화로 더럽혀지는 상황을 지적한다. 이스라엘이 그런 불의를 저지르면 "그 땅이 너희가 있기 전 주민을 토함 같이 너희를 토할까 하노라." 레위기 20:22-26도 같은 방식으로 이 주제와 의례적 거룩함을 연결한다. "너희는 나의 모든 규례와 법도를 지켜 행하라. 그리하여야 내가 너희를 인도하여 거주하게 하는 땅이 너희를 토하지 아니하리라." 이 구절은 땅 자체가 유린당하고 더러워질 수 있다는 인상을 준다. 죄인들이 이스라엘 진영에서 내쫓겼듯이, 이스라엘도 하나님의 땅에서 내쫓길 수 있다.

신명기는 이스라엘이 여호수아의 지도 아래 그 땅으로 들어오기 전에 모세가 이스라엘 백성에게 마지막으로 남긴 격려와 경고의 말을 기록한다.

> 네가 그 땅에서 아들을 낳고 손자를 얻으며 오래 살 때에, 만일 스스로 부패하여 무슨 형상의 우상이든지 조각하여 네 하나님 여호와 앞에 악을 행함으로 그의 노를 일으키면 내가 오늘 천지를 불러 증거를 삼노니 너희가 요단을 건너가서 얻는 땅에서 속히 망할 것이라. 너희가 거기서 너희의 날이 길지 못하고 전멸될 것이니라. 여호와께서 너희를 여러 민족 중에 흩으실 것이요, 여호와께서 너희를 쫓아 보내실 그 여러 민족 중에 너희의 남은 수가 많지 못할 것이며(신 4:25-27).

예수와 땅의 신학

매우 엄중한 말씀이다. 이 땅은 선물을 준 사람조차 잊어버린 그저 그런 것이 아니다. 자신의 언약이 거룩하고 공의롭게 지켜지기를 기대하며 준 선물이다. 하나님은 이 땅을 지켜보고 계시며, 이 땅에 대해 개인적인 기대를 갖고 계신다. 이 땅은 하나님의 거룩함을 기억하게 만드는 곳이어야 한다.

이 땅에 대한 하나님의 놀라운 관심은 하나의 강력한 주제로 설명될 수 있다. 아주 깊은 의미에서 볼 때 이스라엘은 그 약속의 땅을 "소유"한 것이 아니다. **하나님이 이 땅을 소유하신다.** 레위기는 이 개념을 사용하여 그 땅이 왜 영구히 다른 사람에게 팔릴 수 없는지를 설명한다. "토지를 영구히 팔지 말 것은 **토지는 다 내 것임이니라.** 너희는 거류민이요 동거하는 자로서 나와 함께 있느니라"(레 25:23). 여기서 이스라엘은 이 땅의 소작인, 이방인, 세입자로 여겨진다. 이 땅의 사용 허가를 선물로 받은 사람이다. 하지만 땅 주인은 아니다. 이스라엘은 이 땅에 대해 제한된 소유권을 가지고 있다. 이스라엘에게 그 땅을 언제까지 빌려주실지는 하나님이 결정하시기 때문이다.

구약은 하나님이 그 땅의 주인이시라는 점을 다양한 방식으로 강조한다. 그 땅은 "사유 재산"이 아닌 하나님이 분배해주신 것이다. 그 땅이 제비를 뽑아 분배되었다는 사실(민 26:55)은 땅의 소유권이 하나님의 결정에 의한 것임을 드러낸다. 또한 개인이 아닌 지파(tribes)가 땅의 사용권을 부여받았다(민 36:3; 수 17:5). 레위기 25장의 희년에 관한 법에도 "제한된 소유권"이 언급된다. 이스라엘 백성들은 땅은 영구히 사거나 팔

수 없었다. 땅은 50년마다 하나님이 처음에 선언하신 사용자에게로 돌아가야 했다. 하나님은 이 땅이 어떻게 유지되는지를 계속해서 감독하신다.

이스라엘의 추수 역시 주인 되시는 하나님의 관점으로 이해되었다. 첫 수확물과 첫 동물들은 하나님께 속한 것이므로 희생제사의 제물로 드려졌다(레 27:30-33; 신 14:22; 26:9-15). 이스라엘 백성뿐만 아니라 그 땅도 "안식일을 지키라"는 명령을 지켜야 했다(레 25:2). 여기서 땅은 두 사람이 언약에 따른 의무를 지키며 살거나 하나님과 관계를 맺으며 사는 모습으로 인격화되고 있다.

신명기 12:9은 그 땅을 이스라엘을 위한 안식의 장소로 언급하는데, 그 땅은 하나님을 위한 안식의 장소이기도 하다(시 95:11; 사 66:1). "안식처"는 하나님의 임재가 거하는 장소이며, 광야 이야기에서는 하나님이 멈추시거나(민 10:33) 거하시는 곳(시 132:8)을 뜻한다.

이처럼 각 주제는 같은 개념을 부각시키고 있다. 이 땅이 **성지**로 불리기에 합당한 이유는 거룩하신 하나님께 속해 있기 때문이다(참조. 슥 2:16, 히브리어 *'admat haqqodesh*). 그 땅은 구별된 곳이다. 이런 특징을 갖는 땅은 그 땅뿐이다. 다른 땅은 "더러운 땅"(암 7:17)이지만, 이 땅은 그분의 것이다. 민수기 35:34은 이 점을 분명히 드러낸다. "너희는 너희가 거주하는 땅 곧 내가 거주하는 땅을 더럽히지 말라. 나 여호와는 이스라엘 자손 중에 있음이니라."

예수와 땅의 신학

그 땅의 소유와 상실

여호수아가 뒤이어 취한 행동을 보면 약속의 땅에서 사는 것이 얼마나 중요한 일인지를 알 수 있다. 그는 북쪽 에발산과 그리심산으로 이스라엘 지파들을 불러 모으고 다시 한번 언약에 충성할 것을 요구한다(수 8:30-35). 이스라엘이 여리고와 아이 성 전투에서 놀라운 승리를 거둔 후 제일 먼저 해야 할 일은, (그 땅을 사용할 권리가 그 언약으로부터 나오기에) 언약에 대한 충성을 새롭게 하는 것이었다. 여호수아가 언약에 대한 헌신을 재차 다짐한 행동은 위에 언급된 언약과 땅에 대한 생각을 다시 짚고 넘어가는 것이다. 이는 곧 언약과 땅은 불가분의 관계이므로 언약을 소홀히 한 채로 땅을 붙들고 있게 된다면 그날 읽은 경고가 그 나라 위에 임하게 될 것임을 강조하는 행위였다.

사사기에는 그 땅에서의 삶이 일시적이라는 사실이 분명히 드러난다. 각 세대는 언약에 대한 헌신의 깊이를 보여야만 했다. 그리고 그들은 헌신이 실패할 때마다 전쟁을 겪고 지파의 영토 대부분을 잃어버리는 경험을 한다. 사사기 말미에는 이에 해당하는 극명한 두 사례가 등장한다. 단 지파는 자신들만의 제사장을 세움으로써 엄청난 종교적 타락에 빠진다(삿 17-18장). 베냐민 지파는 레위인의 첩이 성적으로 유린당한 후 살해당한 사건을 통해 심각한 도덕적 타락(삿 19-21장)을 드러낸다. 단과 베냐민 지파는 그 땅에 살 수 있는 특권을 위태롭게 만들었다. 두 경우를 통해 얻을 수 있는 신학적 메시지는 동일하다. 땅과 의(righteousness)가 밀접하게 연결되어 있다는 것이다.

구약에는 땅을 차지하는 것과 언약에 따른 의가 분리될 수 없다는 사실을 보여주는 예들이 계속해서 나온다. 다윗은 하나님의 성전을 짓기 위한 땅을 수배하면서 그가 원하는 타작마당을 소유한 여부스 사람 오르난에게 공정하게 값을 치른다. 예루살렘에 있는 이 약속의 땅은 "이방인"이 소유하고 있었지만, 그곳은 약속을 통해 이미 이스라엘에 "속해 있었다." 그런데도 다윗은 이 땅을 강제로 빼앗기는커녕 오히려 터무니없이 많은 돈을 주고 사들인다(금 600 세겔, 대상 21장).

아합 왕은 이와 정반대의 행동을 보인다. 그는 나봇이 소유한 이스르엘 골짜기의 포도원을 탐낸다. 아합과 이세벨은 그 땅을 훔치기 위해 나봇을 죽일 음모를 꾸민다. 그들은 아무도 그들을 정죄하지 못하도록 불의를 숨겼으나 이를 안 엘리야가 나서서 그들을 꾸짖었다. "네가 죽이고 또 빼앗았느냐?"(왕상 21:19) 그들은 토라를 의의 영감을 얻는 도구로 사용하지 않고 오히려 타인의 소유를 탐하고 빼앗는 데 이용한다. 언약의 땅은 제아무리 왕이라 할지라도 마음대로 빼앗을 수 있는 것이 아니다.

그러나 땅을 잃은 가장 극적인 예는 구약의 예언자들에게서 발견된다. 예언자들은 가장 적절한 때에 이스라엘 백성에게 땅과 그것을 어떻게 사용해야 하는지를 말하기 위해 등장한다. "네 하나님 여호와께서 네게 주시는 땅에 들어가거든…네 하나님 여호와께서 선지자 하나를 일으키시리니."(신 18:9-15). 왕들이 다스릴 땅에서는 땅이 자칫하면 정복의 대상이나 재화로 여겨질 수 있었기 때문에, 예언자들은 왕들로 하여

금 땅과 자신들의 관계가 부동산/상속자의 관계가 아닌 선물/수혜자의 관계라는 것을 깨닫게 할 필요가 있었다. 예언자들이 볼 때 땅은 선물이었다. 땅은 언약과 의의 관계가 드러나야 하는 장소다. 브루그만이 설명하듯이, 이스라엘은 자신들이 다른 민족들과 같이 될 수 없다는 것을 이해하지 못했다. 이스라엘의 왕은 그 땅을 다른 땅들처럼 대할 수 없었다. 이것이야말로 이스라엘이 배워야 했던 "영원한 교훈"이었다. 그렇지 않으면 나라의 운명이 "영구적인 위험"에 처하게 될지도 모른다.

이사야는 이런 경고들을 날카롭게 전한다. "가옥에 가옥을 이으며 전토에 전토를 더하여 빈틈이 없도록 하고 이 땅 가운데에서 홀로 거주하려 하는 자들은 화 있을진저!"(사 5:8). 미가도 같은 경고를 한다. "그들이 침상에서 죄를 꾀하며 악을 꾸미고 날이 밝으면 그 손에 힘이 있으므로 그것을 행하는 자는 화 있을진저. 밭들을 탐하여 빼앗고 집들을 탐하여 차지하니 그들이 남자와 그의 집과 사람과 그의 산업을 강탈하도다"(미 2:1-2). 이는 사실상 예언자마다 "살인하고 땅을 잘못 사용하는 것은 심각한 심판을 받게 될 것이라"는 아합에 대한 엘리야의 경고를 되풀이한 것이다. 아모스(암 4:1-2; 7:17)와 호세아도 마찬가지다(호 9:2-3). 하지만 아마도 예레미야의 통렬한 비판이 가장 핵심적일 것이다(렘 3:19-20; 7:5-7). "라마에서 슬퍼하며 통곡하는 소리가 들리니 라헬이 그 자식 때문에 애곡하는 것이라"(렘 31:15). 예레미야가 볼 때 이스라엘은 멸망을 피할 수 없었다. 나라는 진멸되고 백성들은 흩어질 것이다. 하나님께서 친히 ("당신의 종"인) 바빌로니아 왕을 격동시키셔서 그가 그 땅을 공격하고 빼앗게 만드실 것이다(렘 25:8-9; 27:6).

이사야 5:1-7은 여러 예언자의 간구 중에서도 눈에 띄는 기도다. 이것은 유명한 포도원의 노래로서, 하나님께서 그 땅에 있는 당신의 백성을 향해 품으신 비전을 보여준다. 이스라엘은 특별히 신경을 써서 관리하는 포도원에 심긴 포도 덩굴과 같다. 주인이 그 포도나무에게 요구하는 것은 좋은 포도를 맺는 것이 전부다. 하지만 이사야의 선포에 따르면 슬프게도 주인은 실망에 휩싸인다. "예루살렘 주민과 유다 사람들아, 구하노니 이제 나와 내 포도원 사이에서 사리를 판단하라. 내가 내 포도원을 위하여 행한 것 외에 무엇을 더할 것이 있으랴. 내가 좋은 포도 맺기를 기다렸거늘 들포도를 맺음은 어찌 됨인고?"(사 5:3-4) 이렇게 언약을 배신한 불의(unrighteousness)의 궁극적인 결과는 땅을 완전히 잃어버리는 것으로 나타난다. "내가 그 울타리를 걷어 먹힘을 당하게 하며 그 담을 헐어 짓밟히게 할 것이요."

유다는 기원전 586년에 바빌로니아의 공격을 받고 땅의 상실이라는 공포를 경험하게 된다. 시편 48편은 이스라엘이 그 땅에 대해 자만하고 과도한 확신을 가졌다고 기록한다. 그들은 그 땅이 신적인 권리를 보장하는 국가의 소유라고 생각했다. 시편 137편은 바빌로니아에게 포위되고 예루살렘 성벽이 파괴되었을 때 백성들이 경험한 충격과 슬픔을 묘사한다. 예레미야애가는 전체 장에 걸쳐서 약속을 잃어버린 당혹감과 이스라엘이 상상할 수도 없던 상실감을 토로한다. 이는 하나님과 함께하는 삶과 그 땅에서 사는 삶이 끝날지도 모른다는 두려움이기도 했다(호

9:17). 이것은 왕들이라면 절대로 두고 보지 않았을 현실이 분명하다.

하지만 예언자들이 보기에 땅을 상실하는 것은 새로워질 수 있는 또 하나의 길이다. 언약 안에 있는 믿음이라면 땅을 상실하는 경험을 함으로써 진정으로 순종할 수 있다. 한마디로, 추방된 자들이 새로운 상속자들이 될 것이다. 그런 이유로 예언자들은 땅의 회복을 이야기한다 (암 9:14-15; 호 2:14-23; 11:8-11; 렘 16:15; 사 9:1-9). 추방되었다가 다시 그 나라로 들어가면서 "두 번째 출애굽"을 경험한 이스라엘은 한 번 더 언약에 충실할 것을 다짐함으로써 땅 약속(the land-promise)을 갱신하게 된다. 따라서 에스겔과 말라기 같은 예언자들에게는 땅의 상속, 언약, 그리고 신실함이 같이 가는 것일 수밖에 없다.

예언자 에스겔은 추방의 기억이 현저히 남은 그 땅에서 역사의 새로운 장이 시작되고 끝나는 것을 극명하게 보여준다. 에스겔은 성경적 믿음과 그 땅 간의 관계를 강조한다. 땅에 대한 약속이 선물로 주어졌고, 그 땅을 소유하기 위해서는 의무를 다해야 하며, 그렇게 행하지 못하면 심판을 받아 땅을 잃게 된다는 뜻이다. 이스라엘은 그 땅을 선물로 받았음에도 불구하고 땅을 더럽혔고 그 결과 하나님의 심판이 임했다. "끝났도다. 이 땅 사방의 일이 끝났도다!"(겔 7:2) 하나님은 더 이상 그 땅에 거하실 수 없다. 그분의 성소가 더럽혀졌고, 이스라엘의 죄가 **하나님을 밀어내었다**(겔 8:6). 따라서 하나님 자신도 이스라엘과 함께 추방된다. 그분의 땅이 폐허가 되었다는 것은 그분도 그 땅에 거하실 수 없다는 의미이기 때문이다. 그 결과는 무엇인가? 그 땅은 황무지와 공포의 대상이 된다. "내가 그 땅이 황무지와 공포의 대상이 되게 하고 그 권능의 교만을 그치게 하리니 이스라엘의 산들이 황폐하여 지나갈 사람이 없으리라"(겔 33:28).

하지만 우리는 에스겔서에서 소망을 발견한다. 그 땅이 회복될 때 이스라엘도 회복될 것이다. 버려진 곳이 재건될 것이다. 황폐한 곳이 재건될 것이다(겔 36:33). 무엇보다 하나님께서 친히 그 땅으로 돌아오시고 그분의 영광이 회복될 것이다(겔 43:1; 44:4). 이것은 여호수아 당시 지파별로 분배되었던 땅이 회복되는 것으로 상징된다(겔 47-48장). 이것은 실로 새로운 시작이다. 하지만 약간의 변화가 있다. 그 땅에서 이스라엘 민족과 함께 살던 토착 이방인들이 "이스라엘 시민"으로 대우받아야 한다(겔 47:22). 이방인들은 이스라엘과 함께 유산을 얻게 될 것이고(겔 47:23), 아무도 상상하지 못했던 방식으로 그 땅이 공유될 것이다.

바빌로니아에서의 포로생활 이후

바빌로니아에서의 포로생활이 끝난 후 그 땅으로 돌아온 것은 실로 새로운 시작이라 할 수 있다. 이는 제2의 출애굽 또는 가나안 정복으로 봐도 무방하다. 땅을 소유한 자들은 자신들이 지켜야 할 의무에 대해 더욱 분명히 알게 된 후 다시 그 땅의 소유권을 주장하는 상황을 맞았다. 그렇기 때문에 에스라 같은 예언자들에게는 이전 시대의 불성실함과 부도덕들이 더욱 무겁게 다가왔다. 예언자들의 경고와 희망은 그들에게도 익숙한 것이었다. 심판의 시대를 거친 그들은 하나님께서 은혜로 주신 땅이 다른 세대의 죄악으로 인해 더럽혀지고 불결해졌다는 것을 알게 되었다. "우리가 주의 계명을 저버렸기 때문입니다"(스 9:10). 에스라는 그 땅이 가나안 사람들에 의해 더러워졌던 것만큼 더러워졌기에("오염으로 더러워진") 회복이 필요하다고 말한다. 그런 이유로 인해 포로생활 이후 백성들 사이에서는 종교적 열심이 강해지고 배타적인 소집단 운동이 일어났다. 그 땅을 계속 가지고 있으려면 엄격한 종교적 삶을 살아야 한다는 해석의 결과였다.

그 땅을 고수하는 것은 그곳에서의 삶이 언제든 박탈될 수 있음 (contingency)을 받아들이는 것이다. 하나님과 맺은 언약에 대해 철저히 순종하고 온전히 충성해야만 안전을 보장받을 수 있다. (에스라에 의하면) 그 땅은 다시 정복해서 얻은 땅이 아니라 다시 선물로 받은 땅이다. 하나님이 고도의 순결을 요구하시는 그런 구별된 땅에서 살도록 새로운 기회를 얻은 것이다. 이런 이유로 에스라는 이스라엘이 믿음을 공유하지 못한 거주민들과 결혼하는 것을 엄격히 금지했다. 그들과 결혼하는 것은 일종의 타협으로서, 이전 세대가 땅을 잃어버린 것과 똑같은 결과를 되풀이할 것이 자명했기 때문이다. 이와 마찬가지로 느헤미야도 안식일을 어긴 사람들을 꾸짖는다. 그것은 언약의 삶을 근본적으로 부인하는 행위이자 필연적으로 땅을 잃게 만드는 죄이기 때문이다.

기원전 4-1세기에 걸쳐 이스라엘이 겪은 운명 역시 그 땅에 대한 유대인들의 헌신을 강화시켰다. 땅을 잃어버리고 바빌로니아에 포로로 끌려갔던 기억은 시간이 지나도 희미해지지 않았다. 당시 이집트와 시리아에 기반을 둔 새로운 헬레니즘 정복자들이 알렉산드로스와 그의 후계자들의 뒤를 이어 세력을 넓혀나감에 따라 유대인이 받는 위협은 더욱 강해졌다. 유대 땅은 생존의 보루이자 역사의 거점이었으며 산들 가운데 있는 안식처였다. 그러나 헬레니즘적인 삶이 주는 유혹과 그것이 주는 번영을 맛본 유대인들은 점점 더 그 나라 밖에서 자신들의 행운을 찾고자 했다. 알렉산드리아, 시리아 안디옥, 심지어 동지중해 주변에 있는 해안 도시에도 신흥 유대인 공동체들이 생겨나기 시작했다.

모든 것을 집어삼키는 헬레니즘의 초문화로 동화되는 현상은 유대인들에게 완전히 새로운 위협이었다. 이것은 정복의 위협이 아니라 흡수(absorption)의 위협이었다. 색다른 땅에 대한 유혹과 새로운 문화적 기회에 대한 긍정적인 시각들은 국경을 넘어가라고 이스라엘을 부추겼다. 그로 인해 이스라엘 내부에서는 신약 시대 내내 치열한 논쟁이 벌어졌다. 약속의 땅이 과연 유대인의 삶에 있어 이상적인 곳인가? 그곳은 그저 기억하고 소중히 여겨야 할 장소인가, 아니면 유대 신앙을 가진 사람이라면 누구나 진정한 헌신을 바쳐야 할 곳인가? 헬레니즘 시대의 디아스포라 유대교는 많은 새로운 질문들을 제기했다. 나중에 (4장에서) 보겠지만, 디아스포라 유대인들이 제기한 이런 질문들은 기원후 70년에 벌어진 유대-로마 전쟁을 전후로 하여 유대 지도자들의 충격적인 반응을 불러일으켰다.

예수와 땅의 신학

윌리엄 데이비스(W. D. Davies)의 신학 연구에서 중요한 작품 중 하나인『복음과 그 땅』은 헬레니즘 시대 전반에 걸쳐 유대인들이 그 땅에 대해 논의한 내용들을 분석한 책이다.[2] 이 시기에 집필된 새로운 유대 문학은 구약과 같은 이야기를 했다. 약속의 땅은 거룩하고 선하며(지혜서 13:3; 희년서 13:2) 하나님이 귀히 여기신다(지혜서 13:4-7)고 말한다.「솔로몬의 시편」은 오실 메시아의 사역을 다음과 같이 요약한다. "그가 의로 이끌 거룩한 백성을 모을 것이고, 지파별로 그 땅을 분배할 것이다. 그리고 이방인과 외국인들은 더 이상 그들과 함께 살지 못할 것이다"(17:26-28). 이스라엘은 종말에 그 땅을 얻음으로써 더는 헬레니즘적 삶이 초래하는 문화적 침범을 받지 않는 특권을 누리게 될 것이다.

그리고 이스라엘이 땅을 얻는 것은 허락되지만, 이는 언약 안에서만 보장되는 약속이다(희년서 22:27). 이것이 사실이라면 땅을 소유하지 못할 수도 있다는 가능성이 존재한다. 데이비스는 우리에게 이 점을 상기시킨다. "희년서 6:12-13을 보면, 야웨의 요구를 충족시키지 못하면 그 땅을 차지할 수 없다."[3] 이스라엘이 율법을 지키고 언약을 충실하게 지킴으로써 얻는 상급은 (희년서 15:28에 따르면) "그 땅에서 뽑혀나가지" 않는 것이다.

유대인들의 종말론에서 그 땅은 심판의 자리일 뿐 아니라 안식처로서도 아주 중요한 역할을 한다. 주님의 날에 일어날 엄청나고 파괴적인 사건 가운데서 살아남기 위해서는 그 땅에서 살고 있어야 한다(에스라4서 9:7-9; 13:48). 이런 의미에서 그 땅은 이스라엘의 구원이 된다(에스라4서

71:1). 왜냐하면 그 땅이 자기 백성을 보존하시려는 하나님을 대신해서 일할 것이기 때문이다.

쿰란 근처에서 발견된 사해 사본은 이스라엘이 그 땅을 차지하는 것에 대해 완전히 다른 의견을 제시한다. 쿰란 사본도 그 땅이 소중하고 좋은 것임은 인정하지만, 그 땅이 부정함으로 인해 억압을 받아왔다고 믿었다. 예루살렘의 하스몬 왕조가 "사막으로 난 길"이 있는 사막으로 추방될 것은 이미 예정된 일이었다. 6세기에 임했던 하나님의 심판이 불의한 하스몬 왕조에 다시 임하는 것은 그들이 보기에 너무나 당연한 일이었다. 그래서 그들은 끊임없이 정결을 요구하고(공동체 규율서 1:5) 언약을 충실히 지켜야 함을 상기시킴으로써 이스라엘이 그 땅을 잃어버리지 않도록 했다(공동체 규율서 8:3).

이 과정에서 예상치 못한 진전이 있었는데, 그것은 바로 온 나라의 구원을 위해 자신들의 공동체가 의를 행해야 한다고 생각했다는 점이다. 그들은 **그 땅의 속량**(atonement for the land)을 위해 일하고 있었다(공동체 규율서 8:10; 9:3). 쿰란 공동체 생활을 엄격하게 이어나가는 것이 예루살렘과 그 더럽혀진 성전의 죄를 갚는 길이었다. 쿰란 공동체의 남은 자들 곧 율법을 철저히 지키는 이 소수의 의로운 자들이야말로 하나님께서 약속을 충실히 지키실 이유가 될 것이다. 전쟁 두루마리(war scroll)는 마지막 전투가 준비되고 있다고 말하면서 이 주제를 강조한다. 마지막 전투가 벌어질 때 그 땅에 남아 있는 이방의 영향력이 사라질 것이고, 의로운 이스라엘은 그 땅의 경계를 넘어 전쟁을 선포함으로써 모든 부정의 근원을 막을 것이다.

요약하자면, 구약에서 울려 퍼졌던 다음 주제들이 유대인 시대(the Jewish era)에도 계속된다. "그 땅은 유대인의 핵심 정체성이다." "그 땅에 대한 약속은 언약에 뿌리를 둔다." "그 땅에서의 삶은 하나님이 기대하시는 의를 지키는지에 따라 달라진다."

헌신을 더욱 강조하는 랍비들

66-70년 어간에 일어난 전쟁으로 인해 불안한 와중에도 1세기 이스라엘은 땅과 종교적 정체성에 대한 끝없는 대화를 이어간다. 땅, 하나님, 이스라엘이 빚어내는 삼분법이 예루살렘의 많은 랍비들에 의해 반복해서 강조된다. 유대교 의식과 기도는 주기적으로 그 땅을 언급한다. 열여덟 축복기도문(1세기 후반의 회당 의식에서 사용되었다)에는 그 땅과 그 땅에서의 삶을 축복해달라고 합심하여 요청하는 내용이 포함되어 있다. "당신의 평화를 이스라엘과 당신의 백성과 당신의 도시와 당신의 유산(땅) 위에 내리소서. 그리고 우리 모두를 함께 축복하소서. 오 주여, 평화를 만드는 이에게 복을 주소서." 이 기도문이 쓰인 시기에 예루살렘은 폐허가 되었고 성전은 불에 탔으며 그 땅 역시 다수의 로마 군대에 의해 파괴되었다는 것을 생각하면, 이것은 놀라운 기도가 아닐 수 없다.

미쉬나(200년경 편찬된 유대교 구전법)는 그 땅에 대한 이런 관심들을 보여주고 있는데, 이는 전쟁으로 폐허가 된 나라를 떠나 지중해 주변의 조용한 지역을 찾아 나선 유대인들에 대한 하나의 반발로 해석되었을 가능성이 크다. 멀리 떨어진 시리아에서 농사를 짓는 유대인은 십일조를 내야 하는가? 미래에 부활하려면 그 땅에 묻히는 것이 유리한가? 율법이 그 땅에 적용되도록 만들어졌다면, 디아스포라 유대인에게는 어떻게 적용되는가? 미쉬나의 30%는 그 땅에서만 실천할 수 있는 것들이다. 유대의 많은 사람들은 로마와의 첫 번째 싸움에서 엄청난 손실을 입었음에도 불구하고(그리고 135년 바르 코크바 사건으로 인해 더한 타격을 받았음에도 불구하고), 여전히 그 땅에 끈질긴 애착을 보였다. 바르 코크바 이후, 랍비 시므온 요하이(Simeon b. Yohai)는 "그가 서신즉 땅이 진동하며"라는 하박국 3:6의 구절을 다음과 같이 풀이했다.

> 랍비 시므온 요하이는 "그가 서신즉 땅이 진동하며"(합 3:6)라는 구절을 놓고 해설을 시작했다. 하나님께 복을 받은 거룩한 자가 모든 세대를 보니 토라를 받기에 광야 세대보다 더 합당한 세대가 없었다. 하나님께 복을 받은 거룩한 자가 모든 산을 보니 토라를 받기에 시내산보다 더 합당한 곳을 찾지 못했다. 하나님께 복을 받은 거룩한 자가 모든 도시를 보니 성전이 지어지기에 예루살렘보다 더 합당한 도시를 찾지 못했다. 하나님께 복을 받은 거룩한 자가 모든 땅을 보니 이스라엘에게 주기에 가장 합당한 땅으로 이스라엘 땅보다 더 합당한 곳이 없었다. 이것이 "그가 서신즉 땅이 진동하며"라는 구절이 알려주는 바다

(레위기 라바 13:2).[4]

그 외 다수의 랍비들의 말을 살펴보아도 그 땅에서의 삶의 중요성과 거룩함은 불가분의 관계임을 알 수 있다. 그 땅에서 드리는 종교적 희생제사와 예배 참여에 대한 의무감이 강화되는 것은 당연한 결과다. 미쉬나는 이렇게 기록한다. "거룩함에는 열 단계가 있다. 이스라엘 땅은 다른 땅보다 더 거룩하다. 그 땅의 거룩함은 어디서 나오는가? 오메르(제물), 첫 열매, 빵 두 조각을 하나님께 가지고 나오는데, 그것들은 다른 땅이 아닌 그 땅에서 난 것이다"(kelim 1:6-9).

민수기 34:2에 대한 주석은 식사 중 받는 바른 축복에 대한 가르침이다.

> 모든 축복 중에서 "그 땅은 너희 기업이 되리니"라는 축복보다 더 귀한 것은 없다. 왜냐하면 우리 랍비들은 누구든 식사 후에 "그 땅은 너희 기업이 되리라"고 축복하지 않는 사람은 자신의 의무를 다하지 않은 것이라고 가르치기 때문이다. 하나님께 복을 받은 거룩한 자가 말했다. "나에게는 이스라엘 땅이 다른 모든 것보다 더 귀하다(민수기 라바 23:7)."

하지만 이 시기 유대인들의 주장이 모두 같았던 것은 아니다(참조. 2장). 물론 알렉산드리아, 시리아 안디옥, 에베소와 같은 곳에 뿌리를 내린 디아스포라 유대교는 그 약속의 땅에 대한 독점적인 주장에 대해 격렬히 반대했을 것이다. 디아스포라들은 유대인의 삶에 대해 문화적으로 자유로운 관점을 취하고 있었는데, 이는 당시 모든 것이 헬레니즘화 되어버리는 경향을 우려하던 유대인들의 불안감과 직결되었다. 어쨌거나 디아스포라들은 자유를 열망했음에도 불구하고, 유대교의 의례들과 그 믿음의 역사는 유대인들을 약속의 땅으로 다시 끌어당겼다. 디아스포라 회당들은 예루살렘 회당들이 지정한 축제일이 표기된 달력을 가지려고 애썼다. 정해진 날이 아닌 다른 날에 속죄일을 지키는 것은 용서받을 수 없는 일이기 때문이었다. 게다가 70년 이후에는 그 땅의 회당뿐만 아니라 디아스포라 회당에서도 모두 예루살렘과 그 빼앗긴 성전을 향해 기도하기 시작했다. 이는 오늘날에도 지켜지고 있다.

그 땅에 대한 디아스포라 유대인의 염원을 확인할 수 있는 또 하나의 통로는 고고학이다. 유대인들은 죽은 후 그 땅에 묻히기를 소망했고, 135년에 하드리아누스가 그것을 금지하기 전까지는 디아스포라 유대인들(이들은 감람산을 선호했다)도 그 땅에 묻힐 수 있었다. 그러다가 그들은 갈릴리에 관심을 갖게 되었고, 베트 쉐아림(Beit She'arim)이라는 마을이 유명해졌다. 미쉬나를 집대성한 랍비 예후다 하나시(135-217)는 그곳에서 살았을 뿐 아니라 세포리스에서 죽은 후 이곳에 묻혔다. 그 옆에는 수많은 그리스계 유대인들이 묻혔는데, 그들은 그 땅에 묻히기만 해도 축복을 받는다고 믿었다.[5]

요약

구약에서부터 미쉬나에 이르기까지 이런 자료들은 끝이 없다. 그 땅은 최고의 종교적 헌신을 나타내는 장소가 되었고, 그 상징성은 헬레니즘의 문화적 위협과 로마 지배하에서 싹튼 정치적 상실감에 의해 더욱 강화되었다. 그 땅에 대한 담론은 신약 시대에도 지속되었고 더욱 치열해졌다. 신약을 살펴보면, 그 땅에 대한 관심이 예전만큼 드러나지는 않지만 예수와 그의 제자들도 그 담론에 대해 잘 알고 있었고 그것을 신중하게 고려하고 있었다는 것을 쉽게 알 수 있다.

그 땅에 대한 유대인의 헌신은 결코 사라지지 않았다. 물론 디아스포라 시기에도 그러했는가에 대해서는 논쟁의 여지가 있다. 이에 대해서는 앞으로 살펴볼 것이다. 오늘날 팔레스타인 사람들과 유대인들 사이에서 벌어지는 논쟁은, 몇몇 경우 아랍인들이 바르 코크바(135년) 이후 그 땅에서 유대인이 살았다는 사실을 부정하는 데서 촉발되었다. 하지만 2천 년 동안 그곳에서 아랍인의 삶이 계속된 것과 마찬가지로, 유대인의 삶 역시 최소한의 형태로나마 지속되었다는 분명한 증거들이 있다. 예루살렘에 거주하던 유대인은 아마도 소수였을 것이다. 하지만 갈릴리, 세포리스, 제파트에는 꽤 많은 유대인이 살았다. 19세기 후반에 유럽에서부터 대규모의 유대인들이 이주하기 전까지, 유대인들의 삶은 파편적인 형태라 하더라도 일종의 종교적인 의무로서 그 땅과 결속되어 있었다.

2장 디아스포라 유대교와 그 땅

그리스도인과 유대인 모두 기원후 1세기 동안 자신들과 그 땅을 동일시하려는 움직임을 보였고, 이후로도 상당한 재정의(redefinition) 과정을 겪었다. 앞서 살펴본 대로 유대 지역에 거주하는 유대인들은 그 땅에 헌신하고자 하는 마음이 확고했던 탓에 유대인의 삶에 대해 엄격한 기대치를 갖고 있었고 그 땅을 외부인이 점령하는 것에 대해 분노를 품고 있었다. 이는 어떤 면에서 종교적 영토 지상주의(territoriality)가 민족주의로 흘러 들어간 것인데, 종교와 민족 두 가지가 분리될 수 없는 것은 분명하다. 로마 통치 시기의 유대는 종교적 헌신으로 지탱되던 종교 국가였다.

하지만 헬레니즘 시대가 되면서 새로운 문제가 생겼다. 유대인들이 살고 있는 근처 다른 지역의 땅을 어떻게 이해해야 하는가? 수 세기 동안 헬레니즘 문화의 영향을 깊이 받은 도시들(예를 들어 데가볼리의 주요 도시들)은 어떠한가? 마카비 시대에는 그들을 정복하고 진압하는 일을 매우 중요하게 여겼다. 어떤 유대 지도자들은 그들에게 (그리스인들이 자신들에게 행했던 것보다 어찌 보면 더 심하게) 유대문화를 강요하기도 했다. 기원전 2세기에 유대인 통치자인 알렉산데르 얀나이우스는 동쪽 갈릴리에 있는 데가볼리의 도시들과 시리아를 점령하고 자신의 통치에 굴복할 것을 요구했다. 그리고 그곳의 백성들은 그에 따랐다. 하지만 스키토폴리스(요단강 너머) 동쪽의 언덕에 위치한 펠라라는 웅장한 도시는 파괴해버렸다. 요세푸스는 그 이유를 이렇게 말한다. "그 도시는 유대인의 관습을 받아들일 것 같지 않았다"(*Antiquities*, 13:395-397).

한편 다른 곳에서 문제가 발생했다. 유대의 범위에서 벗어난 땅들은 어떠한가? 유대인들은 수백 년 동안 지중해 전역으로 이주해왔다. 고고학적 발굴에 따르면 이런 먼 도시들에서도 유대인들이 살았다는 증거가 나오고 있다. 1981년 플로브디브(중앙 불가리아)에서 한 유대인 회당이 발견되었는데, 이곳은 고대 도시 필리포폴리스와 인접한 지역이었다. 이는 유대인들이 이 지역까지도 분포해 있었다는 증거다.[1] 1세기의 흔적을 지닌 또 다른 회당이 로마의 항구 도시인 오스티아에서 발견되었다. 포추올리, 폼페이, 베노사, 나폴리와 같은 이탈리아의 지역에도 고대 유대인 공동체의 흔적이 남아 있다.[2]

이처럼 유대인들이 로마 제국 안의 비 유대 도시들로 분산되면서 (70인역은 이들을 디아스포라 혹은 흩어진 유대인이라고 칭한다), 그 땅 밖에서도 유대인의 정체성을 지킬 수 있느냐는 문제가 제기되었다. **유대인이 고린도 같은 곳에서 사는 것은 합법적인가? 진정한 유대인이라면 반드시 성지에 살아야 하지 않는가?** 초기 연구들은 디아스포라 유대인을 정통이 아닌 헬레니즘에 타협한 사람들이라고 묘사했다. 하지만 지금은 디아스포라 공동체가 자신들을 문화와 신앙을 고수한 완전한 유대인으로 여겼다는 많은 증거가 있다. 그럼에도 불구하고 여전히 질문이 남는다. 그 땅에 대해서는 어떤가? 디아스포라 유대인들은 믿음과 성지의 관계를 어떻게 이해했을까?

이 마지막 질문은 초기 기독교의 정체성과 신약의 역사에 있어서 주변적인 질문이 아니다. 유대인들로 구성된 초기 교회는 그 땅에 대한 논쟁을 잘 알고 있었고, 앞으로 살펴보겠지만 상당 부분 디아스포라 유대교에서 형성된 태도로부터 영향을 받았다.

디아스포라 유대인과 그 땅

유대인들은 일반적으로 한두 가지 이유로 인해 유대를 떠나 디아스포라가 되었다. 정복을 당해 노예로 끌려간 사람도 있었고, 더 많은 기회를 얻고자 자발적으로 이주한 사람도 있었다. 메소포타미아가 그 대표적인 예다. 유대인들은 기원전 6세기 바빌로니아에 포로로 끌려가면서부터 강제로 유다를 떠나야만 했다. 그 후 불과 몇백 년이 지나지 않아 동쪽으로 갔던 디아스포라 유대인들은 바빌로니아, 파르티아, 메디아, 아르메니아 등지에서 상당히 크고 영향력 있는 유대인 공동체를 이뤘다. 유대인 공동체의 이런 성장에 놀란 안티오코스 3세는 2천 가구에 달하는 유대인 공동체를 메소포타미아 지역에서 몰아내고 소아시아의 리디아와 프리지아로 이동시켰다(*Antiquities*, 12:145-153). 요세푸스에 따르면 그가 살던 시대에는 바빌로니아 근처의 니시비스와 네하르데아라는 두 도시가 유대인들의 삶의 중심지였다(*Antiquities*, 18:310-313, 379).[3] 아디아베네(티그리스강에 있는)의 헬레나 여왕(그 무덤이 아직도 예루살렘 구시가지 북쪽에 있다)이 유대교로 개종한 것은 메소포타미아 지역에서 유대인들이 활발하게 살고 있었다는 증거다. 요세푸스는 1세기경 동쪽 지역의 유대인 공동체가 상당히 큰 규모로 영향력을 발휘하고 있었다고 기록했다. 시리아 북부의 유프라테스강 끝자락에 있는 두라 에우로포스 회당(Dura-Europos synagogues)에는 이 시기에 살았던 유대인의 삶을 묘사한 그림이 남아 있으며, 이 자료는 초기 유대인의 삶을 연구하는 데 자료로 사용되었다.[4]

시리아 동쪽에도 유대인 공동체들이 있었다. 다메섹, 안디옥(오론테스강) 같은 도시들뿐만 아니라, 셀레우코스 1세(기원전 358-281) 같은 왕들은 북쪽으로 이주하는 유대인들에게 경제적으로 보상을 해주었다. 1세기경 시리아의 유대인들은 다른 민족보다 그 수가 훨씬 많았다(요세푸스, Wars, 7:43-53). 시리아 안디옥의 유대인 공동체는 1세기 당시에 이미 수백 년간 지속되어 온 상태였으며 상당히 규모가 크고 성공적으로 운영되고 있었다(Antiquities, 12:119-124; Wars 7:43-53). 하지만 유대인 공동체의 규모를 파악할 수 있는 자료에는 끔찍한 역사가 함께 기록되어 있다. 요세푸스는 66-70년에 일어난 전쟁에서 1만 명의 유대인들이 시리아 안디옥에서 처형되었다고 기록하고 있는데(Wars, 2:561), 또 다른 곳에서는 1만 8천 명이라고 말한다(Wars, 7:368). 두 숫자 모두 과장되었을 가능성을 감안하더라도, 그곳에 상당히 많은 수의 유대인들이 살고 있었다는 것을 보여준다.

이집트에도 유사한 유대인 정착 이야기가 있는데, 필론(Philo)은 그 지역의 유대인 인구를 백만 명으로 추산한다(*Flaccus*, 43). 어떤 유대인들은 기원전 6세기에 바빌로니아의 공격을 받고 이집트로 도망갔다(렘 43:6-7). 그 후 유대인들은 500년 동안 그곳으로 강제로 이주를 당하거나 자발적으로 이주했다. 1세기경 알렉산드리아의 주거지역 다섯 곳 중 두 군데에 유대인들이 살았다(필론, *Flaccus* 8).

유대 서쪽의 어느 지역에 얼마나 많은 유대인들이 거주했는지는 그 시기에 기록된 유대인들의 글을 통해 알 수 있다. 예를 들어 요세푸스는 『유대전쟁사』 시작 부분(2:345-401)에 아그리파 1세의 연설을 수록함으로써 로마가 전 지역을 통치하는 방식을 상술한다. 그리고 로마가 정복한 나라의 명단을 제시하는데, 이는 여전히 반란을 꿈꾸고 있었던 유대인들을 설득하려는 의도를 담고 있었다. 우리는 이 목록을 통해 1세기 유대인들이 세상을 어떻게 보고 있었는지를 짐작할 수 있다.

필론은 「가이우스에게 보내는 사절단」에서 1세기의 디아스포라를 이해하는 데 중요한 정보를 제공한다. 여기서 그는 아그리파 1세가 가이우스 황제에게 보낸 것으로 알려진 편지를 인용한다(*Embassy*, 276-329). 그 편지는 황제에게 보내는 호소문으로서 예루살렘 성전은 제국 내 많은 시민에게 거룩한 곳이니 약탈하지 말아 달라는 내용을 담고 있다. 이어 필론은 유대인들의 독특한 세계관을 말한다. 그들의 세계관에는 심지어 이탈리아와 로마도 포함되지 않는다. 필론은 유대인이 사는 제국 내의 많은 도시들을 열거한 후, 예루살렘은 이들에게 진정한 우주적 수도(그리스어로 메트로폴리스)라는 논지를 펼친다. 따라서 예루살렘을 유익하게 하는 것은 사실상 모든 도시를 유익하게 하는 것이다. 이런 유대인 정착촌들은 어디일까? 아그립바는 유럽, 아시아, 리비아, 그리고 지중해의 섬들 안에 있는 해변과 내륙 모두를 지목한다. 한마디로 전역에 유대인들이 있었다는 말이다.

이런 자료들을 종합해보면 서쪽 지역에 있던 디아스포라 유대인의 규모는 실로 엄청나다. 가이우스 황제에게 보내는 아그립바의 편지가 이에 대해 제법 자세한 내용을 알려준다. 시리아, 페니키아, 이집트 외에도, 필론은 소아시아(비두니아, 본도, 밤빌리아, 길리기아)와 서쪽 지역들(데살로니가, 보이오티아, 마케도니아, 아이톨리아, 아티카, 아르고스, 고린도, 펠로폰네소스)에 있던 유대인들을 언급한다. 하지만 고고학적·문학적 증거들까지 포함하면 다 열거할 수 없을 정도로 많은 유대인 공동체가 있었음을 알 수 있다. 그중 로마가 가장 두드러진다. 요세푸스는 폼페이우스가 기원전 63년에 유대인 포로를 로마로 끌고 온 과정을 기술했으며(*Antiquities*, 14:79), 키케로는 기원전 59년경 그곳의 유대인들이 안정된 공동체를 꾸린 채 존경을 받고 있다고 기록했다(*Pro Flacco*, 28:66-67). 1세기에 들어서는 이교도 작가나 유대인 작가 모두 독특한 특징을 지닌 대규모의 로마 유대인 공동체에 대해 말하고 있다. 로마에 있는 (2-4세기) 유대인의 카타콤 비문을 보면 그 도시에 11-13개의 회당이 있었다. 요세푸스가 유대 동족에 대한 스트라보(기원전 85)의 서술을 자랑스럽게 인용한 것은 당연했다. "이 민족은 이미 모든 도시에 자리를 잡았고, 지구상에서 이 민족을 받아들이지 않은 곳을 찾아보기 어렵다. 또한 그들의 힘이 영향을 미치지 않는 곳은 없다"(*Antiquities*, 14:115).

소아시아 서쪽에 자리한 사르디스라는 도시에는 부유하고 존경받는 유대인들이 있었던 것으로 보인다. 요세푸스는 그곳에 사는 유대인들의 삶을 종종 인용하면서, 유대 공동체가 도시 법원을 후원하고 있었기 때문에 로마 시민권을 가진 유대인들은 황제가 내린 일상적인 법률를 지키지 않아도 될 정도였다고 기록한다(*Antiquities*, 14:235). 사르디스의 유대인들에 대해서는 비문에 많은 증거들이 남아 있는데, 이를 통해 큰 목욕탕과 운동 시설을 갖춘 1세기 회당의 모습을 완전히 복원할 수 있다. 이런 비문이 80개가 넘는다.[5]

디아스포라 유대인 인구를 정확히 알기는 불가능하다. 로마 유대인 인구가 4만이라는 주장이 있고, 전체 디아스포라 유대인 인구가 4백만에서 6백만에 이른다는 추정도 있다. 또한 유대인이 그 제국의 10%를 차지했을 것이라는 추측도 있다. 서쪽 디아스포라 유대인이 4백만, 이집트에 1백만이라고 추정되는 한편, 유대 인구는 약 3백 만으로 추정된다. 이 책의 관심사에 비춰보면 이 수치가 뜻하는 바는 명확하다. 바로 **성지 안에 살던 유대인보다 그 밖에서 살던 유대인이 더 많다는 것이다.** 그리고 이를 통해 유대인의 사고방식과 관점에 대한 중요한 함의를 찾아낼 수 있다.

충성과 분리

로마 제국에서 살면서 유대 땅에 대해 조금이라도 애정을 갖지 않은 유대인은 드물었을 것이다. 디아스포라 유대인들은 예배 의식을 준수하고 특히 주기적으로 지켜야 하는 절기를 치름으로써 그들의 뿌리가 유대에 있음을 끊임없이 되새기곤 했다. 그들이 어려움을 겪었던 지점은 오히려 "경계 유지 관리"(boundary maintenance)에 있었다. 진정한 유대인으로서의 정체성을 유지하기 위해서 로마 문화와 어느 정도까지 거리를 두어야 하는가? 디아스포라 유대인들이 로마인의 삶과 습관에 동화되었을 가능성이 큰 상황에서, 이를 얼마 정도라고 일반화시켜 말할 수는 없다.[6] 하지만 이런 "경계"를 유지하는 것이 그 땅에 대한 충성심에 즉각적인 영향을 주었으리라는 점을 의심할 수는 없다.

유대인들은 디아스포라 유대인들을 연합시킨 수많은 공유된 경험을 바탕으로 자신들의 전통적인 신념을 강화했다. 안식일 준수와 음식법 및 할례는 유대인의 정체성과 공동체의 삶을 세워주는 표식의 역할을 했다. 필론은 다음과 같이 설명한다. "안식일마다 모든 도시, 수천 개의 장소에서 분별력(discernment), 중용(moderation), 숙련(proficiency), 의로운 삶과 모든 미덕을 가르쳤다"(*Special Laws*, 2:62).[7] 유대인 공동체들이 왜 도시안에서 독자적인 공동체를 이루고 살았는지 이해가 가는 대목이다 (*Antiquities*, 14:259-261). 도시 안에 세워진 유대인 공동체는 그들이 쌓아온 문화적 유대감의 부산물이었다.

또한 예루살렘 성전은 유대인들이 애착을 보이는 장소로서 그 땅에 대한 헌신을 강화하는 역할을 했다(*Embassy to Gaius*, 184-185). 신약보다 1세기 전에 쓰인 「아리스테아스 서신」에 포함된 예루살렘 방문기에는 예루살렘 성전에 대해 "전례 없이 엄청난 비용을 들여 거대하게 지어진 것이 특징"이라고 기록되어 있다(참조. *Aristeas*, 85; 83-120). 명절에 맞춰 예루살렘을 순례하는 관습도 이에 한몫했다. 필론은 이렇게 말한다. "수많은 도시에서 사람들이 물밀듯이 찾아온다. 어떤 이는 육로로, 어떤 이는 바다로, 동서남북 사방에서 명절마다 이곳을 찾는다"(*Special Laws*, 1:69). 요세푸스가 예루살렘을 찾는 명절 순례객의 숫자를 과장하긴 했지만(그는 270만이라고 말한다! *Wars*, 6:425), 이는 아마도 절기에 따른 이동(seasonal migration)의 중요성을 강조하려는 의도였을 것이다.

매년 내는 성전세 역시 그 땅에 대한 충성심을 강화했다. 필론에 따르면, 디아스포라 유대인 공동체마다 성전세를 모으는 금고를 두었고 선정된 리더 그룹이 매년 그것을 예루살렘까지 안전하게 운반했다(*Special Laws*, 1:76-78). 그렇게 유대로 이동하는 돈의 액수가 굉장히 컸기 때문에, 어떤 로마인들은 법적으로 돈의 이동을 막거나 그 액수를 제한하려 했고 몇몇 파렴치한 통치자들은 지역 금고에서 그냥 돈을 빼앗기도 했다. 로마 장군 크라수스(d. 기원전 53년)가 파르티아와의 전쟁 자금에 쓰기 위해 성전세를 빼앗으려고 하자, 제사장이 만 세겔 어치의 금덩어리를 준 일도 있었다. 나중에 그는 성전의 나머지 금을 다 약탈해갔다(*Antiquities*, 14:109-110). 70년에 성전이 파괴된 이후에도 이 돈은 유대로 계속해서 들어왔고, 디아스포라(난민) 유대 지도자들("수석 랍비들")이 이를 4세기까지 계속해서 거둬들였다.[8]

많은 디아스포라 유대인이 가진 그 땅에 대한 헌신은 이처럼 의례와 헌금을 통해 강화되었다. 아마도 많은 사람들이 필론과 마찬가지로, 예루살렘에 많은 유대인이 살고 있으므로 그곳이야말로 유대와 "다른 많은 땅"의 수도라고 믿었을 것이다(Embassy to Gaius, 281). 이런 헌신의 또 다른 증표는 많은 디아스포라 유대인이 그 땅에 매장되기를 원했다는 것에서 드러난다. 갈릴리 남부의 베트 쉐아림(Beit Shecar'im)에 있는 거대한 공동묘지에는 셀 수 없이 많은 무덤이 있는 카타콤이 20개나 있다.

그럼에도 불구하고 이 유대인들은 유대에서 살기를 선택하지 않았다. 그들은 로마 제국의 다양성에 스스로 순응했다. 종교적인 측면에서는 그 땅에 대한 그들의 애정이 분명히 드러났으나, 그들은 문화적으로 헬레니즘을 받아들였기 때문에 유대 지방에 사는 유대인들과 같을 수 없었다. 이들이 철저히 그리스어를 사용하고 그리스식 이름을 받아들인 데서 이런 점을 엿볼 수 있다. 두라 에우로포스의 벽화에도 아람어와 그리스어 문자가 모두 발견되고 있으며, 헬레니즘의 영향을 받은 의복을 입은 사람들이 등장한다. 알렉산드리아에서는 유대인들이 (큰 등대로 유명한) 파로스 섬에서 그리스어로 성경이 번역된 것을 축하하며 매년 행사를 열었다(필론, Life of Moses, 2:41-42). 이 번역은 70인역(septuagint, "70"을 뜻하는 그리스어에서 유래함, 약자로는 LXX)이라고 불리는데, 이 명칭은 72명의 유대인 학자들이 히브리어 성경을 그리스어로 정확하게 번역해냈고 하나님께서 그 일을 승인하셨음을 보여주었다는 전설에서 유래되었다. 이 기록을 보면 유대인들은 로마의 학교와 게임, 운동, 대중 공연에도 참여했다. 그들은 시민권을 획득했고 이방인과 결혼했다. 미술 작품에 동물과 인간의 형상을 비유적으로 사용한 것을 보면 그들이 헬레니즘 문화를 받아들였음을 알 수 있다. 이런 문화적 통합주의를 잘 보여주는 인물이 아르타파누스다. 그는 헬레니즘 시대에 살았던 유대인 작가로서 잘 알려진 인물은 아니다. (파편적으로만 남아 있는) 일화에 따르면, 그는 모세와 족장들이 유대교뿐만 아니라 모든 세계 문명, 심지어 이집트인들의 다신 제의도 출범시켰다고 주장했다.[9]

유대인들이 헬레니즘의 영향을 깊이 받았다는 것은 성경을 은유적으로 해석하는 경향에서 드러난다. 이런 경향으로 인해 유대인 의례의 세부적인 내용이 상징으로 여겨졌고, 문자 그대로 율법에 순종하는 것도 새로운 의미로 해석되었다. 앞으로 살펴보겠지만, 필론 역시 이스라엘이 받은 땅에 대한 약속을 이처럼 은유적으로 해석한다. 또한 디아스포라 공동체들은 성전으로 직접 가는 것이 불가능할 때(혹은 성전이 더는 존재하지 않게 된 이후)를 대비하여 유월절과 장막절 같은 명절에 사용할 수 있는 의례들을 개발했다. 미쉬나는 이런 명절 기간에 예루살렘을 떠나 있는 상태에서도 지킬 수 있는 말씀 본문들을 제공한다(*Megillah*, 3:5-6).

이런 신학적 분리가 어디까지 확대되었는지 보여주는 예가 이집트 레온토폴리스에 세워진 유대인 성전이다. 기원전 2세기에 제사장 계열의 유대인인 오니아스 4세는 예루살렘에서 더 이상 대제사장이 될 수 없게 되자 이집트로 왔다(*Wars*, 7:426-432). 그는 프톨레마이오스 4세(Ptolemy 4)로부터 버려진 이교도 사원을 넘겨 받은 후, (이사야가 예언한 내용이라고 주장하며) 그곳에 예루살렘 성전을 복원시켰다. 머지않아 유대인 제사장들이 그곳에서 제사를 드리고 유대 명절을 기념하게 되었다. 기원후 73년에 로마에 의해 예루살렘이 파괴되고 성전이 문을 닫은 후에도, 이곳에서의 제의는 계속되었다. 물론 예루살렘은 이 성전을 결코 인정하지 않았으나, 이집트 유대인 대부분은 그에 개의치 않았다. 디아스포라 유대인들 사이에서는 아직도 이런 현상이 두드러진다.

재정의된 그 땅

디아스포라 유대인들은 다양한 인종이 섞여 있는 세상에 순응하려고 했다. 그곳에서는 소수민족으로 살아가는 것이 받아들여졌으며, 유대 밖에 살면서도 유대인의 삶과 믿음을 실천하는 데 구애를 받지 않았다. 그리고 이 디아스포라 유대인들은 수백만에 달했다. 그들에게 있어 그 땅에서 사는 것은 종말에나 가능한 일이었다. 그들은 기도하고 예배를 드리면서 모든 유대인이 그 땅으로 돌아가고 가난과 전쟁에서 자유로워질 그날을 상상했다. 집회서(36:11), 토비트(13:3), 마카베오하(2:18) 같은 초기 작품들은 이런 종말론적 꿈을 장려한다. 신약 시대에 좀 더 가까운 「솔로몬의 시편」은 이렇게 기도한다. "선하심과 자비로 흩어진 이스라엘을 모으소서"(8:28; 참조. 11:1-4). 그리고 1세기의 필론 역시 디아스포라의 "추방"이 끝나고 "집"으로 돌아갈 때가 있다고 같은 말을 한다. 하지만 앞으로 살펴보겠지만, 그에게 이것은 은유였다(On Rewards, 162-172).[10] 이 꿈은 또 다른 시대, 즉 하나님의 통치가 온전히 이루어지고 주변의 이방 문화가 침범하지 못할 종말의 때에 이루어질 것이다. 그것은 현재 어떻게 살아야 하는지에 대한 처방이 아니었다. 66-70년의 유대 멸망을 지켜본 디아스포라 유대인들은 엄청난 충격을 받았고 자신들이 품고 있던 희망에 대해 의문을 품게 되었다. 그들은 더 나아가 유대와 연결성을 찾는 신학을 추구함으로써 치러야 하는 대가와 그 땅이 아닌 다른 곳에서 사는 삶이 가지는 실질적인 가치에 대해 다시 생각하게 되었다.

적어도 두 명의 저명한 디아스포라 작가가 유대인의 신앙에서 그 땅이 갖는 의미에 대해 신중히 재고하고 있었다는 확실한 증거가 있다. 벳시 할펀 아마루(Betsy Halpern Amaru)는 자신의 에세이에서 필론과 요세푸스가 어떻게 그 땅을 재정의했는지를 살펴볼 수 있는 틀을 제시한다.[11] 아마루는 두 사람이 어떻게 그 땅을 해석하고 있는지를 네 범주로 나눠 살핀다. (1) 족장들의 약속과 언약, (2) 그 땅이 갖는 독특한 특성들, (3) 토라의 제정과 그 땅, (4) 메시아사상. 각 범주에서 필론과 요세푸스가 행한 일은 실로 놀랍다.

필론은 유대교를 헬레니즘 사상에 융합시키길 원했고 그에 따라 성경을 은유적으로 해석한다. 그는 유대인들이 삶을 통해 구체적으로 목표하던 것들에 새로운 의미를 부여한다. 그 **땅은 하나님의 지혜와 지식**

이라는 의미로 재해석된다. 그래서 필론은 언약이 언급될 때마다 아브라함과 족장들이 받았던 땅에 대한 약속을 그리 중요하게 생각하지 않는다. 이삭과 야곱을 이야기할 때도 땅에 대한 약속을 언급하지 않는다. 야곱이 벧엘에서 꿈을 꾸는 창세기 28:10-22의 장면에서, 히브리어 성경 본문은 명시적으로 그 땅을 주겠다는 약속을 재확인하지만(창 28:13), 필론은 이것을 지혜와 미덕에 대한 약속으로 대체한다. 요셉이 그 약속된 땅에 묻힐 것이라는 약속에 대해서도 필론은 요셉의 영혼이 "미덕이 있는 도시들"에 거주하게 될 것이라는 의미로 해석한다. 가나안은 종교적으로 약속받은 장소가 아닌 영혼의 발전 단계를 은유적으로 표현한 것이라고 본다. 그래서 모세의 지도력이 이스라엘을 그 약속의 땅으로 데리고 간다기보다는 더 높은 차원의 성숙과 지혜의 단계로 이끌고 가는 것이라고 해석한다. 필론은 종말론에 있어서도 흩어졌던 이스라엘이 바로 그 약속의 땅으로 **문자 그대로** 다시 모이는 것이 아니라고 보았다. 대신 더 깊은 지혜의 상태에 도달하게 되는 것이라고 해석한다. 아마루는 이렇게 결론 내린다. "필론은 이 유대교를 한 인종 혹은 한 영토로 묶인 최소한의 종교적 혹은 문화적 '국가'로 여긴다."[12]

요세푸스는 필론과 다른 생각을 갖고 있었지만 비슷한 결론에 도달한다. 로마와의 큰 전쟁을 목격한 요세푸스는 몇 가지 현실적인 이유로 유대인의 신앙과 문화를 로마인의 입맛에 맞추려고 애를 쓴다. 그가 볼 때 종교에 기반을 둔 유대인의 영토 지상주의로 인해 반란과 전쟁이 일어났으며 로마 제국 내에서 유대교의 공적 위상이 무너졌다. 이런 이유

예수와 땅의 신학

로 요세푸스 역시 고대사에서 언약의 약속을 인용하면서 그 땅을 의미 있게 다루지 않는다. 이스라엘에게 약속된 축복은 **위대함**이지만, 그 땅은 신이 준 선물이 아니다. 따라서 아브라함이 가나안으로 간 것은 자신이 받은 영감에 따라 행동한 것이지, 하나님으로부터 땅을 약속받고 간 것은 아니다. 이와 마찬가지로 야곱이 벧엘에서 꿈을 꿀 때 하나님으로부터 받은 약속은 땅에 대한 것이 아니라 은혜로 도와주시고 복을 주시겠다는 약속이었다(*Antiquities*, 1:272). 가나안 정복에 있어서도 "약속된 땅"이라는 의미는 찾아볼 수 없다(*Antiquities*, 1:235).

또한 요세푸스는 그 땅에 대해 기록하면서 완벽하거나 거룩하거나 하나님이 보호하신다는 식의 낭만적인 묘사를 하지 않는다. 그 대신 그 땅을 그저 "양호"하다고 말한다(*Antiquities*, 2:296). 요세푸스는 토라를 언급하면서도 경고나 격려의 의미로 쓰인 땅에 대한 약속을 기술하지 않는다. 요세푸스의 글에서는 신명기에 자주 등장하는 "너희가 그 땅에 들어가면"이라는 구절을 찾아볼 수 없다. 그는 모세가 시내산에서 율법을 주면서 순종하는 사람들에게 주어지는 복에 대해 설교하는 내용을 다음과 같이 바꾸어 말한다. "너희가 율법을 따르면, 행복한 삶을 살게 될 것이고 자연의 이치 그대로 땅이 풍요롭고 바다가 잔잔하고 태의 열매가 완벽하게 태어날 것이다(*Antiquities*, 3:88). 이렇게 다시 쓰인 내용과 원래 출애굽기의 이야기는 분명 차이가 있다(12:25; 13:5; 20:12; 23:23-33; 34:11). 여기에도 언약의 약속으로서의 땅에 대한 언급은 없다.

요세푸스는 자기 민족의 이야기가 갖는 중요한 특징을 바꿔놓았다.

그는 자신이 이른 시기부터 너무나 잘 알고 있었던 엄격한 영토 지상주의를 벗어나고자 했다. 그리고 1세기 말에 글을 쓰면서는 디아스포라 유대인과 로마인들의 입맛에 맞춰 성경 이야기를 재창조한다. 전쟁을 통해 종교적으로 영감을 얻은 땅에 대한 과격한 주장이 있었지만, 그는 그런 것에 전혀 관심을 두지 않으려고 한다. 그가 믿는 하나님은 온 우주의 하나님이시며 모든 땅이 하나님의 섭리 안에 있다.

요약

여기서 무슨 일이 있었는가? 필론과 요세푸스의 글을 보면 유대인은 로마 세계 안에서 문화적으로나 종교적으로 존경받는 "국민"이 되었다.[13] 그들은 굳이 **영토적 기반을 필요로 하지 않고** 로마 전역에 널리 흩어져 살고 있는 민족이다. 그들이 처한 상황 속에서 실제로 삶의 유익이 되는 것은 이방인의 패망과 이스라엘의 회복에 대한 종말론적 약속이 아니다. 상으로 땅을 받게 될 것이라는 복도 아니다. 오히려 유대인다운 틀 안에서 하나님께 순종함으로써 더 나은 삶을 살고 장수하고 번영하는 것이 도움이 된다.

　우리는 이 지점에서 유대교의 "땅 신학"이 완전히 다르게 정의되고 있음을 본다. 이렇게 재정의된 개념은 신약 시대 그리스도인들의 사고방식이 형성되는 과정에 큰 영향을 미친다.

3장 예수와 그 땅

기원후 40년대 중반에 유대에서는 영토를 기반으로 한 민족주의의 기운이 끓어 넘치기 시작했다. 요세푸스는 로마 행정관 파두스의 통치 기간에 살았던 드다(Theudas)라는 사람에 대해 말한다. 드다는 이스라엘이 유대 땅에 대해 종교적으로 갖고 있던 비전에 무장 저항을 결합하고자 했다(*Antiquities*, 20:5.1; 참조. 행 5:33-39). 드다는 그 땅이 유대인들의 것이므로 그 땅을 차지한 이방인들을 쓸어버려야 한다고 주장했다. 드다는 400명을 모아 요단강으로 가서 여호수아처럼 다시 그 땅을 재정복해야 한다고 주장하고, 로마인들을 새로운 가나안 사람에 비유하며 그들을 무찌르기로 했다. 총독 파두스가 그것을 인정할 리 없었다. 파두스의 기병대는 사막에서 유대 반란군에 맞서 싸운 후 드다를 체포하고 그의 머리를 전리품으로 삼아 예루살렘으로 돌아왔다.

2년 후 파두스의 뒤를 이어 로마의 총독이 된 알렉산데르는 세금 징수를 목적으로 유대에 호적을 재등록하라는 명령을 내렸다. 그러자 다시 한번 격렬한 저항이 일어났다. 요세푸스는 갈릴리 사람 유다가 전쟁에서 죽을 각오로 그 명령에 격렬히 저항했다고 기록한다(*Antiquities*, 20:5.2; 참조. 18:1.6). 그 땅에서 나는 소산은 이방 정복자들이 아닌 이스라엘과 성전을 위해 사용되어야 했다. 하나님만이 그 땅의 유일한 통치자이시기에, 누구든 그 땅의 통치권을 주장하는 것은 하나님의 역할을 뺏는 것과 같았다. 로마 군대는 유다와 그의 아들들을 신속하게 해치운 다음 이를 두 번째 경고로 삼아 유대인들에게 그 땅의 소유자가 누구인지를 명확히 알리고자 했다.

이 두 이야기만 보아도 1세기에 유대를 짓누르던 국가적 긴장감을 쉽게 파악할 수 있다. 유대인들은 그 땅을 소유하고 통치하려고 했으나, 그런 시도는 기원전 63년에 로마 제국이 유대를 정복한 이후 계속해서 좌절되었다. 기원전 2세기에 마카비 왕조가 그리스 정복자들을 유대 산지에서 몰아내고 그곳에 유대 왕국을 세우는 놀라운 업적을 세웠지만, 이 역시 로마에 의해 상실되고 말았다. 이 시기 유대에는 땅의 회복에 대한 신학들, 즉 유대인에게 주어진 민족적 유산을 기반으로 삼고 그들이 온전히 다스리게 될 새롭고 성공적인 시대를 간절히 바라는 소망을 담은 신학들이 널리 퍼져 있었다.

심지어 신약성경도 이런 열망을 보여준다. 사도행전 1:6에서 사도들은 예수에게 얼핏 보면 순진해 보이는 질문을 한다. "주께서 이스라엘 나라를 회복하심이 이 때니이까?" 예수의 능력이 그분의 부활 안에서 드러났기 때문에 그들이 그렇게 추측하는 것도 당연했다. 이런 메시아적인 능력은 이스라엘의 비전이 성취되는 것으로 끝나야만 했다. 예수가 말한 하나님 나라에 당연히 이스라엘 왕국이 포함되지 않겠는가? 그 땅은 합당한 소유자들에게 돌아갈 것이다. 유대인들이 바빌로니아에 포로로 끌려갔던 것만큼이나 끔찍한 이방인들의 이주는 끝나야만 했다. 유대 왕국이 힘 있게 서고 로마인들은 떠나야 했다.

이 같은 좌절된 소망은 누가복음 24:21에도 기록되어 있다. 좌절에 빠진 채 엠마오로 가던 제자들은 부활한 예수를 알아보지 못하고 자신들의 꿈이 십자가에서 산산이 부서졌다고 말한다. "우리는 이 사람이 이스라엘을 속량할 자라고 바랐노라." 이런 바람은 당시 온 나라가 받고 있던 스트레스와 맞아떨어졌다. 그 땅이 유대인들에게 돌아오고 이방인의 점령이 끝나야 구원이 올 것이다. "이스라엘의 구원"은 영혼의 구원이 아니라, 나라가 회복되고 정결해지는 것이었다. 이는 이스라엘의 종교 생활과 결코 뗄 수 없는 것이었으며 거룩한 땅을 하나님이 주신 유산으로 인정받는 것이야말로 진정한 이스라엘의 구원이었다.

1세기 초반의 유대 지역에 유대인의 정체성과 그 땅을 연결하려는 이런 관심이 널리 퍼져 있었다면, 예수도 분명 이와 관련된 논쟁과 상충하는 비전을 알고 있었을 것이다. 그들의 믿음은 토라와 성전과 그 땅을 중심으로 하고 있었기에 이방인들이 땅을 점령하고 있는 현실을 무시할 수 없었다. 예수가 살던 시대의 사람들은 일반적으로 협력(cooperation), 분리(separation), 저항(resistance)의 자세를 취하는 것을 대안으로 삼고 있었다. 우선 로마 점령자들과의 협력을 통해 그 통치를 느슨하게 함으로써 황제의 요구가 점차 줄어들기를 바라는 사람들이 있었다. 이들은 유대 지역이 아우구스투스 황제의 팍스 로마나 정책으로 이득을 볼 수도 있다고 생각했다. 적어도 그렇게 되도록 애써야 한다고 생각했다. 헤롯과 그의 왕조는 끝까지 이 모델을 따랐다. 유대의 유명한 항구인 가이사랴(Caesarea Maritima)는 대리석으로 된 선착장과 태피스트리 차양을 친 정박지를 갖추고 로마 배들을 맞이했으며, 그곳에는 아우구스투스 황제를 위해 만든 최고급 대리석 신전이 있었다. 로마의 공공 건축물, 3500석 규모의 극장, 2만 명이 경마나 전차 경주를 관람할 수 있는 경기장 등은 실로 이곳이 **로마** 항구임을 분명히 드러내고 있었다. 유대에는 이런 것들이 전혀 없었다. 헤롯은 이 같은 협력의 자세를 견지함으로써 로마의 통치에 대응했다. 헤롯의 두 아들인 헤롯 안티파스와 필립(클레오파트라와의 사이에서 태어난 아들)은 심지어 로마에서 교육을 받았다 (*Antiquities*, 17:20).

이와는 달리 비참한 점령의 현실에서 자신을 분리시키고 믿는 자들만의 공동체를 만들고 기도하면서 하나님의 개입을 기다리는 사람들이 있었다. 사해 근처의 쿰란 공동체가 여기에 속한다. 그들은 예루살렘과 그 땅이 로마인들뿐만 아니라 그들과 놀아난 유대인들로 인해 참을 수 없을 정도로 더럽혀졌다고 생각했다. 따라서 그 땅에서 사는 것이 불가능해졌다. 그들은 아직 정결한 삶이 가능한 사막에 주님을 위한 장소를 마련했다. 그리고 그들에게는 종말론적 해결책이 있었다. 쿰란의 전쟁 문서(war scroll)는 하나님이 어떻게 직접 개입하실지에 대해 간략하게 이야기하면서, 믿는 자들의 책무는 이 일이 일어나길 기다리며 준비하는 것이라고 말한다. 이 두루마리의 첫 도입부는 "빛의 자녀"와 "어둠의 자녀" 사이에 벌어질 마지막 전투의 윤곽을 그린다(1QM 1:1-7). 여기서 유대인들이 맞서 싸워야 할 적은 바로 깃딤(로마인을 뜻하는 암호)과 "어둠의 자녀"와 함께 어울리면서 의로운 삶을 살기를 거부한 유대인들이다.

또 다른 한편으로는 세금 납부를 거부하거나 심지어 칼을 드는 방

예수와 땅의 신학

식으로 저항한 사람들이 있었다. 예후다 마카비가 기원전 2세기에 이렇게 저항한 적이 있는데, 이스라엘이 이를 따르지 못할 이유가 있는가? 이런 움직임을 가리켜 "마카비 비전"의 재탄생이라고 부를 수 있다. 이는 종교에서 원동력을 얻고 그 땅을 정결하게 하는 것이 자신들에게 주어진 최우선 임무라고 여긴 유대 민족주의의 한 형태였다. 이것은 갈릴리 사람 유다와 드다의 비전임이 분명했다. 메시아적 색채를 띤 「솔로몬의 시편」에는 이런 생각이 반영되어 있다. "그분(메시아)이 지혜롭고 의롭게 **그 유산**에서 죄인들을 몰아내시고 죄인들의 교만을 토기장의 그릇처럼 부순다. 그분이 쇠막대기로 그들의 모든 자원을 산산이 부수신다. 불법을 일삼는 이방인을 그분 입에서 나오는 말씀으로 부수시기를"(17:21-24). 하지만 결국 이 비전으로 인해 예루살렘은 전쟁을 겪고 멸망당하고 온 땅이 초토화된다. 그 땅은 그렇게 "깨끗이 정화되었다." 그러나 그 정화는 로마 군대가 유대교를 회복 불가능할 정도로 파괴함으로써 이루어진 것이었다.

우리는 복음서에 나타난 예수의 태도를 통해 어떤 점을 알 수 있는가?

예수가 살던 당시의 땅과 정치

1세기의 유대인들은 로마 군대가 점령한 땅에서 열악한 삶을 살고 있었다. 이런 불안한 정치 상황에서 예수와 같은 선생이 대중을 앞에 두고 그 땅과 그 소유권에 대해 공개적으로 이야기할 것이라고 기대해서는 안 된다. 로마에 저항하는 것은 반란의 조짐을 매의 눈으로 노리고 있는 숙련된 군대를 향해 돌진하는 것과 같았다. 반면 로마에 협조하는 것은 그런 모습을 견디지 못하는 동료 유대인들을 들이받는 셈이었다. 정치적으로 첨예하게 대립하는 상황에서는 (예나 지금이나) 자기 생각을 필요 이상으로 분명하게 드러내서는 안 된다.

데이비스(W. D. Davies)는 1974년 『복음과 그 땅』을 집필하면서, 1967년 브랜든(S. G. F. Brandon)에 의해 갱신된 옛 이론을 아주 정확하게 인식하고 있었다.[1] 브랜든은 『예수와 열심당원』에서 예수가 로마의 정치적 점령을 거부했을 뿐 아니라 이에 대한 공개적 저항을 천명한 열심당 운동에 공공연하게 동조했다고 주장했다. 그러나 복음서 저자들은 66-70년에 일어난 전쟁을 겪은 후 황제에게 협조하고자 했고, 고집불통 유대교와 자신들을 분리하려는 노력의 일환으로 예수가 지녔던 정치 활동가의 이미지를 완화시키려고 했다. 그래서 브랜든은 복음서의 전통 안에서 복음서 저자들이 수정한 내용을 걷어내고, 더 진실하고 진정성 있으며 온전히 정치적인 예수의 모습을 다각적인 측면에서 식별해내고자 했다.

1967년 이래로 크로산(J. D. Crossan) 같은 학자들의 노력에도 불구하고 브랜든의 이론은 인정을 받지 못했다.[2] 예수를 비판적으로 재구성한 그의 작업은 복음서 본문을 정직하게 주석한 결과로서, 1960년대의 정치·사회적 변동으로부터 많은 영향을 받았을 것이다. 데이비스의 초기 작품부터 좀 더 최근에는 라이트(N. T. Wright)[3]에 이르기까지, 예수가 그 땅을 어떻게 보았는지에 대해 뉘앙스나 난이도를 달리하는 새로운 관점들이 등장했다. 사실 1세기에는 강력한 종교적 힘을 배경으로 정치와 땅에 대한 주장이 개진되었다. 그러나 이런 주장과 예수 사이의 관계는 미묘하기 때문에 더 자세한 조사가 필요하다.

우선 두 가지를 살펴볼 필요가 있다. 첫째, 예수는 땅에 대한 열망과 당시 정치에 대해 놀라울 정도로 침묵한다는 점이다. 유대교는 로마의 통치 아래서 축적해온 민족적 열망을 바탕으로 유대 지도자들을 지속적으로 압박했다. 유대 지도자들은 점령에 항복하든지 아니면 로마를 무찌를 조직을 구성함으로써 이에 반응해야만 했다. 그러나 예수는 이상할 정도로 그런 논쟁에 대해 침묵한다. 놀랍게도 예수는 점령자와의 접촉을 받아들이는 모습을 보인다. 마태복음 8:5-13에서 예수는 아끼는 종의 병을 고쳐달라는 로마 백부장의 요구를 들어준다. 이 장면에서 군인에 대한 혐오나 이방인에 대한 정죄를 찾을 수 없다. 오직 받아들이고 환대하는 모습만 있을 뿐이다. 예수는 로마 백부장에 대해 이렇게 말한다. "이스라엘 중 아무에게서도 이만한 믿음을 보지 못하였노라"(8:10). 이 말은 그 땅에 대한 소유권 주장과 직결되어 있던 이스라엘의 민족적인 야망이 예수의 주 관심사가 아니었다는 인상을 주기에 충분하다.

(잘 알려진 것은 아니지만) 로마법에 따르면, 로마 군인은 자신이 원한다면 점령지의 백성을 짐꾼으로 부릴 수 있었다. 이 조항에는 짐꾼의 당나귀와 수레도 사용할 수 있다고 되어 있다. 하지만 로마 도량형으로 1마일(오늘날의 0.9마일)까지만 이렇게 할 수 있다고 제한되어 있다. 이렇게 점령지 백성을 강제로 노동시킬 수 있는 조항은 그곳 사람들의 공분을 사기에 충분했음에도 불구하고, 예수는 이런 상황에서 누가 5리를 가게 하면 **10리를 가라**고 말한다(마 5:41). 더 나아가 마태복음 5:44에서는 자신을 따르는 자들에게 "원수"를 사랑하고 자신을 박해하는 자를 위해 기도하라고 명령한다. 이런 행동은 로마 점령에 대해 정치적인 저항을 하지 않겠다는 암묵적인 표시였고, 예수를 따르는 자들은 분명 이를 이해할 수 없었을 것이다. 한 마디로 예수는 당시 로마에 저항해야 한다는 분위기, 그리고 그 땅을 되찾고자 애쓰는 것이 종교적 의무라고 여기던 분위기에 이상하리만치 동조하지 않았다.

그러나 (중요한 한 구절에서) 예수는 공격적인 저항을 선택한 사람들로부터 시험을 받는다.

기원후 6년에 부패와 폭력을 일삼던 아르켈라오스(헤롯 1세의 아들)가 제거되고 정치가 혼란스러운 틈을 타 로마가 그 땅을 직접 관할하게 되자, 유대인들 사이에 새로운 형태의 저항이 생겨났다. 여러 조직이 재구조화되고 불안정한 상황은 이런 새로운 움직임이 싹트는 데 절호의 기회가 되었다.

예수와 땅의 신학

로마의 세금 징수는 이스라엘이 속박으로 인해 겪어야 하는 짐을 상징했고, 많은 유대인들은 이를 통해 유대의 경제권이 로마 제국으로 이양된다고 믿었다. 기원후 6년에 일어난 세금 폭동은 이 흐름을 막으려는 시도였다. 마가복음 12:13-17은 예수가 "바리새인들과 헤롯당원들"을 만나는 장면을 서술하고 있는데, 이 두 그룹은 비록 입장은 많이 달랐지만 공통적으로 점령 상황에 대해 크게 우려하고 있었다. 세금에 대한 그들의 질문("가이사에게 세금을 바치는 것이 옳으니이까, 옳지 아니하니이까?")은 순진한 의도에서 한 질문이 아니라, 애매모호하게 의도를 숨긴 시험용 질문이었다. 예수는 동전을 가져오게 한 후 그 위에 새겨진 황제의 형상을 가리키면서 "가이사의 것은 가이사에게" 주라고 지시하는데, 이것은 분명 예수가 세금 폭동을 지지하지 않는다는 의미로 해석할 수 있다. 어떤 학자들은 이 폭동을 열혈당원 운동의 시작으로 보고(*Antiquities*, 18:1), 이 구절을 예수가 그들의 정책을 공개적으로 거부한 것으로 본다. 그분이 지지하는 왕국은 무력으로 그 땅을 되찾으려는 민족주의 운동과 궤를 같이할 수 없었다.[4]

마태는 훨씬 더 직접적인 시험을 기록한다. 마태복음 17:24-27에서 세리들은 예수의 제자들에게 그분이 "세금을 내는지" 묻는다. 여기서 말하는 세금은 매년 내는 성전세를 말하는 것으로, 로마에 저항하는 세금 폭동과는 전혀 관련이 없는 것이었다. 그럼에도 불구하고 반 세겔씩 내는 성전세는 논란의 대상이었고, (쿰란 공동체를 포함한) 몇몇 사람들은 이것이 바리새인이 창안한 세금이라는 이유로 납부를 거부했다. 예수는 이런 세금이 왕들의 아들들은 제외하고 다른 사람들에게만 지우는 그들만의 특권이라는 것을 인정한다. 예수는 왕들의 아들들은 이런 세금을 내지 않지만, 공연히 공격받지 않기 위해서라도 세금을 내겠다고 말한다. 그런 다음 예수는 시몬 베드로로 하여금 물고기 입에서 찾아낸 동전으로 세금을 지불하게 하는 기적을 일으킨다. 예수는 여기서 다시 한번 부과된 의무를 시행함으로써 세금을 부과하는 "왕들"에 순응한다. 그분은 저항보다 협조를 선택하며 의무를 거부하지 않고 준수한다.

연속성과 불연속성

예수는 로마에 저항하는 것을 드러내놓고 거부했지만, 그분의 사역에는 유대인들이 그 땅에 대해 갖고 있던 강한 유대감이 고스란히 드러난다.[5] 예수의 삶은 유대교 성경 안에 소중히 담겨 있는 고대의 유산에서 시작되고 끝난다. 예수가 베들레헴에서 태어났다는 사실은 다윗과 그곳의 역사(삼상 17장)뿐만 아니라 예루살렘 남쪽에 있는 이 역사적인 작은 유대 마을을 언급하는 많은 구약 구절을 생각나게 한다. 히브리 성경에서 베들레헴은 40번이나 언급된다. 또한 예수의 출신지로 알려진 나사렛은 갈릴리 남쪽에 있는 마을로 그분이 유년시절을 보낸 곳이다. 그러나 이 마을은 구약에 언급되지 않으며, 요세푸스의 글과 탈무드에서도 찾아볼 수 없다. 발굴 자료에 의하면 오늘날의 나사렛 시가지가 세워진 장소에 과거 약 500-1,500명이 살던 한 마을이 존재했던 것으로 추정된다. 예수는 여기서 가버나움으로 이사를 가는데, 그곳은 갈릴리 북서쪽 해안에 위치한 유명한 어촌으로서 동서를 잇는 북쪽의 요충지였다. 최근 25년 간 이루어진 발굴 작업을 통해 그 장소에 거주했던 공동체의 현무암 벽 유적이 발견되었다. 그 후 예수는 갈릴리에서 머물다가 이스라엘 최고의 거룩한 도시인 예루살렘에서 생을 마감한다. 이 점을 놓고 많은 신약학자들은 흥미로운 질문 하나를 제기한다. 예수는 이방인을 향한 사명을 갖고 있었을까? 아니면 자신의 사명을 유대교에 국한시켜 인식하고 있었던 것일까?[6]

예수의 공생애는 요단강에서 시작되어 광야로 잠시 배경을 옮겼다가 본격적으로 갈릴리에서 다시 시작되었다. 예수의 공생애가 요단강에서 시작되었다는 것은 여호수아("예수"라는 이름은 히브리어 "여호수아"에서 나왔다)와 관련된 이스라엘의 시작을 떠오르게 한다. 이것은 이스라엘이 새롭게 되었다는 의미가 아닐까? 그 땅에 대한 유대인들의 주장이 다시 부활한 것이 아닐까? 예수가 광야에 머물던 것도 이스라엘의 광야 시절과 맞아 떨어진다. 그분이 **열두** 사도를 선택한 것도 그렇다. 이들은 새로워진 열두 지파가 아니었을까? 어떤 면에서 예수는 이스라엘의 역사를 다시 살고 있었고, 약속의 땅에서 새로운 삶을 살고자 하는 이스라엘 사람들의 희망을 회복시키고 있었다. 그리고 이 모든 일은 이스라엘의 옛 경계 안에서 일어나야 했다. 예수는 가버나움에서 나와 갈릴리에서 공생애를 시작했고, 이스라엘이 생각하는 약속의 땅에 해당하는 **성스**

러운 지역(sacred geography)을 거의 벗어나지 않았다. 따라서 예수의 정체성과 시각은 (디아스포라나 이스라엘 밖에 있는 땅이 아닌) 그 땅에서 형성되었다고 할 수 있다. 그리고 예수는 (로마 제국이 아닌) 그 땅에서 자신의 사명을 실현하고자 했다.

예수가 이스라엘 땅에 대해 유대교와 비슷한 지리적 인식을 갖고 있었다는 점은 그분이 열두 제자를 파송하면서 내린 명령에서도 찾아볼 수 있다. "이방인의 길로도 가지 말고 사마리아인의 고을에도 들어가지 말고 오히려 이스라엘 집의 잃어버린 양에게로 가라"(마 10:5-6; 참조. 막 6:7-11; 눅 9:1-5; 10:1-12). 따라서 그들의 노력은 (유대인들이 살던 그 땅 내의 지역적 경계와 동일한) 유대인들의 문화적 경계선 안에서 이루어져야 했다. 예수의 명령은 남쪽(사마리아)이나 이방인이 밀집한 지역의 경계로 가지 말고 갈릴리에 머물라는 지시였을 것이다. 그럼에도 불구하고 예수가 부활한 후에는 그 땅의 경계 밖에 있는 이방인을 온전히 받아들이게 된다(마 28:19). 이것은 초기 교회의 노력으로 실현된 비전이었다.

예수는 이스라엘의 지리적 경계를 존중하며 평생을 살았지만, 동시에 이렇게 지리적 위치를 강조할 때 수반되는 민족적 속박에 제한받지 않으려 했다. 다른 말로 하면, 예수에게는 이스라엘이 그 땅에 대해 갖고 있던 헌신과 **분리되는 지점들**(discontinuity)이 있다는 뜻이다. 마태복음에서는 비유대인 박사들이 메시아를 영접하고(마 2:1-12), 갈릴리는 "**이방의 갈릴리**"(마 4:15)라고 불린다. 데가볼리와 시리아에서도 예수를 환영하고 따르는 자들이 생긴다(마 4:24). 예수는 갈릴리 바다 동쪽에서도 사역을 하는데, 여기서 귀신 들린 이방인이 치료된다(마 8:28-34, 이 사람은 아마도 거라사 혹은 가다라 지방의 이방인이었을 것이다).[7] 마가복음에 따르면, 예수가 사람들을 먹인 기적(막 6:30-44)은 이방인이 거주하던 호수 동쪽에서도 일어난다(막 8:1-10). 예수는 (서쪽의) 유대인 5천 명과 (동쪽) 데가볼리 지역의 이방인 4천 명을 먹였다.

예수의 사역에서 나타나는 큰 특징 중 하나는 그분이 갈릴리 지역에서도 사역을 펼쳤다는 점이다. 갈릴리는 이스라엘 북쪽에 있는 지역으로서 중심에 있는 유대 지역과는 **다른 대우**를 받던 곳이다. 기원전 8세기 그곳에 살던 유대인들이 아시리아인들에 의해 추방된 이후 대신 이방인들이 거주하게 되었다(왕하 15:29). 기원전 2세기 마카비 시대에 들어 이 지역에 헬레니즘의 영향력이 강력해지자, 유대에 있던 사람들은 3천 명 규모의 군대를 이 북쪽으로 보내 수천 명의 이방인을 죽임으로써 그 땅을 "정결케" 하였고, "크게 기뻐하며"(마카베오상 5:23) 남아 있던 유대인들을 남쪽으로 이동시켰다. 신약 시대에 이르러서는 프톨레마이스, 스키토폴리스, 세포리스를 중심으로 헬레니즘의 영향을 받은 새로운 그리스 도시들이 생겨났다. 이 도시들은 헬레니즘의 영향을 크게 받은 동쪽의 도시들(야르묵 강에 있는 가다라, 스키토폴리스를 마주하고 있는 펠라, 고지대에 속하는 동쪽 사막 평원에 위치한 거라사)을 모방하여 세워졌다. 이런 환경에서 유대인이 거주하기는 쉽지 않았을 것이다. 갈릴리 해변에서 일하는 어부들은 해변 동쪽 언덕 위에 우뚝 세워진 도시 히포스(Hippos)를 한눈에 볼 수 있었다. 마태가 이사야서를 인용하면서 상기시켰듯이, 이곳은

"어둠"의 땅이자 "죽음의 그늘"에 놓인 이방인의 도시였다(마 4:16-17). 예수는 왜 예루살렘에서 일하지 않았을까? 왜 유대를 중심으로 사역하지 않았을까? 왜 이렇게 문제가 많아 보이는 지역에 힘을 쏟았던 것일까?

누가복음에 나오는 한 이야기를 보면, 이스라엘의 지리적 경계 밖에 있는 이런 도시들을 우호적으로 대하고자 했던 예수의 의도에 드러난 긴장감을 느낄 수 있다. 예수는 나사렛 회당에서 이사야서의 말씀을 읽으면서 공적으로 모습을 드러냈다(눅 4:16-30). 그러나 그 지역 사람들이 예수의 사역을 거부하자 엄중한 경고를 내린다. 엘리야 시대에 기근이 임하자, 엘리야는 오직 **시돈 땅에 살던 과부**인 사렙다에게만 보냄을 받았다. 엘리사 시대에 나병이 이스라엘 사람들의 삶을 위협할 때, 엘리사는 **시리아 사람** 나아만에게만 보냄을 받았다. 그날 그 설교를 들은 사람들의 반응은 신속하고 분명했다. 그들은 예수를 죽이려고 했다. 예수가 이사야서 말씀을 읽으면서 메시아로서의 지위를 주장했기 때문이 아니라, 오직 이스라엘만이 그 땅을 받았다는 그들의 특권을 예수가 인정하지 않는 것처럼 보였기 때문이다.

이처럼 예수의 사역을 통해 드러난 땅에 대한 태도는 연속성과 불연속성을 모두 포함하고 있다. 예수가 지중해를 넘어 알렉산드리아나 이집트 같은 곳으로 갔다든지, 북쪽에 있는 시리아 안디옥으로 갔다는 기록은 어디에도 없다. 가이사랴, 스키토폴리스, 세포리스, 티베리아스, 프톨레마이스, 가다라, 히포스 같은 땅에 있는 이방인 고립 지역으로 들어

갔다는 기록도 없다. (벳새다와 가이사랴 빌립보에 도착했다는 기록이 있지만 이는 예외적인 것이다.) 예수는 유대인들이 중요하게 여긴 도시들보다 갈릴리에 머물었다. 물론 명절을 지내기 위해 예루살렘을 방문하기도 했다. 이를 보면 예수는 유대인들의 삶에 나타난 그 땅의 영토적 경계를 존중하는 것처럼 보인다. 하지만 이와 동시에 예수는 그런 지역적 경계를 넘어서고자 했고, 사람들은 그의 이런 행동을 보고 놀라거나 불편함을 느꼈다.

이는 예수가 자신의 핵심 메시지인 하나님 나라를 전할 때도 그대로 드러난다. 예수는 하나님 나라가 그 땅에 임했다고 선포하지만, 그 나라는 유대인들이 갖고 있던 영토에 대한 열망, 즉 마카비 시대에 그들이 가졌던 "왕국에 대한 열망" 같은 것과는 전혀 관계가 없다고 말한다. 예수가 선포한 나라는 유대인 민족주의를 반영하는 정치 운동과 전혀 상관이 없다. 하지만 예수가 말한 그 나라는 먼저 유대인에게 주어진다. 이런 맥락에서 예수는 땅에 대한 유대인의 애착의 핵심에 있는 예루살렘을 아끼는 모습을 보이기도 한다. 그러면서도 예루살렘이 정결케 되는 과정에서 고통을 받을 것이며(막 11장), 돌 하나 남지 않는 멸망을 겪을 것(막 13:2)이라고 말한다. 당시 대중적인 지지를 받던 땅 관련 신학들이 원하던 것은 멸망이 아니라 성전의 회복이었다. 하지만 예수는 당시의 "땅 신학들"과 뜻을 같이하지 않았다.

복음서에 나오는 중요한 구절들

그렇다면 복음서에는 예수와 복음서 저자들이 그 땅과 당시의 종교적·
정치적 요구에 대해 분명히 인식하고 있었음을 명백히 보여주는 구절이
존재하는가? 어떤 학자들은 그 땅 자체가 복음서 내에서 영적 성장의 모
습을 보여주는 직접적인 은유로 쓰이고 있다고 보았다. 제임스 레세귀
(James L. Resseguie)에 따르면, 누가복음에서 사막, 내륙 바다(갈릴리), 산은
각각 하나님과의 관계가 갖는 몇 가지 특징을 상징한다. 이들은 (각각)
시험을 받는 장소, 우리가 통제할 수 없는 (하나님이 통제하시는) 장소, 피
난처를 의미한다. 그리고 무엇보다 요단강은 사막과 약속의 땅을 구분하
는 경계로 작용한다.[8]

다음 일곱 구절을 살펴볼 필요가 있다.

마태복음 5:5

그 유명한 산상수훈(마 5-7장)에서 예수는 종교적 가치들을 과격하게 뒤
집어엎는다. "원수를 사랑해야 한다.""우는 자가 위로를 받는다.""박해
받는 자가 의롭다 여김을 받는다." 누가는 또 이렇게 말한다. "생명을 잃
고자 하면 얻을 것이다"(눅 9:24). "나중 된 자가 먼저 된다"(눅 13:30). "자
기를 낮추는 자가 높아진다"(눅 14:11). 이런 종교적 우선순위의 도치는
마태복음 5:5을 이해하는 열쇠다. "온유한 자는 복이 있나니 그들이 땅

을 기업으로 받을 것임이요." 이는 시편 37:11(마태가 사용한 그리스어 구약성경 70인역에서는 시 36:11)을 반복한 말씀으로서, 땅과 기업과 "온유한 자"가 일렬로 병치되어 있다.[9]

시편 37편은 이스라엘에서 하나님이 일하실 때 따르는 반전의 복을 말한다. 악하고 화를 내는 자들은 불의한 자들이므로 이스라엘이 받을 유산을 나누어 받지 못할 것이다. 그들은 자기의 소유라고 여기는 것을 차지하고자 칼을 들고 공격을 가한다. 하지만 하나님은 그들의 편이 아니다. 하나님은 그분을 믿고(시 37:3), 그분의 길을 기뻐하며(시 37:4), 인내하고(시 37:7), 의로운(시 37:29) 자들에게 그 땅을 주실 것이다. **온유한 자들**은 그 땅을 얻을 때 기뻐하게 될 것이다(시 37:11). 이들은 강하고 힘센 자들에게 늘 당했기 때문에, 자신들이 그 땅을 얻을 수 있을 것이라고 전혀 기대하지 않았다. 시편 37편은 탐욕스러운 자와 관대한 자를 비교하여 서술한다(시 37:21). 또한 자기들이 원하는 것을 붙드는 자와 하나님이 그것을 공급하시기를 기다리는 자를 대비한다. 그 땅은 후자에 속한 사람들에게 주어질 것이다.

그리스어 *praus*(여기서는 *hoi praeis*)는 겸손하고 잘난 체하지 않는 사람들을 일컫는 표현으로서, 마태복음 5:5과 70인역 시편 37편에 모두 등장한다. 이 표현에 대한 도널드 해그너(Donald Hagner)의 설명에 따르면, "그들은 복종적이고, 온순하고, 내성적인 사람들이 아니라, 억압받는다는 의미에서 자신을 낮추는 사람들이다(그래서 '낮아졌다'라고 표현된다)."[10] 이 형용사는 마태복음에서 두 번 더 사용되며, 예수 자신의 사역을 표현할 때 쓰인다(마 11:29; 21:5). 베드로전서 3:4은 그리스도인들에게 이 형용사를 적용한다. 후기 기독교 문학에서는 이것이 기독교 지도자들의 속성이 되어야 한다고 말한다(*Didache*, 15:1).

그런 사람들이 받는 선물이 바로 그 땅(그리스어로 *gē*)이다. 이 단어는 상당히 융통성 있게 쓰이는 단어인데(신약에서만 250번 사용되었다), 흙(마 13:5), 고을("유대 고을", 마 2:6), 천지(마 5:18, 35), 또는 온 지구상(눅 21:35)이라는 의미로 사용되었다. 하지만 마태복음 5장에서는 시편 37편 말씀을 인용하는 상황이었으므로, 예수의 말을 듣던 청중들은 그것이 온 **땅**을 말하는 것이 아니라 약속의 땅 곧 성지를 말하는 것임을 즉각적으로 알 수 있었을 것이다. 게다가 예수는 이것을 받는 자들을 가리켜 이 땅의 **상속자**들이라고 말한다. 이것 역시 예수의 말을 듣던 자들에게는 강력한 의미가 있는 단어였다. 이 단어(*kleronomeo*, 상속받다; *kleros*, 유산/기업)는 구약의 언약에서 땅을 분배할 때 사용하던 단어다.[11] "유산/기업"이 "땅"과 연결될 때 그것이 함축하는 바는 너무나 명확하다. **기업으로 주신 땅**은 곧 바로 약속의 땅이다. "온유한 자는 복이 있나니 그들이 땅을 기업으로 받을 것임이요."[12]

이로 인해 예수의 선언은 논란에 휩싸인다.[13] 세상의 힘을 가진 자들은 그 땅에 대해 정치적이고 군사적인 주장을 내세우려고 했다. 강한 자들은 자신들의 지위와 특권을 근거로 원래 자신들에게 주어졌던 것을 가질 권리가 있다고 생각했으나, 예수는 "그 땅을 재분배"하려는 것처럼 보인다.[14] 온유한 자가 땅을 기업으로 받고, 목소리 큰 자들은 빈손으로 물러가게 될 것이다. **나중 된 자가 먼저 될 것**이라는 대반전은 예수의 사역 전반에서 예민하게 감지되고 있던 것인데, 이것이 드디어 기업으로 받은 이 땅, 유다 땅, 즉 당시 사람들이 가장 소중히 여기던 재화와 같던 그 땅에도 적용된 것이다.

이것은 예수가 자신을 따르는 자들에게 영토를 주겠다는 뜻일까? 그런 것 같지는 않다. 앞으로 살펴보겠지만 (그리고 주석들도 일관적으로 보여주듯이) 그 땅 자체는 유대교 안에서 대부분의 사람들에게 구체적으로 적용되었으나, 예수와 그의 제자들은 그분의 나라에 속하는 사람들에게 주어질 약속을 재해석했다. 그들의 나라는 하늘에 있고(마 5:3, 10), 그들은 하나님을 볼 것이며(마 5:8), 그들의 상은 하늘에서 클 것이다(마 5:12). 예수는 당시 가장 강력한 힘을 가진 이미지 중 하나(그 땅)를 이용하여, 그것을 갖겠다고 주장하는 사람들에게 그것을 주기를 거부했다.

누가복음 13:6-9

이 비유에서 예수는 포도원에 무화과나무를 심은 사람에 관해 이야기한다. 그는 심은 나무에서 열매를 찾았지만 얻을 수 없었다. 포도원 지기는 그 나무가 3년 동안 열매를 맺지 못하니 베어버리는 편이 좋겠다고 주인에게 말한다. 그러자 주인은 한 해만 더 비료를 주면서 잘 보살펴보고, 그래도 열매가 없으면 베어버리라고 제안한다.

어떤 학자들은 이 비유가 나중에 마가복음과 마태복음에 나오는 저주받은 무화과나무 이야기에서 현실이 되었다고 말한다(막 11:12-21; 마 21:18-22). 이 두 이야기는 전통 안에서 형성되는 과정에서 문자적으로 공통된 부분을 갖게 되었지만, 각자 강조하는 바가 다르기 때문에 그 비유를 저주의 근거로 볼 수 없다고 말하는 학자들이 더 많다.[15] 마태복음과 마가복음에 기술된 이스라엘에 대한 심판은 즉각적이고 확실하다. 그러나 누가의 비유는 참아주는 것에 강조점이 있다.

그 비유에는 매우 중요한 구절(볼드체로 표시됨)이 포함되어 있다. 주인이 말한다. "내가 삼 년을 와서 이 무화과나무에서 열매를 구하되 얻지 못하니 **찍어버리라. 어찌 땅만 버리게 하겠느냐?**" 이 마지막 부분에 그리스어 *gē*라는 단어가 쓰인다. 마태복음 5:5에 쓰인 그 단어다. 이것은 흙(the soil, 신개정표준역)이나 땅(the ground, 개정표준역)을 지칭할 수도 있지만, 그 땅을 가리킬 가능성이 높다. 왜냐하면 이 비유는 이스라엘을 상징하기 때문이다. 무화과나무가 심긴 포도원은 바로 이스라엘이다. 이런 상징을 인정한다면, 구약의 구절들이 말하는 바는 의미심장하다. 구약에서 땅은 그 자체로 이스라엘과 관련하여 독립적인 생명력을 가진다. 그 땅은 그곳에 사는 사람들을 뱉어버릴 수도 있고(레 18:28; 20:22), 땅에서 나는 유익을 나누지 않을 수도 있다.[16]

열매를 맺지 못한 이스라엘에게 임하는 심판은 그 땅에서 쫓겨나는 것일지도 모른다. 베임을 당할 수도 있다. 이것은 이스라엘에게 임한 예언자적 비판이다. 의로움이 없는 자는 그 땅을 소유할 수 없다. 그 땅에서 살기 위해서는 필수적으로 열매를 맺어야 한다. 따라서 그 땅에 사는 사람들이 하나님과의 관계를 유지하지 못하면 안전을 보장받지 못한다. 마샬(Marshall)은 이렇게 말한다. "그곳에 다른 포도나무를 심겠다는 뜻이 암시되어 있는가?"[17] (비유로 사용된) 열매 맺지 못하는 땅이라는 생각은 유대교에서 일반적인 것이었다. 후기에 나온 지혜문학인 아히카르(Ahiqar)에 기록된 야자나무 이야기에도 이 점이 드러난다. 강가에 오래 산 야자나무가 있었는데, 이 나무의 열매가 모두 물에 떨어지고 말았다. 주인은 나무를 베어버리려고 하지만, 의상 담당자는 이를 만류하면서 나무를 살려두자고 간청한다(7:46). 열매가 없으면 베임을 당한다는 이런 비유는 고대사회에서 흔하게 사용되었다.[18]

마가복음 11:12-14, 20-22(마태복음 21:18-19)

저주받은 무화과나무 이야기가 **그 땅 자체**를 가리키는 것은 아닐지라도, 누가복음 13:6-9의 이야기와 동일한 특징을 드러내는 것은 사실이다. 이 이야기가 배열된 방식 자체가 비유를 강력하게 떠받치고 있다. 마가는 그 이야기에 다음과 같은 중요 요소들을 "끼워 넣는다." (1) 첫 번째 저주(막 11:12-14), (2) 성전 정화(막 11:15-20), (3) 시들어버린 무화과 나무(막 11:20-22). 이 배열만 봐도 그 저주가 성전에서 일어나는 일을 상징하는 예언자적 행위였음을 알 수 있다. 이는 목적에 부합하는 열매를 맺지 못한 결과 심판을 받는 것으로 드러난다. "내 집은 만민이 기도하는 집이라 칭함을 받으리라고 하지 아니하였느냐. 너희는 강도의 소굴을 만들었도다."

이 장면은 예수와 당시 그 땅에 대해 확신을 갖고 있던 사람들을 대비시킨다. 그들은 그 땅과 그들에게 가장 중요한 도시인 예루살렘과 그 안에 있는 성전을 향해 자신들이 품고 있는 국가적 야망이 성공을 거둘 것이라고 확신하고 있었다. 그러나 이런 것들은 신성 불가침적인 것도 아니었고 비평이나 비판을 넘어서는 것도 아니었다. 다시 강조하자면, 그 땅에 살기 위해서는 열매를 맺어야 한다는 조건이 따른다. 성전에서는 두말할 것 없이 의가 행해져야 했다. 그 땅에 심긴 나무와 나라라 할지라도 하나님이 원하시는 것을 행하지 못하면 시들게(누가복음 13장에 따르면 베임을 당하게) 된다. 그 땅에 정착한다고 해서 안전이 보장되는 것은 아니다.

마가복음 12:1-12(마태복음 21:33-46; 누가복음 20:9-19)

사복음서 모두 예수의 공생애가 끝날 무렵에 선포되었던 중요한 비유 하나를 기록한다. 어떤 면에서 그 비유야말로 예수와 이스라엘 혹은 예수와 예루살렘 간의 결정적인 관계를 보여주는 것으로 보는 것이 옳다. 그 비유를 놓고 방대한 연구가 이루어지면서 많은 논쟁의 주제들이 생겨났는데, 여기서는 그것들을 요약하여 간단히 소개하려고 한다.[19]

예수는 포도원과 그곳에서 일하는 고집 세고 다루기 힘든 소작인들에 대해 이야기한다. 주인은 현재 자리를 비웠지만, 전에는 포도원 벽을 세우고 포도에 물을 주며 가지치기를 하는 등 포도원을 정성스럽게 가꾸던 사람이었다. 그가 소작인들에게 소작세로 요구한 것은 포도원에서 나온 얼마간의 열매뿐이었다. 그런데 주인이 세를 받기 위해 보낸 종들이 빈손으로 돌아오거나 구타를 당했으며 심지어 죽임을 당했다. 마지막으로 주인은 자기 아들을 보내면 일이 해결될 것이라고 생각했다. 그러나 소작인들은 악한 음모를 꾸민다. 그들은 주인의 아들을 죽여서 포도밭의 상속자를 없애고, 물려받을 주인이 없는 그 땅을 차지하려는 계획을 세운다.

이 비유는 우리가 다루는 주제에서 매우 중요하다. 이는 이사야 5:1-7에 나오는 잘 알려진 이사야의 포도원 비유를 예수가 변형하여 들려준 비유임이 분명하기 때문이다. 포도원을 준비하고 돌보는 내용에 이어(사 5:1-2), 좋은 열매를 맺지 못한 내용이 나오고(사 5:3-4), 주인(하나님)의 심판이 선포된다(사 5:5-6). 그런 다음 이사야는 유사한 말을 한다. "무릇 만군의 여호와의 포도원은 이스라엘 족속이요, 그가 기뻐하시는 나무는 유다 사람이라." 따라서 포도원은 **그 땅에 사는** 이스라엘 사람을 비유한 것이다. 그리고 이스라엘이 "열매 맺지 못한" 것은 그들이 "그 땅"에서 어떻게 살았는지를 보여주는 결과다(사 5:8). 그들은 자신들의 유익을 위해 그 땅을 짓밟음으로써 탐욕을 부리는 죄를 지었다.

포도원 비유는 이사야서에만 나오는 것이 아니다. 예레미야서(2:21; 8:13; 12:10), 에스겔서(7:6; 17:6; 19:10), 호세아서(10:1)에도 이스라엘과 그 땅에서의 삶을 상징하는 포도원이 언급된다. 비옥한 포도원은 그 땅이

주는 삶의 축복을 상징한다(믹 4:4; 슥 3:10; 8:12). 하지만 무엇보다도 가장 중요한 것은, 이스라엘 민족이 이집트에서부터 약속의 땅인 하나님의 포도원으로 다시 옮겨진 포도 덩굴로 상징된다는 것이다(시 80:8, 14; 사 5:2). 에스겔은 이런 포도원/포도 덩굴 이미지를 사용하여 이스라엘이 바빌로니아로 옮겨 심긴 것을 묘사했다(겔 19:10-14).

이런 배경이 되는 이미지들은 마가복음 12장에서 예수가 들려준 비유의 의미를 더욱 풍성하게 만든다. 포도원이 그 땅(그리고 그곳 백성)이라면, 예루살렘이 포도원 주인의 아들을 거부한 행동은 심판을 받게 될 것이다. 그 비유는 놀라운 선언으로 끝을 맺는다. 주인이 와서 "그 농부들을 진멸하고 **포도원을 다른 사람들에게 주리라.**" 예수는 이렇게 덧붙인다. "그러므로 내가 너희에게 이르노니 하나님의 나라를 너희는 빼앗기고 그 나라의 열매 맺는 백성이 받으리라"(마 21:43).

예수는 포도원에 대해 말하면서 이사야의 의미심장한 비유를 직접적으로 암시하고, 그 땅에서의 삶은 조건적인 것이라고 분명히 말한다. 그 땅의 소유 여부는 사람에게 달려 있지 않다. 또 다른 주인인 하나님이 계시고 포도원의 품꾼들은 그분에 대한 자신의 책임을 다해야 한다.

마태복음 19:28(누가복음 22:30)

유대인들의 종말론은 단순히 이스라엘 민족의 삶이 회복되는 것을 넘어서 그 땅 자체가 변화되고 그 땅에서의 삶이 회복되기를 기대한다. 그 땅의 소산이 많아지고(암 9:3) 그 땅이 변화될 것이다(에녹1서 62:1-16). 이 회복의 날에 심판이 임하여 땅의 모든 족속이 하나님 앞에 서게 될 것이다(솔로몬의 시편 17:28).[20]

마태복음 19:28에서 예수는 베드로와 제자들이 상속받게 될 하나님 나라의 약속을 재확인한다. 열두 제자는 (유대인들의 종말론이 말하는 대로) 이스라엘 열두 지파로서 심판의 자리에 앉게 될 것이며, 이 일은 "새로운 세상"에서 일어날 것이다. 예수는 문자 그대로 "갱신" 혹은 "재탄생"(그리스어로 *palingenesia*)을 언급한다. 그리스어를 사용하는 유대인들은 이 단어를 홍수 이후에 나타난 땅을 표현하는 데 쓴다(예. 필론; 요세푸스, *Antiquities*, 11:3.96). 이를 고려하면 예수는 하나님의 종말론적 통치가 하늘로부터 임하기를 고대할 뿐만 아니라 그 땅 자체가 유대인이 기대하던 대로 갱생과 변화를 거치기를 염원했음을 알 수 있다. 여기서 예수의 관심은 그 땅이 어떻게 변화되고 다시 태어날 것인지에 집중되어 있다.

마태복음 25:14-30

이 비유는 위험을 감수하고 투자를 실행하며 그에 따른 책임을 요구하는 내용을 담고 있다. 어떤 학자들은 이것을 그 땅에 대한 설명으로 이해한다. 한 부자가 여행을 위해 길을 떠나면서 종들에게 각각 다른 액수의 돈을 맡긴다. 두 종은 창조적으로 돈을 굴려 이윤을 남긴다. 그런데 세 번째 종은 돈을 그냥 묻어둔다. 주인이 돌아왔을 때 앞의 두 종은 칭찬을 받고, 세 번째 종은 준엄한 심판을 받는다.

받은 돈을 묻어두려는 본능은 1세기 상황을 고려하면 충분히 이해할 수 있는 행동이었다. 안전한 공공 은행이 없는 상황에서 돈을 묻어두는 것은 돈을 잃지 않을 최고의 방법이었다. 바로 이런 이유로 인해 오늘날의 고고학자들이 마루, 마당, 심지어 들판에서 "보물들"을 발견하곤 한다. 예수도 돈을 잃을 수 있는 이런 위험성을 알았기 때문에(마 6:20), 묻어 둔 보물을 찾는 이야기를 들려주었다(마 13:44).

이 이야기에서 한 남자는 그의 돈을 "땅"(그리스어로 *gē*)에 묻어둔다. 이 단어는 마태복음 5:5에 쓰인 단어로서 다양한 의미를 갖고 있었다. 예를 들어 이 비유에서는 흙이나 땅을 의미하지만, 어떤 사람들은 그 땅을 의미한다고 보았다. 만일 그 땅을 의미한다면, 이교도의 삶의 방식이 급속도로 퍼져나가는 1세기의 상황에서 그 땅을 보존하려는 당시 유대교의 조심스럽고 보호주의적인 본능을 의미하는 것으로 해석할 수도 있다. 세 번째 종은 위험하게 투자하기보다 자기 돈을 **그 땅 안에** 숨겨둔 것이다.

그러나 이런 해석은 이야기를 맥락과 상관없이 제멋대로 은유화하여 해석한다는 문제가 있다. 여기서는 그냥 단순히 한 사람이 땅에 돈을 묻어 둔 것으로 봐야 한다.

누가복음 12:13-21

랍비들은 마을에서 일어나는 갈등을 중재하는 역할을 맡고 있었다. 그래서 예수가 랍비로 알려지자, 유산 문제로 형제와 갈등을 겪던 한 사람이 예수를 찾아온다. 이미 살펴본 바와 같이 유산이라는 용어는 일반적으로 알려진 뜻으로 쓰이지만, 이스라엘이 유산으로 받은 그 땅과 동의어로 쓰이기도 했다. 그래서 (막 12장) 포도원 비유에서 소작인들은 그 아들을 죽여 "유산" 곧 그 땅(포도원)을 얻으려고 한다.

누가복음 이야기에서 예수는 두 형제 간의 갈등을 중재하기를 거부한다. 대신 예수는 (죽음과 동시에 잃게 될) 일시적인 유산을 놓고 싸우는 것이 얼마나 어리석은 일인지를 말한다. 예수는 자신이 말하고자 하는 바를 명확히 드러내기 위해 창고를 지으려던 어리석은 부자의 비유를 들려준다. 엄청나게 재산을 축적한 그 사람에게 하나님이 오셔서 이렇게 말씀하신다. "어리석은 자여, 오늘 밤에 네 영혼을 도로 찾으리니." 예수가 사람들에게 들려주려는 교훈은 간단하다. 이 유산은 하늘에서 갖게 되는 유산에 비하면 중요하지 않다는 것이다.

그 땅을 차지하기 위해 수단과 방법을 가리지 않고 싸우고 있던 사람들에게 그 비유는 도발적이었다. 그것은 하나님 나라가 어디에 속한 나라인지를 가르쳐주는 일종의 경고다. 그 나라는 싸움과 갈등을 중시하는 나라가 아니라 하늘에 속한 나라다. 유대인들이 그 땅을 차지하기 위해 분투하다가는 하나님이 우리를 위해 예비하신 더 중요한 장소를 놓칠지도 모른다.

요약

1세기의 유대교는 그 땅에 대해 극적이고 강력한 관심을 표출하고 있었다. 따라서 우리는 예수의 모든 가르침의 배후에 이런 정치적 투쟁의 분위기가 깔려 있다는 점을 간과해서는 안 된다. 그 땅은 격한 논쟁의 소지를 가진 주제였기 때문에 그 땅을 언급하려면 매우 신중하게 접근해야 했다. 그렇지 않으면 당시 활동가들이 경쟁적으로 펼치던 주장에 말려 들어가기 쉬웠다.

예수는 그 땅에서 이스라엘이 독특한 위치를 차지한다는 점을 분명히 존중한다. 예수는 아주 극소수의 경우를 제외하고는 자신과 제자들의 사역을 지리적으로 이스라엘 안으로 국한시켰다. 당시 갈릴리 주변에 헬레니즘의 영향을 크게 받은 지역들이 인접해 있긴 했으나, 예수가 그곳에서 일했다는 기록은 없다. 예수에게는 유대와 그곳의 가장 큰 도시인 예루살렘이야말로 역사에서 가장 중요한 신학적 역할을 하는 성스러운 장소였다.

그런데 한 가지 놀라운 사실이 있다. 예수는 그 땅에 대한 논쟁에는 침묵을 지켰다. 예수는 1세기 영토 신학에 대해 **분명한** 긍정을 표현하지 않았다. 땅을 소유해야 한다는 유대교의 주장을 답습하지도 않았으며 외세의 점령을 비판하지도 않았다. 예루살렘이 유대 민족주의의 정점이라는 식으로 예루살렘을 높이지도 않았다. 오히려 예수는 유대인들이 깔보던 갈릴리를 사역의 본거지로 삼았다.

예수는 다른 방향을 취하는 것 같다. 예수의 신학적 입장에서 보면, 축복은 그 땅에 사는 유대인들에게 거저 주어지는 것이 아니다. 예수는 다메섹과 시돈 및 엘리야와 엘리사 시대의 이야기를 들려주면서 그 땅 밖에 있는 나라들에게도 **복이 주어졌음**을 지적한다. 하지만 복을 받는 것은 단순히 외국 땅이 아니라 **가난하고 땅을 소유하지 못한 자들**이다. 예수의 가르침에는 놀라운 반전이 있다. 나중 된 자가 처음이 될 것이고 부자가 가난해질 것이다. 그 땅을 소유하려고 싸우는 자들은 온유한 자들에게 패할 것이다. 예수는 그 땅과 유산에 대해 **"온유한 자들이 그 땅을 기업으로 받을 것이다"**라고 분명히 말한다.

월터 브루그만은 이것이 예수의 땅 신학에서 가장 논란이 되는 부분이라고 말한다. 가진 것이 많거나 유대의 영토주의를 수정했을 때 잃을 것이 많은 사람들은 예수를 강력하게 거부한다.[21] 이런 면에서 예수는 그 땅을 "재배치"한 분(rearranger)이다. 그리고 예수의 대적들도 그것을 알았다.

브루그만은 복음서에서 찾은 이 주제를 구약과 연결한다. 그 땅 자체는 엄청난 믿음의 도전을 받은 이스라엘을 상징했다. **용기를 내어 그 땅을 취할 수도 있고, 선물로 그 땅을 받을 것이라 확신하며 기다릴 수도 있다.** 그 땅을 힘으로 장악할 수도 있고 기다릴 수도 있다. 예언자들은 이스라엘에게 후자를 선택하라고 끊임없이 촉구했다.

브루그만은 현대 이스라엘 국가에서 이런 선택에 해당하는 움직이는 상징들을 찾아낸다. 마사다가 있고 (공식적으로 "통곡의 벽"이라고 불리는) 서쪽 벽이 있다. 마사다는 군대주의를 상징하고, 서쪽 벽은 인내로 염원하고 기도하는 것을 상징한다. 이것들은 1세기의 이스라엘에게 주어졌던 선택이 시간을 초월하여 오늘날 중동 앞에 놓인 선택이 된 것을 보여주는 상징이다. 우리는 취할 수도 있고 기다릴 수도 있다. 하나님의 (혹은 인종적이거나 민족적인) 권한을 근거로 삼아 우리 것이라고 주장하는 장소들을 장악할 수도 있고 우리의 염원을 믿음 안에서 미뤄둘 수도 있다. 복음서의 수많은 증거들이 분명히 보여주는 것은, 메시아적 반전이 일어나고 있다고 외치던 예언자들의 정서를 예수가 그대로 반향하고 있다는 것이다. 이것은 예수의 어머니 마리아가 한나의 마음(삼상 2:1-10)을 되새기며 올리던 기도에 담긴 반전이기도 했다.

> 여호와는 가난하게도 하시고 부하게도 하시며
> 낮추기도 하시고 높이기도 하시는도다.
> 가난한 자를 진토에서 일으키시며
> 빈궁한 자를 거름더미에서 올리사
> 귀족들과 함께 앉게 하시며
> 영광의 자리를 차지하게 하시는도다(삼상 2:7-8).

여기서 우리는 신학적 반전을 발견한다. 땅을 잃었던 자들이 땅을 차지하게 되고, 힘은 없지만 약속을 받은 자들이 땅을 받게 된다.[22] 마리아는 예수가 태어날 때 자기 가문의 상실과 가난과 땅을 소유하지 못한 것을 이야기하면서 다음과 같은 반전을 증언한다.

> 그의 팔로 힘을 보이사 마음의 생각이 교만한 자들을 흩으셨고
> 권세 있는 자를 그 위에서 내리치셨으며 비천한 자를 높이셨고
> 주리는 자를 좋은 것으로 배불리셨으며 부자는 빈손으로 보내셨도다.
> 그 종 이스라엘을 도우사 긍휼히 여기시고 기억하시되
> 우리 조상에게 말씀하신 것과 같이 아브라함과 그 자손에게 영원히 하시리로다 하니라(눅 1:51-55).

4장

제4복음서와 그 땅

요한복음에서 땅과 거룩한 공간이라는 주제는 도드(C. H. Dodd)가 "제 4복음서의 역사적 전통"[1]이라고 칭한 것의 가장 훌륭한 예다. 요한복음 연구의 실질적인 부흥기에 이루어진 이 연구는 요한복음이 초기 기독교 역사에서 후기 헬레니즘의 영향을 받은 산물이며 실제로 요한은 그 땅을 알지 못했고 그 땅이 구원 역사에서 차지하는 위치에 대해서도 전혀 관심이 없었다는 식의 이전 견해를 부인했다. 요한복음은 분명히 예수 전통(the Jesus tradition)과 연결되어 있으며, 초기 교회 후기의 모습과 그 관심사뿐만 아니라 (예수 본인이 아니라면) 예수의 직속 제자들이 속한 진영에 대해서도 증언한다.[2]

이 모든 주장에도 불구하고, 이 복음서는 예수 개인에 대해 명확하게 알려주고 그를 재해석하기 위해 쓰였다. 요한은 피할 수 없는 명백한 기독론을 제시한다. 여기에 예수의 생애를 통해 나온 일화들이 얽히고설켜 풍성한 신학을 만들어낸다. 요한복음은 이를 통해 진정한 예수의 모습과 그분의 사역 및 그 땅을 보여주고 있으며, 이와 더불어 새로운 신학적 영토를 탐사하는 신학적 반추를 드러낸다.

땅, 지리, 신학

요한복음에 나오는 땅과 지리는 이런 현상을 잘 보여주는 예다. 예루살렘 안팎의 구체적인 지명들이 주석가들에 의해 단순한 상징으로 치부되던 때가 있었다. 행각이 다섯 개인 베데스다 연못(5:1-9)은, 실제로 탕이 두 개고 행각이 다섯 개인 연못이 예루살렘 비아 돌로로사에 있는 성 안나 교회 근처에서 (1957-1962년 진행된 발굴을 통해) 발견될 때까지 실패한 유대교를 상징하는 것으로 여겨졌다.[3] 요한은 그 연못을 알고 있었고 그에 관한 이야기를 전달하고자 했다. 하지만 요한은 거기에 등장하는 사람이나 장소를 강조하려던 것이 아니라 안식일에도 일을 하시고 자기를 "하나님과 동등하게" 여기시는 그분의 특별한 권위에 초점을 맞추려고 했기 때문에, 그 연못이 실제로 존재했다는 사실은 슬그머니 뒷전으로 밀려났다. 남쪽에 있던 그 연못의 계단과 수도로 미뤄 짐작건대 그곳은 공공 미크베(정결 의식에 쓰인 욕조)였던 것 같다. 요한은 이 점을 놓치지 않는다. 그곳에 있던 병자가 고침을 받은 후(5:8) "죄"라는 주제가 따라 나온다(5:14).

역사·신학·지리적 위치가 어우러져 종합적인 의미를 만들어내는 것은 예루살렘의 실로암 연못에도 동일하게 적용된다. 요한복음 9장에서 예수는 눈먼 사람에게 이곳으로 가서 씻으라고 말한다. 요한은 이 연못이 존재했다는 사실과 그 위치도 알고 있었지만, 그곳에 어떤 새로운 의미가 부여되는지를 더 중요하게 여겼기 때문에 다른 사실들은 별로 중요하게 다루지 않는다. 실로암은 "보냄을 받다"(5:7)라는 의미인데, 요한은 우리가 그 의미를 놓칠까 봐 그 부분을 아예 그리스어로 표기한다. 그 눈먼 사람은 실로암 미크베에서 치유를 받았지만, 그를 진짜로 치료한 분은 바로 하나님으로부터 "보냄을 받은" 예수다(3:17; 4:34; 5:23; 그 외 다수). 그러므로 예수는 새로운 "실로암"이 된다. 19세기까지 실로암으로 알려졌던 연못은 2004년에 근처에서 대규모 구조물이 극적으로 발견되면서 그 가치를 잃었다.[4] 새로 발견된 연못은 계단 쪽 길이만 해도 50미터에 달한다. 베데스다 연못의 경우와 마찬가지로, 이 연못도 성전의 정결 의식을 위한 거대한 공공 미크베였을 가능성이 높다.

요한은 그러한 장소들이 예수의 정체성을 어떻게 드러내는지를 중요하게 여겼다. 이 장소들은 (어떤 사람들이 생각하는 것처럼) 작위적으로 고안된 것은 아니지만, 겉으로 평범해 보이는 사건들 배후에 어떤 일이 일어나고 있는지를 독자들이 볼 수 있도록 전략적으로 선택된 것이다. 하지만 반복해서 증명되는 것은 요한이 그 땅에 대해 아주 자세히 알고 있었다는 사실이다. 학자들은 "요한이 세례 베풀던 곳 요단강 건너편 베다니(베다라바나 베트 하라바일 수도 있다)"라는 1:28의 기록 때문에 의아해하곤 했다. 하지만 이스라엘과 요르단이 1996년에 평화 협정을 체결하고 집중적으로 발굴한 요단강 동쪽을 공개하면서, 여리고 건너 요단강으로 이어지는 지류인 와디 엘 카라에 자리한 거대한 비잔틴 복합물과 1세기 도자기들이 요르단 문화재청에 의해 세상에 모습을 드러냈다. 이는 초기 순례자들의 보고와 마다바 지도, 그리고 그 지역이 고지대에 위치했을 것이라는 예상과 일치하는 결과였다. 요한은 그 땅을 알고 있었고, 우리는 최근에 들어서야 요한이 그런 지식을 잘 사용했음을 인정하기 시작했다.

지리적-신학적 측면에서 요한이 보여준 가장 도발적인 접근은 아마도 그가 갈릴리와 유대를 대하는 태도에서 드러날 것이다. 공관복음은 예수가 갈릴리에 사역의 기반을 두었다고 기록하는데, 요한도 이와 마찬가지로 가버나움이 갈릴리 사역의 본거지라고 기록한다(2:11). 하지만 공관복음서는 예수가 예루살렘에 오직 한 번(마지막 유월절) 왔다고 말하는 반면, 요한은 예수가 여러 번 남쪽 유대로 여행을 했다고 기록한다(1:29; 2:13; 5:1; 7:10; 11:7; 12:1). 이 점에 관해서는 예수가 예루살렘을 정기적으로 방문했다는 기록이 훨씬 더 설득력이 있다. 무엇보다도 예수가 그 도시에서 열리던 연중행사에 참여했던 것이 분명하기 때문이다.

그러나 요한이 기록한 이 여행 일정은 우리에게 더 많은 것을 말해준다. 요한의 이야기에서 유대는 저항의 중심지가 되는 반면 갈릴리는 믿음의 장소가 된다. 유대는 냉소(4:43; 5:43)와 반기를 드는 모습(1:43; 4:1; 7:3; 18:15)을 보인다. 예수는 첫 예루살렘 방문에서(2:13-3:21) 따르는 자들을 얻지 못한다. 예수는 오히려 사람들에게 경고를 한다(2:23-3:1). 표적을 본 많은 사람들이 예수를 믿으려 할 때도 예수는 그들을 믿지 않았다.

예수가 마지막으로 갈릴리로 돌아가기로 마음먹었을 때, 북쪽으로 가서는 모든 일이 순적하게 돌아가는 것을 자주 보게 된다(4:43, 45, 46,

예수와 땅의 신학

47, 54). 예수는 "선지자가 고향에서" 높임을 받지 못한다(4:44)고 말한 후 갈릴리에서 환영을 받는다(4:45). 그리고 처음으로 회심한 갈릴리 사람 나다나엘에게 "참으로 이스라엘 사람"이라고 말한다(1:47). 이 구절들은 분명히 예수의 판단을 보여준다. 유대는 문제가 있는데, 특히 예루살렘이 그렇다. 유대교의 종교적 열망의 중심지인 그 도시는 몇 가지 시험에 걸려 넘어졌으므로 곧 심판을 받게 될 것이다. 공관복음서에 나오는 많은 이야기들이 동일한 주제를 이야기한다. 남쪽 사람들로부터 조롱을 받던 갈릴리(1:46; 7:41, 52)는 사람들의 예상과 달리 믿음과 소망과 빛의 장소가 된다.

따라서 그 땅(갈릴리, 유대, 가나, 그리고 예루살렘의 미크베들)은 다른 목적을 드러내기 위한 수단으로 사용된다. 요한은 예수의 역사적 삶과 사역에 대해 그대로 이야기하면서, 그 지명들을 이야기에 나오는 인물들은 미처 몰랐을 더 많은 의미를 담아내는 수단으로 사용한다. 이에 더해, 요한이 그 땅 및 그곳의 도시들과 그것이 상징하는 바를 알고 있었다는 사실이 우리에게 말해주는 바가 있다. 바로 데이비스(W. D. Davies)가 말한 내용이다. "제4복음서는 유대교와 살아 있는 대화를 나누고 있었다."[5] 요한복음은 하나님과 계시에 대해 예수 가현설(docetic ideas, 假現說)의 입장을 취하는 기록이 아니다. 오히려 그 땅에 실재하던 1세기 유대교의 역사적 현실 속에 뿌리를 내리고 있는 기록이다. 요한복음에 언급된 장소들을 쭉 살펴보면 놀랄 것이다. 이는 한때 요한복음을 의심 가득한 눈으로 보던 학자들의 생각마저 바꾸어 놓았다. 로빈슨(J. A. T. Robinson)의

『요한의 우선순위』라는 책에 나오는 지명들을 살펴 보자.

> 다음 지명들은 공관복음서에도 언급된다. 갈릴리, 갈릴리 호수, 벳새다,
> 가버나움, 나사렛, 사마리아, 유대, 예루살렘 근처 베다니, 성전, 헌금
> 함, 최후의 만찬이 열렸던 집, 대제사장의 뜰, 관정, 골고다, 예수의 무
> 덤. 하지만 요한복음에만 등장하는 지명들도 상당히 많다. 가나, 디베
> 랴 바다, 수가, 요셉의 밭, 야곱의 우물, 그리심산, 살렘 가까운 애논, 요
> 단강 건너 베다니, 마리아와 마르다와 나사로의 집, 예수가 마르다를
> 만난 장소, 나사로의 무덤, 에브라임, 베데스다 연못, 실로암 연못, 솔로
> 몬의 행각, 기드론 시내, 예수가 체포된 정원, 대제사장 법정의 문, 돌
> 을 깐 뜰(가바다), 그리고 예수의 무덤이 있던 정원은 요한복음에만 나
> 온다.[6]

참으로 놀라운 목록이다. 이 목록은 요한이 그 땅에 대해 알고 있었을 뿐
만 아니라 의도적으로 그 지명들을 쓰고 있음을 분명히 알려준다. 로빈
슨은 이 자료가 "지형학적 증거가 갖는 분명한 진정성을 바탕으로, 요한
복음의 전통(the Johannine tradition)이 초기 예루살렘에 있던 그리스도인
공동체의 심장부와 예수 사역의 핵심으로 실제로 파고들어갔다"는 확신
을 뒷받침한다고 결론 내린다.[7]

그 땅과 메시아적 성취

그러나 요한복음이 그 땅을 어떻게 취급하는지 이해하기 위해서는 한 가지 신학적 주제를 더 탐구해봐야 한다. 요한은 성육신을 세상에 오신 빛(1:9)으로만 보지 않는다. 요한은 성육신이 당시 종교로서 체계를 갖춘 1세기 유대교에 중요한 영향을 끼쳤다고 보았다. 유대교가 낮게 평가되거나 무시되었다는 말이 아니다. 요한은 반유대주의자가 아니다. 이것은 헌 가죽 부대에 담기 아까운 새 포도주가 아니다. 이것은 아무도 옛날 포도주를 다시 맛보고 싶어 하지 않을 정도로 좋은 새 포도주다. 하지만 옛 것이 없었다면 새 포도주가 이렇게 좋은 줄 몰랐을 것이다.

이런 신학적 주제는 요한의 메시아적 대체(혹은 성취) 주제(John's messianic replacement motif)라고 불린다. 예수가 가나에 도착한 후(2:1-10) 전형적인 단계에 따라 이야기가 진행된다. 이 잔치는 가족들이 참여하는 갈릴리 사람의 평범한 혼인 잔치이자 예수가 메시아로서 처음 활동한 유대인의 잔치로서 앞으로 지게 될 십자가 사건의 전조가 된다("내 **때**가 아직 이르지 아니하였나이다"). 여기서 가장 중요한 이미지는 돌 항아리다. 돌 항아리에 담긴 물은 평상시에 마시지 않는 물이다. 여기 나오는 돌 항아리들은 정결 의식에 사용하는 물을 넣어두는 곳이다. 예수는 그 물에 기적을 베푼다. 예수가 만든 포도주는 유대교가 의지하던 의식용 물을 변화시키고 대체한다. 이런 대체(replacement)는 일반적으로 유대 종말론에 확고히 자리하고 있는 풍성함이라는 주제와 관련이 있다. 예수는 결혼식에 쓰일 포도주를 풍성하게 공급했다. 손님들이 마음껏 마셨다고 했으니 대략 560리터가 넘는 포도주를 공급한 셈이다.

다음 일화에서 예루살렘에 도착한 예수는 성전으로 향한다(2:13-22). 그는 여기서 다시 한번 정결 의식의 도구에 도전한다. 이와 동시에 의미의 다각적인 단계도 다시 작동한다. 한 단계는 예수가 그곳에서 벌어지는 장사 행위를 보며 화를 내는 것이다. 또 다른 단계도 작동한다. 예수는 하나님께서 성전에 대해서 행하실 일을 이야기하는데, 우리는 이것이 예수 자신의 죽음을 예고한 것임을 알게 된다("너희가 이 성전을 헐라. 내가 사흘 동안에 일으키리라"). 하지만 가나 혼인 잔치 때와 마찬가지로 중요한 대조점이 등장한다. 그분은 자신이 대면하고 있는 종교 제도를 대체할 무언가를 가져온다. 예수는 그리스도가 십자가에서 죽으면 곧 쓸모없게 될 돌로 지어진 예루살렘 성전을 가리키면서 "성전 된 자기 육체"(2:21)를 이야기한다(아래 내용 참조).

"대체"라는 주제는 소위 표적의 책(요한복음 1-12장)의 중요한 지배 관념으로 작용하면서 복음서 전체를 관통한다. 어느 날 밤 예수는 예루살렘의 관원이자 교사인 니고데모를 만나는데, 여기서 우리는 예수의 질문에 우물쭈물하며 제대로 답하지 못하는 니고데모의 모습을 통해 예수가 곧 위대한 교사임을 알게 된다(3:1-21). 예수가 사마리아 여인을 만날 때도 성스러운 야곱의 우물물이 예수의 생수로 대체된다(4:1-30). 이 두 일화를 통해 알 수 있듯이, (종종 물로 상징되는) 옛 형태의 종교적 행위가 예수 자신으로 대체된다. 예수는 ("물과 **성령으로** 거듭나야" 한다는) 새로운 가르침을 주거나 새롭고 예상치 못한 선물("그가 **생수**를 네게 주었으리라")을 준다.

5-10장에서 유대 명절 중에 나타난 예수는 유대 역사의 중요한 주제들을 설명하면서 다시 한번 "대체"에 관한 주제를 강조한다. 어느 안식일에 예수는 다리 저는 사람을 고친다(5:1-18). 우리는 그 사건과 더불어 그 사건이 보여주는 진짜 목적을 배운다. 예수는 하나님이 안식일에 일하실 수 있으므로 자신도 일한다(5:17-18)는 것을 보여줌으로써 자신을 하나님과 동일시한다. 여기서 안식일은 예수의 진짜 정체성을 보여주는 한 가지 요소로서 예수의 자기 계시를 드러내는 데 사용된다.

유월절에 예수는 무리에게 빵을 나눠준 후(6:1-14) 유대인의 만나에 대해 설교하면서 그들을 더 깊은 의미로 이끈다. 바로 예수 자신이 "하늘에서 내려온 떡"(6:33-35)이다. 유대교가 유월절에 구했던 것(출애굽과 사막에서 지내던 기간에 하나님께서 그들을 기적적으로 먹이신 것을 기념하는 것)을 이제 예수 안에서 발견할 수 있다. 그분은 세상을 위해 자신을 죽음에 내어줄 것이다(6:51). 장막절에 늦가을의 햇빛과 물 부족을 경험하다 보면, 그 절기에 구하던 물(7:37-38)과 빛(8:12)이 바로 예수라는 사실을 깨닫게 된다. 각 이야기마다 메시아적 대체(messianic replacement)가 완벽하게 이루어진다.

많은 신학자들은 요한복음의 이야기들이 보여주는 이런 신학적 패턴이 너무나 일관적이라는 이유를 들어, 요한복음은 단순히 유대교의 가치를 따져보는 책이 아니라 복음이 당시 신생 기독교 공동체를 둘러싸고 있던 회당들에 맞서 심오한 싸움을 벌여야 했다는 것을 보여주는 책이라고 결론 내린다.[8] 유대교가 수호하던 핵심 항목들이 교회와 회당 간의 신학적 논쟁 속에서 중앙 무대로 나오게 되었다. 그리고 이런 대면이야말로 요한이 "유대인들"이라는 논쟁적인 호칭을 60번 넘게 사용했던 이유를 잘 설명할 수 있을 것이다. 요한은 유대교와 자신이 속한 공동체가 논쟁을 벌이고 있다고 생각했다.

요한이 유대교가 소중히 여기던 사상과 제도에 대해 반박하는 것을 중요하게 생각했다면, 그리고 그 땅에 대한 주제가 당시 1세기에 벌어진 모든 논쟁의 중심이었다는 것을 함께 고려하면(참조. 2장), 그가 들려주는 이야기에서 예수가 그 땅에 대해 어떻게 말하고 있는지를 살펴볼 필요가 있다. 또한 우리는 다양한 명절과 의례에 대한 설명에서 그 같은 미묘함이 드러날 것이라고 예상할 수 있어야 한다.

예수와 거룩한 공간

요한은 "대체"라는 주제를 유대교가 거룩한 공간에 대해 갖고 있던 생각에도 적용하려 했을까? 이는 소소한 이야기들을 통해 분명히 드러난다.

예루살렘에 있는 정결 의식을 위한 연못인 베데스다(5:2)와 실로암(9:7)은 이제 예수 안에서 더 진정한 의미를 갖게 된다. 심지어 사마리아인들의 성전도 경배 대상이 아니다. 대신 예수는 더 영적인 예배를 지목한다(4:20-21).

예수와 나다나엘의 만남에서 절정에 해당하는 부분은 사례 연구의 중요한 소재가 된다(1:43-51). 예수는 나다나엘을 만나서 그가 상상하지도 못했던 것을 드러낸다. 성경은 이렇게 기록한다. "하늘이 열리고 하나님의 사자들이 인자 위에 오르락내리락 하는 것을 보리라"(1:51).

이것은 창세기 28:10-22에 나오는 야곱의 이야기를 암시한다. 야곱은 브엘세바의 동쪽에 있는 하란으로 가던 중에 예루살렘 북쪽 루스라는 언덕 위 마을에 있는 가나안 중심부에서 잠을 자기 위해 이동을 멈춘다. 그는 돌을 베개 삼아 잠을 청하는데, 꿈에서 하늘의 천사들이 땅과 하늘을 잇는 사다리 위로 오르락내리락하는 모습을 보고 그 꿈을 해석해주는 하나님의 소리를 듣는다. 잠에서 깨어난 야곱은 이렇게 외친다. "여호와께서 과연 여기 계시거늘 내가 알지 못하였도다. 이에 두려워하여 이르되 '두렵도다. 이곳이여. 이것은 다름 아닌 하나님의 집이요 이는 하늘의 문이로다.'"(28:16-17). 야곱은 그곳의 이름을 벧엘(히브리어로 하나님의 집이라는 뜻)이라 짓고, 자신이 베고 잔 돌로 제단을 쌓는다. 그리고 "그 돌이 하나님의 집이 될 것"이라고 말하면서 하나님의 약속을 다시 한번 굳게 붙들 것을 맹세한다.

요한복음 1:51에서 예수는 이 이야기를 끌어온다.[9] 야곱이 잠자던 장소는 하나님이 세상으로 내려오신 곳이었다. 만일 이곳이 "하나님의 집"이라면, 예수는 이것을 자신에게 적용한 것이 분명하다. 그분은 "하늘로 가는 문"이기도 하고 "하나님의 집"이기도 하다. 대부분의 주석가들은 이 점을 분명히 한다.[10] 그러나 그 환상의 **내용**은 종종 간과된다. 야곱이 꿈을 꾸게 된 이유는 그와 그의 자손에게 그 땅을 주시겠다는 하나님의 약속을 다시 확인시키기 위함이었다. "네가 누워 있는 땅을 내가 너와 네 자손에게 주리니"(28:13). 그러나 만일 창세기가 말하는 그 꿈에서 예수가 야곱을 대체한다면, 예수는 새 벧엘이 된다. 더 나아가 예수는 야곱이 받았던 거룩한 땅에 대한 약속을 받은 자가 된다.

예수가 "하나님의 집"이고 그 땅의 수여자라는 개념은 이제 요한의 기독론에서 두 가지 핵심 주제가 된다.

예수와 성전

1세기 유대 세계에서 "거룩한 장소"는 단연 예루살렘 성전이었다. 유대인의 관점에서 볼 때 거룩한 땅이란 하나님이 관심을 두신 세상의 장소이며 예루살렘은 그 거룩한 땅의 중심이었다. 그리고 예루살렘 안에서는 대부분의 종교 활동이 이루어지는 성전이 그 핵심 지점이었다. 이렇게 동심원 모양으로 신학적 우선순위를 매기다 보면 바로 예루살렘 성전과 그 안의 가장 내밀한 성역들이 계시의 중심에 위치하게 된다.

예루살렘을 1세기의 한 도시로 생각하는 것은 잘못이다. 그보다는 하나의 성전이 도시 전체에 둘러싸여 있다고 보는 것이 맞다. 수천 명의 레위인과 제사장들이 돌아가며 성전을 섬긴다. 예수 당시에 약 1만 8천 명이 동원되어 돌을 채석하고 성전을 새로 단장하는 일을 했는데, 이는 헤롯이 이스라엘의 자긍심을 높이고자 벌인 일이었다. 새 성전의 계단만 봐도 그것이 이스라엘에 존재하지 않았던 거대한 공공 건축물의 형태였음을 알 수 있었다. 성전 뜰 축대의 몇몇 기초석(혹은 마름돌)은 무게가 6백 톤이 넘었다. 또한 5톤에 달하는 장식 기둥 160개가 솔로몬 성전의 남쪽 회랑을 떠받치고 있었다. 모든 면에서 볼 때 로마 제국의 건축자들도 놀랄만한 구조물이었다.

마가는 갈릴리 사람들이 이곳을 보고 놀라는 장면을 기록한다. "선생님이여, 보소서. 이 돌들이 어떠하며 이 건물들이 어떠하니이까!"(막 13:1). 요한은 이 성전을 짓는 데 46년이 걸렸다는 사실을 상기시킨다(2:20). 이 건물은 이스라엘의 민족적 자긍심을 불러일으켰을 뿐만 아니라 하나님이 자기 백성과 가까이 계신다는 사실을 드러내는 역할을 했다. 오직 여기서만 유일하신 참 하나님이 경배를 받으실 수 있었다. 오직 여기서만 제사가 드려질 수 있었다. 그 성전의 지성소에 하나님이 거하시는 것으로 알려져 있었다. 이곳은 "그분의 집"이었다.

요한은 이 성전과 관련하여 놀라운 주장을 하는데, 바로 예수가 이 성전을 대체했다는 것이다. 오늘날 주석가들은 일반적으로 요한복음뿐만 아니라 다른 복음서에서도 예수가 성전을 대체한다고 본다.[11] 유대교가 갖고 있던 역사적 제도와 명절을 예수로 대체했던 요한은 여기서도 그 작업을 한다. 성전에서 찾던 특징들이 그리스도 안에서 발견된다.

이에 대한 첫 힌트는 요한복음 서론에 나온다(1:1-18). 1:14은 "말씀이 육신이 되어 우리 가운데 **거하시매**"라고 말한다. "거하다"라는 단어 *skēnoō*는 이스라엘의 광야 생활을 연상시킨다. 광야에서 쳤던 장막이 *skēnē*다. 그리고 하나님은 "장막"에서 그 백성들을 만나셨다(출 26장). 따라서 예수는 하나님의 새 장막이다. 장막에서 찾던 것을 이제는 그리스도 안에서 찾아야 한다. 또한 장막에 분명히 드러나던 하나님의 영광(레 9:23)이 이제는 그리스도 안에서 분명히 드러난다("우리가 그의 영광을 보니", 1:14b). 또한 그분의 사역 전반에서 드러난다(2:11; 8:54 등). 예수와 장막 사이의 이런 연관성은 요한이 7-9장에서 장막절에 관심을 가지는 것을 통해 더욱 분명해진다. 여기서 예수는 그 명절의 중요 이미지들(물, 빛)을 완벽하게 대체한다. 예수는 생수이자 세상의 빛이다. 예수는 이 땅에 거하는 새 장막이 됨으로써 절기를 통해 기념하던 장막을 대체한다.

이런 "대체"라는 개념은 요한이 2:13-22에 남긴 성전 정화에 관한 기록을 통해 더욱 힘을 얻는다. 예수는 수수께끼 같은 말을 하면서 성전을 자신의 몸에 비유한다. "너희가 이 성전을 헐라. 내가 사흘 동안에 일으키리라"(2:19).[12] 그런 후 바로 이어서 그 뜻을 분명히 설명한다. "예수는 성전된 자기 육체를 가리켜 말씀하신 것이라"(2:21). 여기서 말하고자 하는 바는 분명하다. 바로 가장 거룩한 장소로서 유대교가 진지하게 관심을 기울이는 공간인 성전/장막이 이제 그리스도로 대체되었다는 것이다. 성육신에 대한 요한의 설명은 이스라엘이 위대한 성소라는 거룩한 공간에 대해 갖는 개념을 바탕으로 한다. 예수 그리스도의 삶은 하나님께서 당신의 성전에서 완성하고자 하셨던 바로 그것을 대변한다. 하지만 끔찍한 예언에 주목해보라. 예루살렘 성전이 파괴될 것이라고 예언되

어 있다. 예수가 죽을 것이기에, 성전도 그렇게 될 것이다. 그러나 하나
만 다시 살아날 것이다.

이런 개념들은 복음서 전반에 걸쳐 놀라울 정도로 자주 등장한다.
예수가 사마리아에 가서 만난 여인은 사마리아와 유대의 성소들(그리심
산과 예루살렘)을 지목함으로써 예수의 질문을 제대로 이해하지 못했음을
드러낸다. 그러자 예수는 두 장소 모두 중요하지 않으며 영과 진리로 예
배할 때가 올 것이라고 말한다(4:23-24). 다른 말로 이야기하면, 예루살
렘의 성전 예배는 그리스도가 오심으로 인해 자동적으로 쇠퇴를 맞이하
게 된다. 요한복음에서 "예배"라는 단어가 성전 예배(12:20)와 맹인이 예
수를 예배(9:38)했다는 내용에서만 사용되었다는 사실은 놀랄 일이 아
니다. 예배는 하나님을 향해 드려져야 하고(9:31), 성전은 그것을 용이하
게 만든다. 예수는 하나님의 실재를 세상 속으로 가져올 뿐만 아니라 예
배가 드려지는 **거룩한 장소 그 자체**가 된다.

예수와 성전의 연관성은 역설적인 이야기들을 통해서도 드러난다.
11:45-54에서 예루살렘의 유대인 지도자들은 예수를 어떻게 해야 할지
를 놓고 고심한다. 그들은 예수가 기적을 행하자 대중이 그를 따르는 분
위기를 감지한다. 그러나 그들은 예수를 막지 않으면 "로마인들이 와서
우리 땅과 민족을 빼앗아 가리라"(11:48)고 말하며 두려워한다. 이 구절
에서 "우리 땅"은 그리스어 *topos*(장소)를 넓은 의미로 번역한 것으로서,
성전을 가리키는 것이 분명하다. 그러자 가야바는 온 민족이 망하는 것
보다 한 사람이 죽는 것이 더 낫다고 조언한다(11:50). 우리 땅과 민족,

다시 말해 예수와 민족이라는 대칭점이 명확히 드러난다. 성전이 파괴되는 대신 예수가 죽게 될 것이다. 예수는 성전을 대신할 수 있다.

예수의 삶이 실재하는 성전을 대체하게 되었다면, 요한의 이야기들은 하나님께서 실재하시던 성전을 떠나셨다는 의미가 되는 것이 아니냐고 의심하는 학자들이 있다. 8:59에서 유대 지도자들이 예수를 돌로 치려고 할 때 요한은 이렇게 기록한다. "예수께서 숨어 성전에서 나가시니라." 예수가 숨었다거나 나갔다는 이런 개념은 한 번 이상 나온다. 10:39에서는 예수와 유대교의 결정적인 대결이 나오는데, 유대인들이 예수를 체포하려고 하자 예수는 요단강 저편으로 건너가 거기에 머문다. 요한복음의 표적의 책(The Book of Signs)은 예수가 다시 한번 떠나는 장면으로 끝난다. "예수께서 이 말씀을 하시고 그들을 떠나가서 숨으시니라"(12:36). 신적인 빛이 물러가고 예루살렘이 어둠 속에 남게 되는 것은 예수의 마지막 심판이다(3:19-21; 11:9-10; 12:46).

이것을 성전에 임하는 마지막 심판으로 보는 학자들이 많다. 예수는 유대교의 "거룩한 공간"을 부수고 있다.[13] 성전은 유대교에서 신이 임재하는 중심부였다. 이제 그 기능이 예수께로 옮겨가고 성전은 텅 비게 되었다. 데이비스가 내린 결론에 의하면, "8:59에서 우리가 발견하는 함축적 의미는 이렇다. 요한에게 있어서 '스스로 계시는 분'(하나님)이 성전을 떠남에 따라 '거룩한 공간'은 더 이상 신이 임재하는 장소가 아니라는 것이다. 쉐키나(하나님의 현현)는 더 이상 그곳에 없고 이제는 그리스도가 있는 곳에서 발견된다."[14]

요한이 말하는 성전-기독론이 옳다면, 요한이 들려주는 다락방 이 야기도 같은 주제를 따를 것이다. 요한복음은 늘 사건의 장소를 언급하는데, 이상하게도 이 이야기에는 장소가 나오지 않는다. **신적 공간이 장소가 아닌 사람 안에 위치하게 된 것이다.** 예배자들이 성전 미크베들에서 정결케 되었듯이 제자들도 의례적인 씻음을 통해 정결케 된다(13:1-20). 그들은 "아버지를 보고"(14:8-11) "내 아버지 집"이 가진 진짜 속성을 배운다(14:2). 예수가 이 구절을 마지막으로 사용한 곳은 예루살렘 성전이었다(2:16). 그러나 제자들은 예루살렘의 성전을 벗어나 하나님의 집에 있는 많은 방으로 이끌리게 된다. 이 "방들"은 실재하는 성전 내부에서 찾을 수 없고, 그리스도가 믿는 자들 안에 내주하실 때 발견될 것이다(14:23). 성전은 거룩하므로, 이제 그리스도의 내주하심으로 인해 제자들도 예수처럼 거룩하게 될 것이다(17:17-19; 참조. 고전 16:19).[15]

요한은 유대인들이 거룩한 공간을 얼마나 중요하게 여기는지 잘 알고 있었다. 성전이 그 대표적인 예였다. 그러나 바로 이 지점에서 요한의 기독론이 그 그림 안으로 들어간다. 그리스도 안에서 성전은 사라졌다. 그리스도 안에서 유대교의 모든 거룩한 장소들이 그 거룩함을 완성하게 되었다.

예수와 포도원

요한복음 15장에 나오는 포도나무 교훈에 대한 대부분의 해석은 제일 먼저 기독교 성만찬과 연결된다.[16] 포도나무가 상징하는 의미를 밝히기 위해 영지주의, 만다교, 구약성경, 유대인 자료까지 섭렵한 연구들이 진행되었다.[17] 구약에 이와 비슷한 포도원 비유가 상당히 많다고 인정하는 주석가들이 있지만(사 5:1-7; 27:2-6; 시 80:9; 겔 17장; 등), 그럼에도 불구하고 그 비유들이 정확히 일치하는 것은 아니기 때문에 성만찬 틀이 형성되었다고 추론할 뿐이다.

하지만 비유들이 정확하게 일치하는지는 중요한 문제가 아니다. 오히려 그 비유 자체가 갖는 **문화적 무게감**과 그것을 사용한 공동체에서 그 비유가 어떤 역할을 했는지가 더 중요하다. 포도나무는 그것이 무엇을 상징하는지와 상관없이 히브리 문학 전반에서 다양한 방법으로 광범위하게 사용되었다. 따라서 왜 이 비유를 굳이 성만찬의 의미로 해석해야 하는지를 질문하는 것이 맞다. 포도나무는 이스라엘과 같은 농경사회에서 다양한 용법으로 자주 사용된다. 유대교에서는 포도나무가 그 땅을 상징하기도 하지만, 지혜(집회서 24:27)와 메시아(바룩2서 39:7)를 모두 상징하기도 한다. 황금 포도나무는 헤롯 성전 문의 주요 장식물이기도 하며, 그 땅에서 이스라엘이 번영하는 것을 상징한다(요세푸스, *Wars*, 5:210). 성만찬 배경에 대해 잘 알고 있었던 초기 그리스도인들도 자신들의 성만찬 예식에서 다른 것들을 위한 상징으로 포도나무를 사용했다(*Didache*,

9:2).

　요한복음 15장 해석자들은 아마도 초기 교회의 예배 경험이 어떻게 복음서의 내용을 형성했는지를 예상하고 그에 따라 본문을 해석하려 했을 것이다. 그러나 (지금 우리에게는 생소하지만) 그보다 더 선행되고 기본적인 관심사가 예수의 사고에서 중심을 차지하고 있었을 것이다. 그것은 바로 유대인의 인식의 핵심에 자리한 그 땅과 장소와 거룩한 공간에 대한 관심이었다.

　요한복음 15:1-6은 이스라엘의 "거룩한 공간"에 대해 요한복음이 보여주는 가장 심오한 신학적 재배치(relocation)를 드러낸다. 이것은 조베르(A. Jaubert)가 제안했던 것으로서, 저자들이 많이 간과한 지점이기도 하다.[18] 그 땅이 생명과 희망 및 미래의 원천이라는 이스라엘의 신념은 해석의 중심 틀이 된다. 그리고 그 땅에 대한 깊은 믿음을 묘사하는 가장 중요한 상징이 바로 포도원이다. 포도원과 포도 덩굴은 예나 지금이나 중동 문화의 삶의 이미지를 풍성하게 보여준다.[19] 예를 들어 시편 80:7-13은 이스라엘이 이집트에서 가나안으로 옮겨 심긴 포도나무이며 그에 따라 가나안은 하나님의 포도원이 되었다고 묘사한다.

> 만군의 하나님이여, 우리를 회복하여 주시고
> 주의 얼굴의 광채를 비추사 우리가 구원을 얻게 하소서.
> 주께서 한 포도나무를 애굽에서 가져다가
> 민족들을 쫓아내시고 그것을 심으셨나이다.

주께서 그 앞서 가꾸셨으므로

그 뿌리가 깊이 박혀서 땅에 가득하며

그 그늘이 산들을 가리고 그 가지는 하나님의 백향목 같으며

그 가지가 바다까지 뻗고 넝쿨이 강까지 미쳤거늘

주께서 어찌하여 그 담을 허시사

길을 지나가는 모든 이들이 그것을 따게 하셨나이까.

숲 속의 멧돼지들이 상해하며 들짐승들이 먹나이다.

만군의 하나님이여, 구하옵나니 돌아오소서.

하늘에서 굽어보시고 이 포도나무를 돌보소서.

주의 오른손으로 심으신 줄기요 주를 위하여 힘있게 하신 가지니이다.

호세아 10:1은 더 명시적으로 비유한다. "이스라엘은 열매 맺는 무성한 포도나무라." 구약의 예언자들인 예레미야(렘 2:21; 5:10; 12:11), 에스겔(겔 15:1-8; 17:1-10; 19:10-14), 이사야(사 27:2-6) 모두 이 이미지를 많이 사용한다. 시락서(24:27)와 바룩2서(39:7)도 그렇다. 그 비유는 이스라엘을 단순히 포도나무로 만들거나 그 땅에 있는 포도원으로 만드는 등 탄력적으로 쓰인다. 이사야서 5장에 나오는 유명한 포도원 노래가 그 예에 속한다. "무릇 만군의 여호와의 포도원은 이스라엘 족속이요"(사 5:7). 구약에서 주로 사용되는 비유는 그 땅을 야웨가 경작하는 포도원으로 묘사하는 것이다. 이스라엘 백성은 그 땅의 포도원에 심긴 포도나무들이다. (포도나무로 가득한) 경작된 포도원을 모아놓은 것이 "이스라엘의 집"이

며, 그곳은 이스라엘의 포도원 지기이신 야웨의 돌봄을 받는다.

이와 비슷하게 공관복음에서 예수는 이스라엘 땅을 포도원 주인이 방문한 포도원에 비유한다(막 12:1-11). 예수가 포도원을 그 땅에 대한 상징으로 사용한 것은 유대교에서 잘 알려져 있던 사용법을 채택한 것이다. 그러나 여기서 예수는 비유의 용어를 바꾼다. 이스라엘 백성은 포도원에 있는 포도나무가 아니라 소작인들이다. 따라서 포도나무는 포도원의 일부다. 포도나무(the vines)는 땅으로서의 이스라엘, 포도나무, 포도원을 다 포함하여 복합적인 이미지를 드러내는 상징적 가치를 갖는다.

요한복음 15장의 핵심은 예수가 이스라엘이 뿌리내린 장소를 바꾼다는 것이다. (그 땅을 포도원으로, 그리고 이스라엘 백성을 포도나무로 보던) 평범한 예언적 비유가 극적인 변화를 겪는다. 하나님의 포도원인 이스라엘 땅에는 이제 단 하나의 포도나무만 남았다. 그것은 바로 예수다. 이스라엘 백성은 자신들이 그 땅에 심긴 포도나무라고 주장할 수 없다. 그들은 먼저 예수에게 접붙임을 받지 않는 한 그 포도원에 **뿌리내릴** 수 없다. 다른 포도나무들은 참이 아니다(15:1). 포도원인 그 땅에 살기를 원하면서도 예수에게 접붙여지기를 거부하는 가지들은 버려질 것이다(15:6). 요한복음 15장에는 완전히 새로운 비유가 등장한다. 포도원 지기이신 하나님은 이제 자신의 포도원에서 한 그루의 포도나무를 기르신다. 오직 하나님의 포도나무인 예수 그리스도를 통해야 그 땅에 뿌리내릴 수 있다.

이처럼 예수를 강조하는 이 비유에서도 다시 한번 "대체" 주제가 작동한다. 우리는 요한복음 15장에서 이스라엘을 강력하게 상징하던 포도나무를 예수 자신이 대체하고 있음을 알게 된다. 이제 예수가 그 땅에 사는 사람들에게 약속된 뿌리내림(rootedness)과 희망과 생명을 제공하게 되었다. 요한복음 15:1은 "나는 ~(이)요"라는 예수의 말은 예수가 유대교 신앙의 핵심을 대체한다는 것을 보여줄 뿐 아니라, 이 비유야말로 요한복음 전반에 걸쳐 나온 이미지들을 집약하고 있음을 드러낸다. 요한복음은 하나님이 주시는 공간적이고 땅에 기반한 선물에 집중되었던 시선을 옮겨 살아 계신 인간 예수 그리스도 안에서 그 선물을 찾는다.

하나님 아버지가 가꾸고 계신 포도원에는 생명을 주는 포도나무 한 그루가 자라고 있다. 그 어떤 나무도 이 포도나무에 접붙임을 받지 않고서는 같은 유익을 누릴 수 없다. 또한 이사야와 다른 예언자들이 좋은 열매를 맺지 못하는 이스라엘을 책망하기 위해 이 포도나무 비유를 강조했던 것처럼, 예수 역시 동일한 비유를 사용하여 그분 안에서 자라는 사람이라면 자연스럽게 열매를 맺을 것이라는 약속을 남긴다(15:2-5).

하지만 우리가 예수에게 접붙임을 받기 위해서는 다음과 같이 논리적인 질문을 해야 한다.

요한복음 15장과 그 땅을 연결짓는 일련의 개념들은 이스라엘이 하나님의 보호하심 아래에서 생명과 열매 맺기를 구하는 데 초점을 맞춘다. 요한의 기독론에 따르면, 이런 이스라엘의 요구는 종교적인 영토, 즉 유대, 사마리아, 갈릴리 같은 실제적인 땅으로 인해 충족되는 것이 아니라 종교적인 의식을 통해 만족될 수 있다. 메시아의 시대에는 하나님의 포도원에 한 포도나무 곧 그리스도가 있고 모든 사람이 그에게 접붙여져야 한다. 종교적 영역으로서의 영토를 구하면서 하나님께서 자신들의 노력을 가상히 여겨 그 땅을 자신들에게 우선적으로 주실 것이라고 기대하는 사람들은 완전히 실수하는 것이다. 요한의 기독론은 이에 대해 분명히 말한다. 오직 한 분, 예수만이 하나님께로 가까이 가는 길이다. 그분만이 하나님의 포도원에 뿌리내리고 있다. 그분만이 하나님의 거룩한 공간, 거룩한 땅으로 가는 길이다. "그 길"은 영토의 개념으로 이해해서는 안 된다. 그것은 영적인 개념이다. 아버지의 임재 안에 거하는 것이다(요 14:1-11). 요한복음 4장에 나오는 사마리아 여인은 예루살렘이 더 이상 진정한 예배가 드려지는 **장소**가 아니라는 것(그리고 하나님은 영으로 드리는 예배를 원하신다는 것)을 알게 되었다. 이제 **거룩한 장소**로서의 그 땅은 하나님의 축복을 받는 길이 될 수 없다.

요한복음 15장은 영토 종교인 유대교를 철저히 비판하고 있다. 구약의 예언자들이 포도나무 비유를 사용한 것은 이스라엘로 하여금 포도원을 경작하는 것처럼 더 큰 의를 행하게 하기 위해서였다. 어떤 경우에는 이스라엘을 격려하기 위해 그 비유를 사용했는데, 그 땅 자체가 하나님의 포도원이고 자기 백성에게 주시는 하나님의 선물이라고 말하기도 했다. 예수는 디아스포라 유대인을 연상시키는 방식으로, 장소로서의 포도원 곧 언덕과 계곡과 우물과 강물이 있는 영토로서의 포도원 너머를 가리킨다. 한 마디로 **예수는 그 땅에 영적인 의미를 부여한다.**

하지만 우리가 예수에게 접붙임을 받기 위해서는 다음과 같이 논리적인 질문을 해야 한다. "포도원에 도대체 무슨 일이 일어난 것인가?" "예수가 이스라엘 땅인 포도원에 뿌리를 내렸다는 의미인가?" "예수가 그 땅을 얻는 수단이라는 말인가?" 이와 반대로, 예수는 아버지 안에 **뿌리를 내렸다**. 그분은 아버지와 하나다(요 17:11). 요한복음의 "대체" 모티프는 유대교의 의례가 제공하는 그런 특징적인 요소들을 설명한 후에는 거기서 발견되는 상징들을 더 확대하여 적용하지 않는다. 이와 비슷하게 예수도 성전에서 성전이 가지고 있던 의례적 중요성을 제거하고 나서는 예전에 그곳에서 주어지던 빛과 물을 직접 제공함으로써 의례의 중요성을 없애버렸다. 요한복음 15장에서 예수가 포도원 비유를 사용한 이유는 유대인들이 그 땅에서 구하던 것을 제거하기 위해서다. 이제 예수만이 생명과 소망과 미래의 원천이다. 따라서 하나님의 백성들은 거룩한 영토로서의 그 땅에 두었던 관심을 거두어야 한다. 포도원은 더 이상 예전과 같은 종교적 갈망의 대상이 아니다.

요약

요한이 신학적으로 그리는 예수와 그 땅은 공관복음서가 말하는 주제들을 반복하고 더 발전시킨다. 공관복음서에 묘사된 예수는 자신의 동시대인들이 영토에 대해 보인 관심을 멀리한다. 예수는 그 땅에 대해 신적 권리를 주장하던 유대 민족주의와도 거리를 둔다. 그 땅을 로마의 점령으로부터 안전하게 지키려는 논의에도 동참하지 않는다. 오히려 예수는 다메섹과 시돈 같은 이방 땅에 살던 사람들을 축복했던 엘리야와 엘리사를 모범으로 제시하며 정복자들을 축복한다. 그리고 그 땅을 언급하는 경우에도, 힘 있고 "토지를 소유한" 부자들처럼 그 땅을 차지하려는 자들의 편을 들지 않는다. 예수는 그 땅을 가난한 자들, 힘없는 자들, "땅을 소유하지 못한 자들"에게 준다. 그는 **온유한 자들을 축복한다.** 공관복음서에서 그 땅은 예수가 보여주는 반전의 신학을 나타낸다. 힘 있고 권력 있는 자들은 그들이 바라는 것을 얻지 못한다. 이제는 아무것도 가지지 못한 자들이 풍족히 얻는다.

요한복음에서 그 땅은 요한이 추구한 신학의 특징인 기독론적 대체/완성이라는 틀 안에 포함된다. 그리스도는 하나님께로 가는 새 길이며, 아버지와 그 백성을 잇는 예기치 못한 연결점이고, 계시와 영광이 드러나는 유일한 장소다. 유대교가 절기와 제도를 통해 얻고자 했던 것이 이제는 그리스도 안에 있다. 유대교가 성전에서 구했던 것이 이제는 그리스도 안에서 성취된다. 유대교는 그 땅을 향해 쏟았던 에너지를 포도원에 심긴 한 나무인 그리스도에게로 돌려야 한다. 그 땅에서 사는 사람들이 지켜야 했던 약속들이 예수의 삶 안에서 다 완성되었다.

요한복음을 가장 먼저 읽고 들었던 사람들이 영토 신학을 주장하는 그리스도인들을 만났다면 깜짝 놀랐을 것이다. 예수 안에 있는 신적 삶과 동떨어진 채로도 그 땅 안에서 축복과 약속을 찾을 수 있다고 믿는 그리스도인들을 보면서 그들은 매우 놀랐을 것이다. 사실 이런 인식은 요한의 영성에 너무나도 깊이 뿌리 박혀 있어서, (유대인과 이방인으로 구성된) 이 공동체는 (후기 전통들이 생각한 바가 맞다면) 에베소에서 계속 거주하는 것에 만족하고 있었다. 그들은 굳이 그 땅에서 살 필요를 느끼지 못했다. 그리고 모든 땅이 하나님의 것이라고 보는 이런 견해는 초기 교회 그리스도인들의 삶과 사명의 특징이 되었다. 그렇기에 그들은 기원후 66-70년에 그 땅을 놓고 일어난 큰 싸움에 동참하지 않았다. 에우세비오스에 따르면, 그리스도인들은 요단강 동편에 있는 펠라의 데가볼리로 도망쳤다("예루살렘 교회에 속한 사람들은 그 도시를 떠나 펠라라고 불리던 페레아 마을에 살도록…명령을 받았다." *Ecclesiastical History*, 3:5). 그들은 기원후 132-135년에 일어난 바르 코크바 반란에서도 그 땅을 위해 싸우지 않았다. 그들이 사랑한 포도원은 바로 예수와 그분의 삶이었으며, 이것은 그들이 어느 나라에서 살든지 얻을 수 있는 것이었다.

예수와 땅의 신학

5장 사도행전과 그 땅

초기 기독교 역사를 얼핏 살펴봐도 디아스포라 유대교의 전후 배경을 파악할 수 있다(참조. 2장). 누가는 그리스 문명의 신봉자였으며 많은 디아스포라 유대 그리스도인들과 친하게 지냈다. 누가가 전하는 초기 기독교 역사는 그의 신학적·문화적 관심을 반영하고 있지만, 그의 복음서는 여전히 초기 교회의 많은 사람들의 견해를 대변하는 이상적인 그림을 그리고 있다.

누가의 설명에 따르면, 오순절에 시작된 초기 기독교는 즉각적으로 예루살렘에 있던 디아스포라 유대인들의 관심을 받았다(행 2:9-11). 동쪽으로는 바대인, 메대인, 엘람인(페르시아인), 메소포타미아인, 아랍인이 있었고, 서쪽으로는 갑바도기아, 본도, 아시아, 브루기아, 밤빌리아, 로마, 그레데 섬에서 온 사람들이 있었다. 남서쪽으로는 로마에서 온 나그네와 리비아 구레네 사람들이 있었다. 누가의 설명은 유대 지역을 거쳐 전형적인 디아스포라 유대인인 바울을 소개하는 데 이른다. 우리는 사도행전에서 바울이 방문한 디아스포라 전역의 회당들, 곧 비시디아 안디옥(13:14), 이고니온(14:1), 에베소(18:19, 26; 19:8), 빌립보(16:13, 16), 데살로니가(17:1), 베뢰아(17:10), 아덴(17:17), 고린도(18:4, 7)에 있는 회당들을 만나게 된다. 바울은 디아스포라 도시에 있는 교회들을 알고 있었다. 그리고 나중에 골로새, 데살로니가, 에베소, 고린도, 로마, 빌립보, 그레데, 리쿠스강에 있는 라오디게아에 있는 교회에 편지를 보낸다. 사도행전은 바울이 예루살렘보다 드로아와 시리아 안디옥을 더 자주 방문했다고 전한다.

신약에서 상대적으로 적은 비중을 차지하고 있는 서신들에도 이런 디아스포라 지역들이 등장한다. 베드로전서에는 "이스라엘의 흩어진 자들"에게 편지를 한다고 쓰여있는데, 이들은 본도, 갈라디아, 갑바도기아, 아시아, 비두니아와 같은 소아시아의 모든 도시에 사는 사람들을 지칭한다. 요한의 저작을 연구하는 사람들은 같은 맥락에서 요한복음과 요한 1·2·3서를 (지역적으로는 서아시아나 에베소로 추정되는) 디아스포라의 문화적 환경에 놓는다. 이곳에 사는 유대 그리스도인들은 삶 속에서 그리스 철학과 경쟁해야 했다. 심지어 요한계시록마저도 소아시아 서쪽 지역의 교회들에만 전달되어 읽혔다.

이런 사실을 통해 우리가 알 수 있는 것은 무엇일까? 초기 기독교 선교는 발상지인 유대 지역에 한정되지 않았다. 기독교 공동체는 예수가 그랬던 것처럼 자신의 정체성을 유대나 갈릴리에 국한하여 해석하지 않았다. 그 증인은 실제로 유대인들이 유대 세계의 중심으로 여겼던 예루살렘에서 태어났지만, 그 증인을 받아들인 사람들은 자신들이 있던 곳에 머물러도 괜찮았다. 누가의 역사 기록은 저자의 신학적 목적에 맞춰 선택적으로 작성된 것이라는 평가를 받을 수도 있지만, 그럼에도 불구하고 기록에 반영된 누가의 관점은 기독교의 대변인과 함께한 한 명의 중요한 그리스도인이 그 땅에 대해 어떻게 생각했는지를 보여주는 창문과 같은 역할을 한다. 고대사를 연구하는 학자들은 이것을 가리켜 작가가

자신의 세계를 건설하는 방식을 결정하는 "지리적 지평"이라고 부른다.[1]

어떤 학자들은 누가가 여호수아의 지리적 프로그램을 모방하고 있다고 본다. 이스라엘이 가나안에 들어가 그곳을 정복하고 자신의 국가적 생명을 거기에 걸었던 것처럼, 사도행전에 나오는 교회도 이와 비슷하게(가나안이 아닌) **세상**으로 들어가 세상을 그리스도의 왕국으로 만들겠다는 주장을 한다는 뜻이다. 이는 초기 그리스도인의 사고에서 발견되는 개념인데, 예전에는 하나님의 백성들이 유대 땅만을 고집했지만 이제는 전 세계로 그 범위를 확장한 것이다. 따라서 아브라함과 그의 자손에게 주신 약속은 더 이상 가나안만을 향하는 것이 아니라 전 세계를 향한다(롬 4:13). 누가는 누가복음에서 "이방의" 갈릴리가 어떻게 예수의 사역과 정체성의 중심이 되는지를 강조함으로써 이 주제를 주도면밀하게 풀어낸다. 이어 사도행전에서는 예루살렘과 하나님에 의해 영적 정복을 당하게 될 운명에 처한 로마를 대비시킴으로써 교회 선교의 초점을 넓혀나간다.

초기 그리스도인들은 그 거룩한 땅(성지)을 하나님이 활동하시는 장소로서 로마 제국의 모든 거주자들이 발길을 향해야 하는 곳으로 여기지 않았다. 그들은 유대인이나 그리스도인들에게 성지가 믿음의 중요한 요소라고 선전하지 않았다. 디아스포라 유대인이나 이방 로마인이 개종한 후 성지의 중요성에 대해 알게 되는 경우도 없었다. 초기 그리스도인들은 영토 관련 신학을 갖고 있지 않았다. 초기 기독교 설교는 그 땅의 회복에 열심을 내던 유대 종말론에 **전혀 관심을 두지 않았다**. 그리스도의 왕국은 유대에서 시작되었고 역사적으로도 그곳에 뿌리를 내리고 있지만, 그것이 꼭 그 성지에서 정치적으로 실현되어야 한다는 제한은 없었다. 교회는 복음서의 메시지와 맥을 같이하면서 영토 신학과는 거리가 먼 일들을 행했다. 그리스도인들은 유대교가 그 땅에서 찾고자 했던 것을 **그리스도 안에서** 발견한다.

회복에 대한 재고

초기 그리스도인들이 그리스도 안에서 성취된 것을 재고하는 가운데 많은 개념들이 재해석되었다. 초기 그리스도인들의 입장에서는 하나의 드라마가 펼쳐지고 있었고, 그런 상황에서 그 땅은 이제 막 동트는 새로운 역사적 현실의 한 측면에 불과했다. 신학적 변동을 겪는 것은 비단 그 땅만이 아니었다. 예루살렘과 성전, 곧 유대인들의 세계관에서 그 땅에 대한 주제를 다룰 때 가장 중심이 되는 원에 해당하는 지점에서도 신학적 변동이 일어났다. 성전과 예루살렘에 대한 모든 것이 다 바뀌는 상황에서는 그 땅 역시 변화를 피할 수 없었다.

사도행전 1:6에서 사도들은 흥미로운 질문을 제기한다. "주께서 이스라엘 나라를 회복하심이 이 때니이까?" 이것은 당시 1세기에 횡행하던 많은 질문을 내포한다. 이스라엘은 온 세상이 하나님의 통치와 심판 앞에 굴복하게 될 날이 이르기 전에 먼저 회복되어야 했다. 기원후 66년에 예루살렘에서 반란을 일으킨 무리들은 이런 생각을 근거로 행동에 나섰을 것이다(요세푸스, *Wars*, 6:312-315). 예수의 제자들도 실망감을 안고 떠나면서 이렇게 생각했을 것이다(눅 24:19-27). "우리는 이 사람이 이스라엘을 속량할 자라고 바랐노라."

유대인들의 보편적인 견해에 따르면, 먼저 유대인의 모임이 회복된 후에야 비로소 믿고 구원받아 하나님의 복을 누리는 이방인들의 모임이 회복될 것이다.[2] 하지만 이 일은 회복된 이스라엘 안에서 일어날 일이다. 사도행전 1:6의 질문은 이런 기대에서 나온 말이다. 부활의 능력을 힘입은 예수가 이제 하나님이 펼치시는 드라마 안에서 이스라엘을 가장 적합한 장소에 회복시키실 것입니까? 정치적인 문제가 해결되고 드디어 예루살렘을 중심으로 하는 그리스도의 왕국이 새롭게 시작되는 것입니까? 그 거룩한 도시와 성전과 그 땅이 유대인의 통치 아래 놓이게 되는 것입니까? 마침내 하나님께서 그 거룩한 땅에서 이루어졌던 로마의 통치를 끝내시는 겁니까?

하지만 분명한 것은 예수는 이스라엘의 회복 그 자체를 계획한 것이 아니고, 대신 자신의 삶을 통해 예루살렘의 드라마가 펼쳐지도록 했다는 것이다. 라이트(N.T. Wright)는 이렇게 말한다.

예수가 자신의 죽음과 신원(vindication)을 어떻게 이해하고 있었는지를 알기 위해서는 이런 관점이 필요하다. 이스라엘은 외국의 압제 아래 어두운 시대를 보내면서 오랫동안 추구해왔던 목적과 소명을 잊었다. 예수는 "나라들의 빛"이 되어야 하는 이스라엘의 잊혀진 소명(사 42:6)을 성취하기 위해, 이스라엘의 운명이라는 실타래를 한데 모으고 풀어나갔다. 예루살렘에 있는 하나님의 집은 "만민이 기도하는 집"(사 56:7; 막 11:17)이어야 했다. 하지만 하나님은 이제 새로운 성전인 예수 자신과 그분의 백성을 통해 이를 성취하려 하신다.[3]

예수가 사도들의 질문을 정정한 것("때와 시기는…너희가 알 바 아니요")이 의미하는 바를 예수가 옛 유대 세계관을 인정했다거나 그 시기가 사도들에게 감추어져 있다는 것으로 받아들여서는 안 된다. 오히려 예수는 그들이 제대로 이해하지 못하고 있음을 알았다. 예수는 사실상 이렇게 말한 것이다. "그래, 내가 이스라엘을 회복할 것이다. 하지만 너희들이 상상할 수 없는 방법으로 할 것이다." 그것은 바로 성령이 그들에게 들어가면 그들이 능력을 받고 세상에 대해 증인이 될 것이라는 뜻이다(행 1:8). 새 성전이자 새 이스라엘이신 그리스도가 부활하셨으니 어떤 면에서 보면 이스라엘의 회복은 이미 시작되었다. 유대 역사의 큰 신학적 변환이 부활절 아침에 이미 시작되었다. 이제 이방인들을 향한 위대한 증언이 시작된다. 하나님의 드라마라는 새로운 종말론적 실재가 기독교 공동체 안에서 펼쳐질 것이다. 피터 워커는 이렇게 덧붙인다.

이스라엘은 메시아의 부활과 그 뒤를 이은 성령의 선물을 통해 회복되고 있었다. 이스라엘은 정치적 독립이 아닌 이스라엘의 메시아가 갖는

예수와 땅의 신학

통치권과 권위를 통해 이 세상을 향한 주도권을 행사하게 되었다.…예나 지금이나 예수는 정치적인 "이스라엘 왕국"이 아닌 "하나님 나라"에 관심을 두었다(행 1:3).[4]

다른 방식으로 말하자면, 유대교에 임한 화는 사회-정치적 치료법으로 다뤄질 수 없고 메시아와 종말론적 성령에 의해 형성된 새로운 공동체에서 그 해결 방법을 찾을 수 있을 것이다.

따라서 약속의 땅은 기독교 유산의 원천이었지만 더 이상 그 목적은 아니었다. 그 땅에 대한 정치적 관심들은 기독교 역사의 일부였지만 더는 사명이 될 수 없었다. 이제 이스라엘의 새로운 사명은 예루살렘과 그 땅의 회복에 고정되어 있던 시선을 넓혀 세상을 회복하는 것이다. 믿음과 순종에 대한 요구는 비단 유대인에게뿐만 아니라 하나님의 통치가 임하는 영역 안에 살고 있는 "모든 이방인"에게 주어졌다(롬 1:5).

요약하면, 누가는 복음의 기원이 예루살렘인 것은 부인하지 않았지만, 복음의 약속을 그 땅과 분리하려고 한다.[5] 그리고 누가는 이 점을 분명히 하기 위해 독자들에게 어떤 질문을 해야 하는지를 정확히 알고 있다. 오순절 날 베드로의 설교가 "세상"을 대표하는 여러 지방에서 온 유대인들에게 들려진 것은 우연이 아니다. 히브리어뿐만 아니라 모든 언어가 동등한 조건에서 기능하게 되었다. 메시아 시대에 임할 새로운 축복은 디아스포라 유대인들이 그 땅으로 돌아와야만 시작되는 것이 아니다. 복음의 약속은 유대 영토 안에서만 발견되는 것이 아니다. "이 약속은 너희와 너희 자녀와 **모든 먼 데 사람** 곧 주 우리 하나님이 얼마든지 부르시는 자들에게 하신 것이라"(행 2:39). 워커가 말했듯이 이 메시아 시대는 원의 중심이 아닌 원의 바깥을 향해 작동한다. 즉 예루살렘을 중심이자 기점으로 삼고 그곳으로부터 점점 퍼져나가는 형태를 보인다.

스데반: 세계를 향한 신학

초기 기독교와 디아스포라 유대교의 연결성은 사도행전 6-7장에 분명히 드러난다. 6:1에 나오는 헬라파 유대인은 그리스어를 쓰고 헬레니즘 문화를 신봉하던 유대 그리스도인들이다. 아마도 그들은 디아스포라 유대인들일 것이다. 우리가 확실히 아는 것은 그들과 "유대 사람들", 즉 예루살렘에서 아람어를 사용하는 공동체에 속한 그리스도인들 사이에 상당한 긴장감이 있었다는 것이다. 교회가 선출한 일곱 명의 지도자들은 모두 그리스 이름(스데반, 빌립, 브로고로, 니가노르, 디몬, 바메나, 유대교에 입교했던 안디옥 사람 니골라)을 갖고 있다. 빌립은 열두 사도 중 한 명이었다가(행 1:13), 이 "일곱" 명에 끼었을 가능성이 있다. 하지만 확실하지는 않다. 이들 중 스데반은 사도행전 2장에 나오는 성령의 능력을 받은 공동체를 대표하는 지도자로 선출된다. 사도행전 6:9은 구레네, 알렉산드리아, 길리기아, 아시아에서 온 유대인들을 환영하던 "디아스포라" 회당이 예루살렘에 있었음을 말해준다. 스데반과 그 친구들은 아마도 이들

중에서 개종한 사람들이었을 것이다.

스데반의 설교에서 문학적 방아쇠(literary trigger) 역할을 하는 것은 그가 신성모독 하는 말을 들었다고 주장하는 "거짓 증인들"의 고소였다 (6:11). 이로 인해 스데반은 산헤드린 앞에서 공소 사실을 심문 받는다 (6:12). 6:13-14에 구체적인 죄목이 열거되는데, 많은 학자들은 이에 대해 겉으로 보이는 것보다 더 많은 의미를 담고 있다고 말한다. "이 사람이 이 거룩한 곳과 율법을 거슬러 말하기를 마지 아니하는도다. 그의 말에 이 나사렛 예수가 이곳을 헐고 또 모세가 우리에게 전하여 준 규례를 고치겠다 함을 우리가 들었노라."

스데반은 "거룩한 곳"을 거슬러 말한다는 이유로 고소를 당한다. (특히 "거룩"이라는 단어를 사용할 경우에) 이 말은 오직 예루살렘 성전을 가리킬 때 쓰였는데(왕상 7:50; 시 24:3; 46:4; 사 63:18), 하나님이 "사람의 손이 지은 곳"에 거하실 수 없다고 말하는 부분(7:48)에서 이를 확인할 수 있다.[6] 하지만 이 표현은 거룩한 땅 자체를 언급하는 데도 쓰였다(신 1:31; 9:7). 70인역은 그 히브리어 단어 "마콤"*maqom*을 그리스어 *topos*(장소)로 번역하는데, 그 빈도는 약 400번 정도가 된다. 이런 연결은 70인역 이후의 작품에서 더욱 분명히 드러난다.[7] 그 땅에 해당하는 단어로 가장 빈번하게 사용되는 것은 물론 히브리어 *'ereṣ*지만, 이 단어도 여호수아 1:2 후반부 같은 곳에서는 *maqom*과 함께 쓰인다. *maqom*은 분배된 땅, 지파별 영토, 심지어 성역을 지칭하는 데 쓰인다. 따라서 그리스어를 사용하는 유대인은 "거룩한 땅"을 "거룩한 장소" 곧 하나님이 임재하시는 성전과 동일시했을 것이다. 그리스어로 된 마카베오하 1:28을 보면, 스데반이 거슬러 말했다고 고소당한 "거룩한 곳"이라는 단어가 성별 기도 (consecration prayer)에서 등장한다. "억압하는 자들과 교만한 자들을 벌하소서. 당신의 백성을 모세가 약속한 대로 **당신의 거룩한 장소에** 심으소서." 모세는 돌아오는 족속들을 위해 거룩한 땅을 약속했다. 결코 예루살렘에 있는 성전을 약속한 것이 아니었다.

이런 넓은 의미의 해석은 스데반이 땅과 지리에 대해 말한 내용을 바탕으로 더 힘을 얻는다. 법정에서 쏟아진 의심의 말들은 스데반이 유대교가 성스럽게 여기던 것에 충성하지 않는다는 점을 지목한다. 스데반 같은 디아스포라 유대인들은 성전에 대해 개인적인 존경심을 가지고 있었지만, 그 땅에 대한 충성에는 동조하지 않았다. 영토 신학은 평범한 디아스포라 유대인의 상상력을 만족시킬 수 없었다.

스데반의 설교(행 7:1-53)는 유명한 해석적 퍼즐(interpretative puzzle)인 동시에 누가의 문학적 특징을 보여주는 아주 중요한 이야기 중 하나다. 스데반의 연설은 유대교의 글쓰기 형식을 충실히 따르고 있는데, 이는 우선 이스라엘의 역사를 요약하거나 중요한 이야기들을 선별하여 반복한 후 하나님의 자비와 언약에 충실할 것을 재확인하는 형태를 취한다.[8] 시편 105:12-43과 106:6-42, 여호수아 24: 2-13, 느헤미야 9:7-31, 유딧 5:6-18도 이런 형태를 지닌다. 일반적으로 이런 형태의 설교는 족장 시대 및 출애굽 사건을 언급한 후 가나안 정착과 그 결과로 생겨난 왕국들에 대해 말한다. 사도행전 7장의 중요성은 스데반이 자신이 말하는 바를 강조하기 위해 이 역사를 어떻게 되풀었는지를 통해 나타난다. 그가 생략한 것은 그가 말한 것만큼이나 중요하게 다뤄져야 한다.

이 설교는 예루살렘에서 마지막으로 한 설교이자 사도행전에서 가장 긴 설교다. 앞으로 살펴보겠지만, 스데반의 이 설교는 격한 반응을 불러일으켰고 결국 그를 죽음에 이르게 한다(7:54-60). 사도행전에 나오는 다른 설교와 마찬가지로, 여기서도 회개하고 그리스도를 믿으라는 요구가 가장 전면에 등장한다. 그러나 땅을 중심으로 하는 또 다른 맥이 그의 설교를 관통하고 있다. 스데반은 설교에서 "땅"을 10번이나 언급한다. 7:2-7에만 5번이 쓰인다.

스데반의 설교는 신적 위치(location)와 신적 계시에 대한 연구다. 이 과정에서 그는 약속의 땅 밖에서도 하나님의 목소리가 들릴 수 있고 거룩한 땅이 발견될 수 있다는 가능성에 집중하면서 이스라엘의 역사를 선별적으로 들려준다. 마르셀 시몬(Marcel Simon)은 이렇게 말한다. "이는 아마도 팔레스타인의 형제들에게 이스라엘의 신적 소명의 역사가 결코 성지 곧 그 거룩한 땅의 경계 안으로 국한되지 않음을 상기시키려는 디아스포라 유대인의 정신세계가 반영된 결과라 할 수 있을 것이다."[9]

먼저 갈대아 "땅"을 떠나 하란 "땅"으로 간 메소포타미아 사람 아브라함이 등장한다. 하나님은 결국 그를 약속의 땅인 가나안 "땅"으로 인도하시지만, 놀랍게도 하나님은 거기서 "아무런 유산"도 주지 않으신다(7:5). 그의 자손이 이 땅을 물려받게 되겠지만, 그 전에 우선 "다른 사람에게 속한" 땅에서 살아야 한다. 이 이야기가 주는 인상은 강렬하다.

"땅"은 그 약속의 땅의 경계 밖에 있는 많은 지역이 될 수도 있다.

그다음으로 이집트에 있는 요셉을 소개하면서, 야곱과 온 이스라엘이 그곳에서 어떻게 살아왔는지를 들려준다. 요셉의 아버지 야곱이 죽은 후 그의 시신은 가나안으로 옮겨지는데, 그곳은 이스라엘이 소유한 땅이 아니다. 그는 가나안 사람의 동굴에 장사된다. 여기서 다른 기록과 충돌하는 몇 가지 내용이 발견된다. 사도행전 7:16은 야곱의 시신이 아브라함이 하몰 자손에게서 산 세겜에 있는 동굴에 장사되었다고 기록한다. 창세기 23장은 야곱이 아브라함이 헷 족속 에브론에게서 산 헤브론에 있는 동굴에 장사되었다고 기록한다. 어느 쪽이 맞든 스데반의 신학적 요지는 분명하다. 하나님의 약속에도 불구하고 야곱은 자신의 소유가 아닌 땅에 묻혔다는 것이다. 그는 외국인들 사이에 장사되었다.

마지막으로 스데반은 (53절 중 20절을 할애하여) 집중적으로 모세를 소개한다. 모세 역시 성지(그 거룩한 땅)가 아닌 이집트에서 삶을 시작한다. 그는 자신의 진짜 정체성을 알고 난 후 미디안에서 추방자로 살았는데, 시내산에서 이스라엘의 하나님을 만나게 되고 이집트로 돌아가 자기 백성을 자유케 하라는 사명을 받는다.

이야기마다 중요한 주제가 담겨 있다. 하나님은 유대 너머에 있는 이 땅들을 버리지 않으셨다. 아브라함은 메소포타미아에 있었지만 하나님은 거기서 그에게 말씀하신다(7:3). 요셉도 이집트에 있었지만 "하나님이 그와 함께하신다"(7:9). 모세는 이집트에서 태어났지만 "하나님 보시기에 아름답다"(7:20). 약속의 땅 밖에 있는 미디안과 시내산에서도 하나님은 말씀하셨고(7:30) 기적을 행하셨다(7:35). 이스라엘이 먼 사막을 여행할 때도 하나님은 그들과 함께하시고 성막에서 말씀하셨다(7:44). 가장 중요한 것은 하나님의 궁극적인 계시(그분의 이름을 밝히시는 것)가 예루살렘에서 멀리 떨어진 시내산에서 내려진다는 점이다. 시내 사막에 있는 이 새로운 땅은 약속의 땅과 첨예한 대조를 이루며 "거룩한 땅"(7:33)이라 불린다. 이는 거룩한 땅이 성지(그 거룩한 땅) 밖에도 존재할 수 있음을 보여주려는 누가의 의도로 보인다.[10]

이어 스데반은 유대에 있는 예루살렘으로 관심을 돌리면서, 솔로몬이 지은 이 돌로 된 성전과 당시 예루살렘에 존재하던 헤롯이 만든 성전은 하나님의 거처가 될 수 없다는 점을 청중들에게 상기시킨다. 이는 분명 예루살렘과 성전을 중심으로 한 사고방식을 간접적으로 비판하는 것이다. 신약은 "사람의 손으로 만든" 것과 "손으로 지은 것이 아닌" 것을 구별한다. 예루살렘의 돌 성전은 전자에 속하는 것으로서 하나님을 담아낼 수 없다(7:48). 그래서 마가복음 14:58에서 예수는 "사람의 손으로 만든" 예루살렘 성전의 파괴를 예언하고 "손으로 지은 것이 아닌" 새 성전을 약속한다. 이와 비슷하게 "사람의 손으로" 한 할례(엡 2:11)와 "손으로 지은 것이 아닌" 영적 할례(골 2:11)가 있다. 또 "손으로 지은 것이 아닌" 부활의 몸이 있다(고후 5:1).

스데반의 요지는 다음과 같다. 바로 인간이 지은 종교적 건물은 하나님이 그곳에서 일하신다는 보증이 될 수 없다는 것이다. 그리고 이런 차이를 깨닫지 못한 종교를 추구하면 결국 심판을 받는다(7:51). 이런 종교는 하나님이 행하시는 새로운 일에 집중하기보다 이미 세워진 것에 집착하게 만든다. 스데반에 따르면, 많은 유대인들이 이런 식으로 자신들의 메시아를 잃어버리게 되었다(7:52-53).

나는 스데반을 세계 신학자라고 부르고 싶다. 왜냐하면 그는 예루살렘이라는 지역에 한정되었던 종교적 신념에 도전을 주기 때문이다. 스데반은 헬레니즘적 성향을 지녔고 무엇보다도 디아스포라 문화의 영향을 받았기 때문에, 예루살렘에서만 살던 사람들이 갖고 있던 영토 개념의 지평을 넘어서는 신학을 보여준다. 영토 신학을 수호하던 사람들의 열정과 분노를 생각해볼 때 스데반의 순교는 그리 놀랄 일이 아니다. 스데반은 종교와 땅의 결합 또는 믿음과 민족주의의 결합에 의문을 제기했다. 그리고 그 대가로 죽임을 당했다.

스데반이 순교한 후 예루살렘 교회에 큰 박해가 일어난 것은 당연한 일이었다(8:1). 그리고 또 다른 당연한 결과로, 헬라파 유대인이었던 빌립이 스데반의 설교의 의미를 이해하고 그의 비전을 다시 선포함으로써 그 복음을 사마리아라는 중요한 문화의 문턱으로 가지고 갔다. 사도행전 8장에 나오는 사마리아 선교는 그 땅에 대한 스데반의 믿음을 빌립이 완성한 것이라고 볼 수 있다. 사도행전 10장에는 베드로가 가이사랴에서 선교를 이어가는 내용이 나오는데, 이 역시 당연한 수순이었다. 교회는 세상에 대한 그리스도의 주장을 실현해내기 위해서 그 어떤 문화적 혹은 지리적 문턱도 넘어가고야 말 것이다. 이것이 교회의 사명이다.

바울: 세계를 향한 선교사

누가는 스데반이 돌에 맞아 순교하는 모습을 묘사하는 중간에 바울을 소개한다(7:58). 아마도 바울이 장차 스데반과 같은 모습이 될 것이라는 예고인 셈이다. 누가는 바울이 그리스도를 받아들이게 될 디아스포라 유대인의 가장 적합한 예라고 여겼다. 바울은 길리기아 다소에 거주하면서 그리스어를 유창하게 구사하고, 로마 시민권자로서 로마 제국 전역을 자유로이 여행할 수 있었으며, 또 무엇보다도 헬레니즘 교육을 받고 자랐다. 이 사실들을 종합해보면 바울이 디아스포라 세계관에 정통했음을 알 수 있다.

반면 바울에게서 발견되는 심리적 혹은 문화적 복합성에 대해서도 많은 학문적 분석이 이루어졌다.[11] 바울은 헬레니즘과의 긴장 속에서 인생을 살아온 사람이다. 그는 학문을 위해 예루살렘으로 돌아왔고, 유대 신학을 받아들여서 실천했으며, 빌립보서 3장에서 장황히 설명한 믿음에 대한 배경이 있었고, 2개 국어를 사용했다(행 22:2). 이는 그가 유대와 예루살렘이라는 보수적인 세계에 철저히 헌신했음을 보여준다. 갈라디아서에서 바울은 자신을 소개하면서, 대부분의 연갑자보다 유대교를 지나치게 믿어 "내 조상의 전통"에 대하여 더욱 열심이 있었다고 말한다(갈 1:14). 체포될 뻔한 상황에서는 자신이 이런 보수적인 가치들을 신봉하는 자임을 강조한다. "나는 유대인으로 길리기아 다소에서 났고 이 성에서 자라 가말리엘의 문하에서 우리 조상들의 율법의 엄한 교훈을 받았고 오늘 너희 모든 사람처럼 하나님께 대하여 열심이 있는 자라"(22:3). 이처럼 유대인의 엄격한 율법과 삶 사이에서 타협을 고려하던 다소의 사람들은 그 땅으로 돌아간 바울을 적대했을 것이다.

누가는 초기 그리스도인들에 대한 바울의 무자비한 태도를 강조하기 위해 그의 이야기를 들려준다. 바울은 속으로 그들이 예수를 믿는 끔찍한 실수를 저지른 유대인들이라고 생각했다. 바울은 "내가 이 도를 박해했다"(행 22:4), "내가⋯그것을 멸하려고 했다"(갈 1:13)라고 말한다. 특히 바울은 동쪽에 있는 디아스포라 지역(예컨대 다메섹과 그 외 다른 지역)에서 그리스도인들을 잡으러 다닌다. 바울은 아마도 산헤드린에 소속되어 있으면서, 예루살렘 공의회에서 유대교의 핵심적인 가르침에서 벗어났다고 판단한 디아스포라 유대인들을 징계하기 위해 파송되었을 것이다.

바울의 회심은 놀라운 반전을 불러일으킨다. 그는 새로운 메시아 사상을 발견했을 뿐 아니라 장소에 대해서도 생각을 바꾼다. 다메섹에 사는 아나니아가 바울의 새로운 사명을 제일 먼저 암시하는데, 그것은 바로 이스라엘뿐만 아니라 이방인과 왕들 앞에 서는 것이다(9:15). 이런 이방인에 대한 사명은 사도행전 22장과 26장에서 그의 회심을 회고할 때 다시 등장하는데, 여기서 한 가지가 분명해진다. 예루살렘으로 돌아왔던 이 디아스포라 유대인이 이제 다시 보냄을 받는다. 한때는 산헤드린의 명령을 받았던 바울이 이제는 부활하신 그리스도로부터 새로운 명령을 받는다. 그리고 이런 새 명령은 유대와 그 전통을 지키고 보호하거나 그곳에서 새롭게 살아가게 되는 것과는 아무런 관계가 없다. 바울은 회심한 즉시 동쪽 디아스포라로 들어가 3년 동안 시리아와 아라비아에 있는 유대인들에게 자신을 설명한다(갈 1:17).

사도행전에서 바울이 한 일을 설명하는 부분을 보면 그가 세 번에 걸쳐 서쪽 디아스포라 지역으로 선교여행을 갔던 일과 그가 체포되고 로마로 이송된 일이 언급되어 있다. 여기서 누가는 신학적으로 전달하고자 하는 내용을 이야기 형식으로 풀어낸다. 그리스도인의 정체성은 유대를 향한 종말론적 약속들이 회복되는 것과 관련이 없다. 바울이 3차 선교여행에서 예루살렘을 위해 헌금을 모은 것을 통해 알 수 있듯이, 그는 여전히 그곳을 중요한 장소로 인식하고 있고 기회만 되면 그 도시로 돌아온다. 또 그곳에 거주하는 사도들의 중요성도 인정한다. 하지만 그 지도자들이 가진 권위는 그들이 어디에 거주하느냐가 아니라 부활한 예수와의 관계 속에서 자신이 누구인지를 깨닫는 데서 나온다. 바울에게 있어 사도로서의 권위는 랍비 학교를 나와야 한다거나 예루살렘에 있어야 한다는 식으로 예루살렘이라는 도시에 국한되지 않는다.

바울의 이야기는 기독교가 지리적으로 퍼져 있고 어떤 지역이나 어떤 문화에도 정착할 수 있음을 보여준다. 하지만 사도행전의 설교들을 보면, 바울이 약속의 땅을 넘어가려는 결정을 신중하게 내리고 있음을 엿볼 수 있다. 사도행전 7장에 나오는 스데반의 설교에 이어 누가가 그다음으로 중요하게 다루는 설교는 사도행전 13:16-41에 나오는 바울의 설교다. 이것은 바울이 비시디아 안디옥에서 그리스도인으로서 처음

하는 설교다. 바울은 사도행전 7장의 구조와 똑같이 이스라엘 역사를 반복하며 설교를 시작한다. 바울은 아브라함의 선택(13:17)과 그에게 주신 하나님의 약속(13:26, 32-33)에 구원의 복음이 있다고 본다. 그리고 이 약속들은 예수의 부활 안에서 성취되었다고 말한다(13:33). 바울은 가나안 정복이 이스라엘에게 선물로 주어진 것이라는 사실을 부인하지 않는다(13:19). 하지만 신학적으로 그것이 약속의 성취라고 못 박지 않는다. 놀라운 점은 바울이 여기서 아브라함의 약속이라고 언급할 뿐 그 땅에 대한 약속이라고 언급하지 **않는다**는 것이다. 하지만 바울은 사도행전에 나오는 모든 설교와 일관된 태도를 견지한다. 베드로뿐만 아니라 바울 역시 땅과 후손, 즉 유대인들이 아브라함의 일생에서 가장 핵심이라고 가르치는 것을 일관되게 무시한다. 아브라함은 기독교 신앙의 주인공으로 등장하지만, 그 땅에서 유대인의 정체성을 형성하는 근간으로 여겨지지는 않는다. 누가는 자신의 글에서 아브라함을 수차례(복음서에서 15번, 사도행전에서 7번) 설명하고 풀이함으로써 그에 대한 큰 관심을 드러낸다. 전에 아브라함에게 주어진 약속은 유대교가 기대한 대로 실현되지 않았다. 그 약속들은 그리스도의 삶과 죽음과 부활을 통해 성취되었다. 그리고 자신을 유대의 유산이 아니라 그리스도에게 접붙이는 사람들은 그분의 자녀가 된다.[12]

스데반이 디아스포라 유대교와 초기 기독교 간의 최초의 연결점을 드러내는 역할을 한다면, 바울은 지중해 전역에 있던 이 공동체들로 파견된 공인 사절이 된다. 내가 그를 "세계 선교사"라고 생각하는 까닭은 바로 이런 의미에서다. 바울은 어떤 특정한 지역적인 색채를 갖고 있지 않았다. 그가 사도행전에서 한 설교들에는 영토 신학의 기미가 전혀 보이지 않는다. 오히려 약속의 땅이 아닐지라도 그 어떤 땅에서든 그리스도 안에서 누리는 삶이 가능하다는 그의 굳은 믿음이 드러난다. 바울은 3차 선교여행을 마치고 유대로 돌아오면서 선물을 가지고 온다. 그리고 많은 이방인을 함께 데리고 온다. 그러나 이것은 교회의 연합을 굳건하게 하려는 노력이었지, 이방인들 사이에 영토에 대한 사랑을 불러일으키려는 시도가 아니었다. 바울은 한 번도 교회를 향해 **그리스도인으로서** 유대에 충성해야 한다고 가르치지 않았다. 우리는 그의 사고에서 영토 신학의 근거를 찾을 수 없다.

시리아 안디옥: 세계적인 도시

누가는 사도행전 11:19-20에서 시리아 안디옥을 공식적으로 소개한다(참조. 6:5). 스데반 사후에도 그 공동체에 남아 박해를 받던 헬라파(메시아적) 유대인들은 먼 도시로 도망을 갔다. 어떤 이들은 베니게와 구브로로 떠났고, 어떤 이들은 시리아 안디옥으로 갔다. 안디옥에 도착한 디아스포라 회심자 두 명은 각각 구브로와 북 아프리카 구레네 출신이었고, 그곳에서 그리스 사람들에게 복음을 전했다. 예루살렘에 있는 기독교 지도자들은 그리스인들이 예수를 믿고 안디옥에 있는 유대인 신자 무리에 합류했다는 소식을 들었다. 하지만 그들은 당시 가이사랴에서 진행 중이던 베드로의 사역도 제대로 소화해내지 못하고 있었다. 예루살렘 교회는 즉시 바나바를 파송해서 성장하는 그 공동체를 이끌도록 했다.

누가가 전하는 여러 이야기에서 시리아 안디옥이라는 대도시(현재 터키의 안타키아)의 중요성을 과소평가해서는 안 된다. 이곳은 단순히 하나의 도시가 아니라, 굉장히 명성이 있던 고대 도시였다. 이 도시는 기원전 300년경에 시작되었으며 셀레우코스 왕조의 수도가 되면서 통치자들로부터 그 이름을 하사받았다. 도시에서 서쪽으로 약 30킬로미터 떨어진 곳에 위치한 실루기아(행 13:4)라는 항구는 지중해에 인접해있어서 그리스와 로마 세계로 나아가는 해양 출입구가 되었다. 로마 장군 폼페이우스가 기원전 64년에 소아시아를 정복하면서, 시리아 안디옥은 자유도시이자 로마 행정구역의 수도가 되었다. 곧이어 그 도시는 폭발적으로 성장했다. 메소포타미아나 페르시아에서 유프라테스로 이동하는 무역이 안디옥을 지나 실루기아로 내려갔다가 로마 제국으로 갔다. 그 도시는 계속해서 확장되었고 황제들에 의해 아름답게 치장되었다. 심지어 헤롯 대왕도 중앙 도로에 기둥을 세웠다. 바울이 활동하던 시절에 안디옥보다 큰 도시는 알렉산드리아와 로마밖에 없었다.

누가는 교회가 안디옥에서 빠르게 성장했다고 기록한다(행 11:24). 안디옥 교회의 성장 속도에 놀란 바나바는 (근처 길리기아에 있던) 바울을 초청하여(11:25) 1년간 함께 교회를 이끌었다. 누가가 생각하기에 안디옥은 사실상 예루살렘만큼이나 중요한 곳이었다. 안디옥 교회는 첫 선교

팀을 파송했을 뿐 아니라(13:1-3) 바울이 사역하는 내내 그의 선교여행을 후원했다. 바울은 동쪽으로 여행을 할 때마다 자신의 후원의 기반인 시리아 안디옥을 경유했다(13:26; 18:22). 그는 첫 번째 여행에서 돌아오는 길에 예루살렘을 지나친 적도 있었다.

이처럼 시리아 안디옥은 1세기 이방 세계에서 기독교의 근간이 되었다. 그 도시는 부유하고 무역에 용이한 위치와 교통편을 갖추고 있었으며 무엇보다도 국제적인 세계관을 가지고 있었던 까닭에 바울이 서방을 향해 품은 비전을 이루기에 최적의 장소가 되었다. 초기 기독교 역사에서 안디옥을 돋보이게 한 것은 바로 그 도시가 가진 국제적인 세계관이었다. 안디옥 교회는 디아스포라 유대인과 이방인들로 가득한 곳으로서 최대한 넓은 의미의 선교가 자연스럽게 이루어질 수 있는 곳이었다. 유대에 대한 충성심은 의심의 여지 없이 유대교와 기독교 신앙의 역사적 맥락을 분명히 하는 역할을 했다. 그러나 그곳에서 사는 것은 믿음을 위한 필수조건이 아니었다. 게다가 안디옥은 교회 지도자들에게 인종적 배타성과 관련된 문제를 제기함으로써 예루살렘과 쌍벽을 이루고자 했다(행 15:1-35). 베드로를 포함한 예루살렘의 대표자들이 안디옥에 도착하여 그 도전에 항변할 때도, 바울은 안디옥 교회의 지지를 바탕으로 그들에게 대항할 수 있었다.

시리아 안디옥은 사도행전의 이야기들 속에서 누가와 (기독교 역사의) "세계적인 교회"가 어떤 모습인지를 보여준다. 안디옥 교회는 진정으로 다양성을 수용했으며, 그곳에서는 그리스 사람과 유대인이 같은 공동체를 공유할 수 있었다. 이 교회는 영토적 배타성을 중요한 것으로 여기지 않았으며 유대 신앙에서 나온 영토 신학에 대해서도 철저히 거리를 지켰다.

요약

디아스포라 유대교와 그 문화는 예수를 따르던 갈릴리 사람들이 유대 영토주의의 제약을 깨트리고 세계 선교로 나아갈 수 있는 다리가 되어 주었다. 초기 제자들은 예수가 그 땅에 대해 드러낸 생각들을 통해 신호를 받고 새로운 국경으로 나아갈 수 있도록 돕는 성령의 힘을 받아 영토성을 벗어남으로써 그 다리를 건너게 되었다. 예수의 사역은 더 이상 유대에 국한되지 않았다. "이방인의 길로도 가지 말고…오히려 이스라엘 집의 잃어버린 양에게로 가라"(마 10:6)는 이중 명령은 예수 자신뿐 아니라 그의 제자들에게도 적용된다. "나는 이스라엘 집의 잃어버린 양 외에는 다른 데로 보내심을 받지 아니하였노라"(마 15:24). 누가는 교회 선교의 지경을 넓히려는 기대를 품고 있었지만, 그의 복음서에는 이에 해당하는 기록이 없다. 마태와 특히 누가에게 있어서 부활은 열방에 대한 새로운 헌신으로 받아들여졌다(마 28:19; 행 1:8). 그리스도 안에서 이루어지는 하나님의 사역은 더 이상 그 의미나 목적에 있어서 유대나 예루살렘 지역만을 목표로 삼지 않았다.

사도행전의 관점을 바탕으로 볼 때, 스데반과 그가 속한 헬라파 유대인의 기독교 공동체는 이런 신학을 추구했다. 누가는 스데반이야말로 기독교 선교와 유대 지역주의를 분리함으로써 더 넓은 디아스포라 세계로 복음이 선포될 수 있는 초석을 놓았다고 믿는다. 그리고 스데반 이후에는 바울이 이런 새로운 방향성을 이해하고 시리아 안디옥에 사역의 기반을 두어 그것을 직접 실행에 옮겼다.

물론 누가 자신도 사도행전에서 이를 직접 실천했다. 그는 서사 신학자(narrative theologian)이자 바울의 동료로서 유대 밖에서의 사역에 인생을 바쳤다. 회의적인 학자들은 누가가 스데반의 역할과 바울의 이력을 고안해냈을지도 모른다고 지적한다. 그러나 많은 사람들은 누가가 굳이 이야기를 만들어낼 필요가 없었다고 생각한다. 우리는 바울의 편지에서 디아스포라에 대한 깊은 관심을 읽어낼 수 있는데, 그 기록은 이미 누가가 사도행전을 기록한 당시에 작성되었다. 또한 스데반의 연설은 누가가 그들만의 전 역사를 담은 자료를 사용하고 있음을 알려주는 요소들을 포함하고 있다.

누가와 스데반과 바울을 포함하는 초기 교회의 사려 깊은 그리스도인들은 디아스포라에 의해 형성되었고, 그들은 하나님의 새로운 사역이 내포하고 있는 영토적인 차원을 추가로 보여주고 있었다. 이것은 다윗이 말한 대로 예루살렘 성전과 그 땅 주위에 "모여 있던" 유대인 공동체를 향한 직접적인 도전이었다. 그것은 "앞으로 나아가라는 도전이자 성전이나 율법과 같은 과거 제도들이 주는 안전함에 매달리지 말라는 도전"

이었다.[13] 윌리엄 맨슨(William Manson)은 다음과 같은 말을 남겼고, 데이비스도 같은 맥락의 주장을 펼쳤다. "이스라엘은 자신의 구원을 역사적이고 세상적인 안전장치와 동일시하려는 유혹을 받았고, 스데반은 교회 안에 있는 '히브리' 형제들의 태도에서 같은 위험을 볼 수밖에 없었다."[14]

바울의 가르침을 받던 초기 그리스도인들이나 그를 따르던 많은 사람들이 유대교 영토주의를 기독교식으로 변형시켜 신봉하는 사람들을 만났다면 깜짝 놀랐을 것이다. 그리스인을 대상으로 한 선교(Hellenistic mission)나 유대 근방에서 성장하던 공동체에서 신학적 의무사항으로 예루살렘이나 그 땅에 대한 정치적인 헌신을 요구했다는 증거는 없다. 따라서 초기 기독교 안에는 신학적 지역주의가 없었다. 교회는 예루살렘이나 유대에 있는 자신들의 유산을 결코 잊지 않았고, 바울은 그의 제3차 선교여행에서 드러난 것처럼 유대와 서쪽 교회들을 새롭게 연결시키기를 원했다. 하지만 유대의 정치적 관심을 다른 것보다 강조하거나 유대를 특별히 영적 혹은 신학적으로 중요한 곳으로 바라보는 견해는 설 자리가 없었다. 무엇보다 예수가 태어나고 사역하고 죽고 부활한 장소도 수 세기가 지나서야 숭배를 받았다. 교회는 진보적이었다. 예수는 살아났고 하나님 우편에 앉았다! 그분의 이야기는 유대나 유대의 회복에 관한 이야기가 아니었다. 그분의 부활한 생명, 교회들 가운데 있는 그분의 영, 그리고 로마가 다스리던 지중해 세계의 지방에서 그분이 담당했던 일에 관한 이야기였다. 무엇보다 하나님이 어떻게 온 창조세계에 대해 다시 권리를 주장하시는지에 집중하는, 즉 유대 나라만이 아니라

예수와 땅의 신학

온 세상의 구원에 대한 이야기였다.

그 땅에 대한 바울의 이해를 재구성하는 작업은 지난 150년간 바울 연구를 어렵게 했던 많은 질문으로 인해 난관에 부딪힌다. 바울은 정말로 유대교에 영향을 받았을까? 아니면 바울은 헬레니즘의 영향을 받은 천재였기 때문에 조상들의 믿음과는 상관없이 (혹은 조상들의 믿음을 오해했거나 잘못 안 채로) 기독교 신학을 만들어낼 수 있었던 것일까? 바울은 유대인들의 불신앙에도 불구하고 하나님이 그들과 맺은 언약이 지속적인 효능을 가진다고 보았는가? 바울의 많은 편지가 논란이 되고 있는 상황에서 어떤 자료를 근거로 그의 가르침을 재구성해야 하는가?

이처럼 수많은 논쟁을 파생시키는 질문들에 대해 여기서 결론을 내리는 것은 불가능하다. 그럼에도 불구하고 오늘날 우리가 바울에 대해 확신할 수 있는 것들이 있다. 그는 유대교 주제들과 깊은 융화를 이루는 신학을 주창했으며, 예수의 가르침에 대해 잘 알고 그것에 민감히 반응했고, 예수의 메시아 되심을 거부하던 유대 세계를 존중하고 그 세계에 헌신했다. 19세기에는 "확실한 네 개의 편지"만 바울의 서신으로 인정되었으나 현재는 그 숫자가 점점 늘어나고 있으며, 인정된 서신들은 바울이 직접 쓰거나 그의 측근에 의해 기록된 것으로 알려져 있다. 그 땅에 대한 바울의 이해를 살펴보기 위해서는 바울이 쓴 것으로 확실히 인정되는 서신들만 참고해야 한다.

먼저 관찰되는 내용들

바울이 유대의 민족적 관심 저변에 흐르던 그 땅에 대한 깊은 열정을 잘 알고 있었으리라는 것은 분명하다. 우리는 바울이 유대교에 열심이 있었다는 것을 잘 알고 있다. 그는 길리기아 다소의 디아스포라 유대교 가문에서 태어났고, 어느 시점에 예루살렘으로 와서 유명한 율법학자인 가말리엘의 지도를 받으며 학문을 연마했다. 바울은 자신이 바리새파에 속했고 특출났으며 율법과 관련된 문제에 있어서 동료들보다 열정이 넘쳤다고 인정한다(갈 1:14; 빌 3:4-5). 바울은 유대인을 향한 하나님의 지속적인 충실함이 교회에 속한 유대 그리스도인들을 통해 실현되었다고 믿었다. 그는 이런 사고를 바탕으로 이렇게 말할 수 있었다. "하나님이 자기 백성을 버리셨느냐? 그럴 수 없느니라. 나도 이스라엘인이요 아브라함의 씨에서 난 자요 베냐민 지파라"(롬 11:1). 그는 고린도에 있는 분파주의자들(sectarians)의 공격에 대해 자신의 입장을 변호하면서 다음과 같이 반발한다. "그들이 히브리인이냐? 나도 그러하며, 그들이 이스라엘인이냐? 나도 그러하며, 그들이 아브라함의 후손이냐? 나도 그러하다"(고후 11:22). 바울은 자신이 유대인의 정체성과 삶의 중심적인 문제에 진지하게 헌신하는 신실한 유대인이라고 여겼다. 이런 마음가짐으로 1세기를 살던 사람이 유대교의 영토주의를 모른다는 것은 불가능한 일이다.

피터 워커에 따르면, 바울은 예루살렘에 대해 어느 정도 모순된 감정이 있었으나 여전히 그 도시를 사랑했고 이것이 그 땅에 대한 바울의

예수와 땅의 신학

견해를 알 수 있는 단서가 된다.[1] 바울은 정기적으로 그 도시를 방문했으며, 위험을 감수하면서까지 그곳 교회에 구제헌금을 전달했고(롬 15:25-28), 그 도시에 있는 성전을 존중했다. 로마서 9:4에서 바울은 성전 예배를 유대교의 특권 중 하나라고 언급한다. 동시에 바울은 예루살렘에 대해 껄끄러운 감정을 품고 있었다. 그는 그 도시를 "종노릇"하던 장소로 생각하기도 했다(갈 4:25). 워커의 결론에 따르면, 예루살렘과 그곳의 성전은 바울에게 역사적 중요성은 있으나 보편적 혹은 지속적인 **신학적** 중요성을 주장할 수 있는 곳은 아니었다. 이는 바울이 그 땅에 관해 어떻게 생각했는지에 대해 분명한 통찰력을 준다. 바울이 예루살렘으로 다시 돌아와 그곳의 사도들과 상의하여 유대 교회와 자신의 이방인 선교를 결합하려고 한 시도를 보면 그의 실용적인 모습이 두드러진다. 반면 그의 다른 글을 통해 알 수 있듯이, 중요한 신학적 장소인 유대를 떠날 때는 신중함과 결단력이 드러나기도 한다.

데이비스는 두 번째 관찰을 지적한다.[2] 바울이 유대교에 열심이었다는 점을 감안하면, 그가 그 땅이나 심지어 유대 민족주의를 거의 언급하지 않는 점은 놀랍다. 바울은 지리에 거의 관심을 보이지 않는다. 그는 예수의 생애에서 중요한 지역을 언급하지 않고, 중요한 복음의 사건을 말할 때도 지역을 드러내지 않는다(참조. 고전 15:3-8). 바울은 예수의 주 활동 무대였던 갈릴리 마을들을 가보긴 했을까? 베들레헴에 관심이 있었을까? 그는 예수가 예루살렘에서 못 박혔다는 것을 분명히 알면서도 지명을 말하지 않는다. 부활은 그에게 무엇보다도 중요한 것이었지만(롬 4:24-25; 6:4-9), 어디서 그 일이 일어났는지는 그리 중요하지 않다. 바울은 갈릴리와 유대 모두 언급하지 않는다. "이스라엘"이라는 단어 역시 백성을 언급할 때만 사용할 뿐 장소의 의미로는 쓰지 않았다. 유대는 지도에 표시된 지역으로만 언급될 뿐이다. "그리하여 내가 예루살렘으로부터 두루 행하여 일루리곤까지 그리스도의 복음을 편만하게 전하였노라"(롬 15:19).

로마서에서 바울은 유대교가 자랑하던 장점들을 열거한다. 예를 들어 로마서 3:1-4에서 바울은 독자들에게 유대인이 어떻게 하나님의 말씀을 신뢰했는지를 상기시킨다. 더 나아가 로마서 9:4-5에서는 이렇게 말한다. "그들은 이스라엘 사람이라. 그들에게는 양자 됨과 영광과 언약들과 율법을 세우신 것과 예배와 약속들이 있고 조상들도 그들의 것이요. 육신으로 하면 그리스도가 그들에게서 나셨으니." 유대 세계에서 반복해서 강조되던 여러 특권 중에서도 그 땅은 조상들을 통해 주신 하나님의 최고의 약속 중 하나를 상징했다. 그런데 바울은 여기서 그것을 생략한다. 물론 "약속들"이라고 말한 것에 그 땅이 포함되었을 수는 있지만 명시되어 있지는 않다.

세 번째로, 바울의 사고에서 예루살렘 성전의 탁월함을 강조할 필요가 있다. 세 겹의 동심원으로 되어 있는 유대의 신학적 지리(성전-예루살렘-그 땅)에서 성전은 가장 중심이 된다. 이곳은 거룩함과 계시가 있는 가장 궁극적인 장소로서 유대교가 가장 사랑하는 중요한 지점이다. 그러나 바울은 기독교 교회가 새로운 "하나님의 성전"을 대신한다고 주

예수와 땅의 신학

장하려 한다(고전 3:16-17; 6:19; 고후 6:16). 라이트(N. T. Wright)는 이렇게 말한다.

> 그 성전을 유대교 성전과 동일시하는 것이 시대착오적이라고 생각하는 서구 그리스도인들에게는 그의 비유가 특별히 중요하지 않은 많은 비유 중 하나에 불과할 것이다. 그러나 1세기 유대인에게 그 성전은 엄청난 의미가 있었다. 결론적으로 바울이 십자가 사건이 있은 후 25년도 채 지나지 않은 상황에서 (그리고 아직 실제 성전이 있는 상태에서) 그런 이미지를 사용했다는 것은, 그의 사고에 엄청난 변화가 있었음을 뜻한다.[3]

교회와 성전을 동일시하는 새로운 개념은 하나님이 거하실 새로운 장소에 대한 바울의 생각에서 비롯되었다. 하나님은 성전에 거하셨지만 지금은 성령의 은사 덕분에 당신의 교회 안에 거하신다. 따라서 바울은 이스라엘 민족에게 주신 구약 말씀을 인용하여 그것을 이방 교회에 적용할 수 있었다. "내가 그들 가운데 거하며 두루 행하여"(고후 6:16). 워커의 지적에 따르면, 바울은 탁월하게도 이스라엘 민족에게 주어졌던 이 말씀을 유대 밖에 있는 그리스도인들(다름 아닌 고린도인들)에게 적용할 수 있었다(레 26:12; 렘 32:38; 겔 37:27).[4]

바울의 생각에 어떤 변화가 일어나고 있는 것이 분명했다. 유대와 예루살렘과 예루살렘 성전을 향해 쏟았던 역사적인 헌신이 변화를 겪고 있다. 성령 안에서 하나님이 행하신 일과 교회 안에서 실현된 일들이 거룩한 장소와 실재하는 거룩한 땅에 대한 바울의 이해를 되돌릴 수 없는 상태로 바꾸어 놓았다.

초기 유대교에서 본 아브라함

그 땅에 대한 바울의 생각을 이해하기 위해서는 그가 아브라함을 어떻게 대하는지를 보면 된다.[5] 아브라함과 함께 시작된 그 땅에 대한 약속은 구약 외에도 신구약 중간기의 유대교 작품들에서 계속 반복된다. 아브라함에게 주신 하나님의 약속은 단순히 많은 후손을 허락하시겠다는 것에서 그치지 않고 그 후손들이 나라를 세울 수 있는 땅을 주시겠다는 것으로 이어진다. 그리고 이삭과 야곱의 이야기에서도 아브라함과 그 땅 사이의 이런 연결이 계속된다. 역대상 16:15-18의 말씀을 살펴보자.

> 너희는 그의 언약 곧 천 대에 명령하신 말씀을 영원히 기억할지어다. 이것은 아브라함에게 하신 언약이며 이삭에게 하신 맹세이며 이는 야곱에게 세우신 율례 곧 이스라엘에게 하신 영원한 언약이라. 이르시기를 "내가 가나안 땅을 네게 주어 너희 기업의 지경이 되게 하리라" 하셨도다.

유대인의 자기 인식에서 아브라함과의 연결성은 핵심적인 역할을 한다. 유대인이 된다는 것은 아브라함의 자녀가 되는 것이고, 그들은 이를 통해 아브라함으로 거슬러 올라가는 그 약속들을 누릴 지위를 얻게 된다. 복음서의 이야기들은 이 점을 분명히 한다. 바리새인들이 세례 요한과 논쟁을 펼치며 자신들의 정체성을 주장하자, 요한은 다음과 같이 외친다. "속으로 아브라함이 우리 조상이라고 생각하지 말라. 내가 너희에게 이르노니 '하나님이 능히 이 돌들로도 아브라함의 자손이 되게 하시리라'"(마 3:9). 요한복음 8:21-29에 나오는 논쟁도 같은 주제를 나타낸다. 예수의 대적자들은 아브라함을 언급함으로써 자신들이 진짜 유대인임을 보증하려고 한다. "우리가 아브라함의 자손이라"(8:33). 이에 대해 예수는 너희들이 아브라함의 진짜 자손들이라면 그에 합당하게 행동하겠느냐고 반문하면서 그들의 주장을 무효화시킨다(8:39-44). 아브라함과의 연결성을 찾으려는 시도는 「솔로몬의 시편」에도 나온다. "당신이 이방인이 아닌 아브라함의 씨를 선택하셨기 때문입니다"(9:17; 참조. 18:4).

아브라함과 이방인을 잠재적으로 연결하려는 시도는 바울의 사고에서 중요한 부분을 차지한다. 어떤 의미에서 아브라함은 탁월한 이방인이다. 그는 할례를 받기(창 17장) 전에 의롭다 여김을 받았는데(창 15장), 이를 통해 그가 언약으로 의로워진 것(covenant righteousness)과 율법을 성취하는 것은 논리적으로 별개의 것이 된다. 그리고 바울은 이 전략을 사용한다. 바울은 이런 주장을 반복해서 개진하는데, 그래야 아브라함이 기독교 신앙의 원형을 대변할 수 있기 때문이다. 아브라함은 율법을 가진 이방인과 율법을 갖지 못한 이방인 모두의 원형이 될 수 있다.

하지만 유대인들은 아브라함과 회심한 이방인을 동일시하는 데 거부감을 느꼈다. 유대교는 아브라함을 유대인들**만**의 조상으로 여겼고, 이방인 개종자들이 성전 예배에서 그를 "우리 조상"이라고 부르는 것을 허락하지 않았다.[6] 유대교인들은 아브라함으로부터 흘러나온 엄청난 혜택들과 약속들, 특히 나라와 장소(영토)와 관련된 것들을 이방인 개종자들과 공유할 수 없었다. 1세기의 유대교 민족주의는 그것을 허락하려고 하지 않았다. 아브라함이 개종한 이방인의 모범이 될 수 있었음에도 불구하고, 그의 신앙을 물려받아 유대인 세계로 합류한 이방인들이 아브라함에게 주어진 약속을 보편화할 수 있도록 유대교가 노력한 흔적은 전혀 없다. 유대교는 그 약속과 혜택이 육체적으로나 인종적으로 아브라함의 자손인 사람들에게만 주어졌다고 여겼다.

이방인 선교가 힘을 얻자 바울은 가장 먼저 조상들의 신앙에서 발견되는 이런 견해에 불만을 품었다. 아브라함이 위대한 믿음의 조상으로서 종교적 정체성을 확실히 해주는 장본인이라면, 이 믿음을 공유한 사람들이 받게 되는 약속들에서 이방인을 제외하는 것, 즉 하나님이 아브라함에게 약속하신 모든 것에서 이방인을 제외하는 것은 부당한 인종차별이었다. 하나님의 언약적 축복을 다 같이 받든지 아니면 다 같이 받지 못하든지 둘 중 하나다. 바울의 이런 생각은 갈라디아서와 로마서에 분명히 드러난다.

예수와 땅의 신학

갈라디아서 3-4장의 아브라함

이 초창기 편지에는 그리스도를 믿은 후 성령을 받고 세례를 받은 갈라디아 이방인들의 지위와 관련된 논란이 중심이 된다. 논란을 부추긴 자들은 "급진파 유대주의자들"(Judaizers)이라고 불리던 선생들인데, 이들은 이 새로운 그리스도인들이 (할례로 대표되는) 유대교의 율법을 받아들이지 않으면 구원받을 수 없으며 기독교 공동체의 일원이 될 수 없다고 주장했다(1:6-9; 3:1; 5:12; 등). 바울은 이런 도전이 복음의 핵심을 약화시킨다고 보았다. 급진파 유대주의자들은 율법적인 믿음을 주장하거나 유대교의 외부적인 표지들(예컨대 할례)에 힘입어 자신들의 우월성을 주장했다. 바울은 이들에게 내재된 특권의식을 알아채고 그들의 의견을 무력화시키기 위해 신중하게 신학적인 전략을 세운다. 바울에게는 이방인과 아브라함 사이의 연결성을 찾는 것이 너무나 신성한 일이었다. 이방인과 아브라함의 연결고리를 지켜내면, 이방인들도 당연히 아브라함의 약속들을 상속받을 수 있게 된다. 그리고 그들이 아브라함 약속의 상속자라면, 아브라함에게 주신 가장 중요한 약속인 나라와 땅도 받을 수 있었다.

갈라디아서에서 바울이 펼치는 주장은 광범위한 신학적 문제들을 다룬다. 갈라디아에 있는 바울의 대적자들이 어떤 사람들이었는지는 잘 알려지지 않았다. 그들은 율법을 주창하던 유대 그리스도인들이었을까? 아니면 갈라디아에 사는 유대인들에게 관심을 표하고 도움을 주던 사람들이었을까?[7] 바울의 "율법"에 대한 논의는 오늘날 특별히 더 많은 관심을 받고 있는데, 그것을 통해 자신과 유대교의 관계를 이해하려던 바울의 새로운 관점들이 드러나기 때문이다. 많은 학자들은 바울이 율법 아래 살면서 경험한 좌절에 관심을 두기보다는 이방인 선교에 집중했다고 믿는다. 따라서 어떤 것이든 그 선교 사명을 방해하는 것들, 예를 들어 할례로 대표되는 유대인의 정체성이나 안전을 보장하는 선민의식과 같은 표시들은 바울의 도전 대상이 되었다.

보야린(Boyarin) 같은 학자들은 바울이 디아스포라 배경에서 성장했기 때문에 조상들이 소중히 여기던 역사적 지위를 쉽게 무너뜨릴 수 있었다고 주장한다.[8] 그는 바울이 이런 배경을 갖고 있었기 때문에 유대 지방에 별 관심을 두지 않았으며, 아브라함을 이방인의 정체성을 세우는 데 이용했고, 영적·정치적 문제에 있어서 유대인으로서의 특권을 무시했다고 생각한다. 보야린은 이렇게 말한다. "바울을 움직인 것은 인간 화합과 인간들 사이에 존재하는 차별과 계급의 철폐를 향한 간절한 염원이었다. 그래서 그는 십자가 사건을 보면서 그것이 인류의 변화를 이끌어 낼 수 있는 수단이라고 믿었다."[9]

갈라디아서 3:6-9

아브라함은 율법이 주어지기 전에 율법을 알았다고 (그래서 놀라운 복을 받았다고) 주장하는 랍비들이 있는데, 바울은 이 전술을 그대로 모방하여 그가 복음이 주어지기 전에 복음을 믿었다고 말한다. "아브라함이 하나님을 믿으매 그것을 그에게 의로 정하셨다 함과 같으니라"(3:6). 바울은 로마서 4:1-8에서 이런 전략을 반복한다. 이 본문에서 바울은 70인역 창세기 15:6을 (아브라함 이름의 철자 표기만 다를 뿐) 거의 그대로 인용한다.

의와 율법이 분리된다는 이런 발견은 바울의 사고에서 매우 중요하다. 아브라함은 믿음의 본보기이며 동시에 이방인의 조상도 될 수 있다. 따라서 "믿음의 사람들"이 아브라함의 진짜 자손인데(3:7), 여기에는 특히 이방인도 포함된다(3:8). 여기서 "아브라함의 믿음"과 "그리스도에게 속한 믿음"은 서로 대조되는 것이 아니다.[10] 아브라함에게 속한 믿음과 이방인들에게 속한 믿음은 나란히 소개된다. 바울의 시각에서 볼 때 이방인은 예전에 아브라함이 보여주었던 믿음에 참여하고 있다.

이런 주장은 창세기 12:3의 의미를 더욱 정확히 밝히는 근간이 된다. "땅의 모든 족속이 너로 말미암아 복을 얻을 것이라"(갈 3:8-9). 아브라함의 자손에게 주어지는 복이 이제 아브라함의 믿음을 공유한 사람들에게 주어진다. 그리스도를 믿는 믿음을 소유한 모든 족속이 여기에 참여할 수 있다.

바울은 갈라디아서 3장의 나머지 부분에서도 이 점을 계속해서 강조한다. 율법에 근거한 구원을 주장한 그의 대적자들은 복음과 반대되는 내용을 말했다. 바울은 "그런 복음을 전하는 자들은 저주 아래 있다"(갈 3:10)고 반박한다. 이것은 그가 유대파 급진주의자들을 공격할 때 쓰던 말이다. 이어 바울은 갈라디아서 3:14에서 다시 아브라함을 거론하면서, 예전에는 유대인들만을 위한 것이라고 여겨진 복을 모든 사람에게 보편화시키면서 같은 주제를 반복한다. 아브라함에게 주어진 복과 약속이 이제는 이방인에게도 그대로 주어졌다고 말한다. 바울은 그런 주장을 통해 "범인종적" 또는 (더는 유대 민족에게만 국한되지 않는) "초국가적"인 구원을 옹호할 수 있었다.[11]

갈라디아서 3:16-18

이 논쟁에서 바울의 가장 도발적인 행보는 갈라디아서 3:16에 나온다. 이것은 유대인 내부에서 진행되던 논쟁으로서, 서로 누가 진짜 아브라함의 자손인지 혹은 옛날 말대로 누가 진짜 아브라함의 씨(그리스어 *sperma*)인지를 따진다. 유대인과 이방인으로 이루어진 보편화된 복음 공동체 안에서도 아브라함의 축복된 자손들의 이야기는 완성되지 않았다. 아직은 아니었다. 바울의 설명을 들어보면 이렇게 되기에는 시기상조였다. 이 약속의 진정한 결말은 그리스도 안에서 발견된다. 바울은 하나님의 약속이 아브라함과 "그의 자손들"에게로 확대되는 과정이 창세기에서 어떻게 반복되고 있는지에 주목한다(창 12:7; 13:15; 17:8; 22:18; 24:7). 그런 다음 바울은 그 약속이 많은 "자손들"(씨들, 그리스어 복수 *spermasin*)이 아니라 한 "자손"(씨, 그리스어 단수 *spermati*)에게 주어지고, 이 하나의 씨 혹은 한 자손이 바로 그리스도라고 주도면밀하게 말한다(3:16). 따라서 아브라함으로부터 시작된 약속의 진짜 상속자는 예수 그리스도다. 그리스도는 실현된 율법의 끝인 동시에 가장 진실한 아브라함의 축복이 시작되는 곳

예수와 땅의 신학

이다.

구약에 언급된 씨는 우리가 "집합 단수(collective singular)"라고 부르는 단어에 속하는데, 이런 의미에서 라이트(Wright)가 "씨"를 "가문"이라고 번역한 것은 맞다.[12] 아브라함의 "씨"에게 주신 약속은 (단순히 이삭만이 아니라) 그의 많은 자손을 의미하는 것이기 때문에 단수로 표시되었다 (창 13:15, 17[70인역]; 15:18; 17:8; 등). 아람어 번역본(타르굼)에서 창세기의 약속들을 말할 때 종종 "씨" 대신에 "아들들"이라고 표현하는 것은 이런 견해를 더욱 확실히 해준다. 랍비 주석서들은 이런 관습을 허용하면서도, 한편으로는 신학적 견해를 드러내기 위해 다른 단어를 사용했다.[13] 이 애매모호한 단어(씨) 덕분에 다양한 주석이 쓰였다. 이 단어는 한 씨인 이삭을 가리킬 수도 있었고 많은 사람을 가리킬 수도 있었다. 혹은 이방인은 제외한 한 민족이나 유대교를 가리킬 수도 있었다.

따라서 바울이 한 작업은 전적으로 랍비 전통에 따른 것이지 특별한 것은 아니었다. 단 랍비 전통에는 아브라함의 씨와 메시아를 연결하는 고리가 없었지만, 다윗의 씨와 메시아를 연결하는 고리는 흔했다. 이런 전통 덕분에 바울도 그런 해석을 할 수 있었을 것이다.[14] 아브라함의 약속을 받는 자들이 하늘의 별처럼 많다는 것은 모두가 알았다. 그러나 바울은 그 약속을 한 명의 수혜자인 그리스도에게로 좁혀서, 아브라함에게 속한다는 것이 무슨 의미인지를 다시 질문할 기회를 찾는다.

여기서 두 가지 논쟁이 생겨난다. 첫째, 아브라함보다 수 세기 후에 등장한 모세가 받은 율법은 아브라함이 살아생전에 받은 이 고대의 선언을 대체할 수 없다는 것이다. 언약이나 유언이 일단 승인되면 무효화될 수 없다(3:15, 17). 아브라함과의 약속은 영원하고, "약속"(3:18)이라는 개념은 "율법"이라는 개념과 연결될 수 없다. 둘째, 아브라함과 그의 약속에 연결되고 싶은 사람들은 이제 오직 믿음으로 그렇게 해야 한다. 진정한 상속자는 그리스도다. 우리는 그분에게 연결되어야만 동일한 상속자가 될 수 있다.

바울은 아브라함의 약속과 복에서 이방인을 제외하려는 반대자들을 즉시 무력하게 만든다. 그는 아브라함을 기독교 신앙의 원형으로 삼음으로써, 이방인도 율법을 지켜야 한다고 주장하는 사람들을 무력화시킨다. 창세기에 나오는 아브라함에 대해 현대에 이루어지고 있는 해석을 바울이 본다면 깜짝 놀랄 것이다. 현대판 바울의 "대적자들"[15]은, 갈라디아서 3:15에 나오는 아브라함 언약의 영속성을 유대교의 특권들, 특히 나라와 그 땅이 취소될 수 없는 근거로 여긴다. 하지만 이것은 바울의 의도와는 정반대다. 오직 그리스도 안에서만 유대인과 이방인 모두 아브라함의 복의 실재를 발견할 수 있다. 유대인 역시 믿음으로 그리스도를 받아들일 때 이 복에 참여할 수 있다.

라이트(N. T. Wright)의 말대로, 바울은 하나님이 "둘이 아닌 한 가문"을 가졌다고 주장하는 것이다. "믿는 자들, 메시아로 세례를 받은 자들이 한 가족을 이룬다. 그들은 '메시아에게로' 왔고 '메시아로 옷 입었으며' '메시아에게 속했고' '메시아 안에' 있다. 메시아로 재정의된 이 하나의 가족은 하나님이 아브라함에게 약속하신 한 가족이다."[16] 요약하면, 바울은 전통적으로 사용되던 표현들의 의미를 바꾸었고 하나님 백성의 정체성을 완전히 뒤바꿔 놓았다.

갈라디아서 3:23-4:7

아브라함에게서 발견되는 믿음의 규칙이 영원하다면, 그리고 이 믿음이 이제 그리스도 안에서 실현되는 것이 발견된다면, 관리자로서의 율법의 임무가 명확해진다. 율법은 죄를 관리하는 임무를 맡았다. 하지만 그리스도 안에서 믿음을 통해 새로운 현실과 삶의 가능성이 열렸다(3:22-23, 25). 바울에게 있어서, 그리스도 안에서 발견된 이런 새로운 현실을 통해 탄생한 새로운 공동체 안에서는 인종적 특권이 설 자리가 없다. 나라, 사회적 신분, 성(gender)과 같은 위계질서들은 설 자리가 없다(3:28). 믿음으로 그리스도와 연합됨을 통해 모든 사람이 아브라함에게 완벽하게 연결되었다. "너희가 그리스도의 것이면 곧 아브라함의 자손이요 약속대로 유업을 이을 자니라"(3:29).

바울이 설교하던 회당뿐만 아니라 그를 대적하던 유대인 그리스도인들에게 이런 주장이 어떻게 들렸을지 상상할 수 있을 것이다. 그저 그리스도를 받아들이기만 했을 뿐인데 이방인들이 아브라함에게 연결되었다. 이는 (그 땅을 포함한) 아브라함이 받은 약속들이 이제는 유대인에게**만** 주어졌던 **특권** 목록에서 **빠져나간다**는 뜻이다.

하지만 바울은 자신이 전하는 복음의 핵심이 그저 유대인의 특권을 없애려는 데 있지 않다고 재빨리 말한다. 바울의 복음은 반유대주의적이지 않다. 왜냐하면 그리스도를 통해 아브라함에게 연결되고 믿음으로 이 모든 것이 가능해지는 것은 유대인과 이방인 모두에게 주어진 혜택이기 때문이다. 이 같은 새로운 형태의 자녀됨은 다른 모든 것을 종노릇하는 것으로 보이게 만든다(4:3, 8). 또한 메시아적인 영의 도래는 율법이 줄 수 있는 모든 것을 능가하는 황홀감과 특권을 준다(4:6).

갈라디아서 4:21-31

바울의 가장 도발적인 해석적 행보가 갈라디아서 3:16에 드러났다면, 가장 반감을 살 수 있는 구약의 적용은 갈라디아서 4:21이라 할 수 있을 것이다. 여기서 바울은 아브라함의 인생에서 비유를 찾는다.[17] 아브라함의 아내인 사라는 임신할 수 없었다. 그래서 아브라함은 여종 하갈에게로 들어가 이스마엘이라는 아들을 얻었다. 나중에 하나님의 약속이 성취되면서 사라도 늙은 나이에 임신을 하고 이삭을 낳았다. 바울은 이 두 아들이 바라던 것을 얻는 두 방법을 상징한다고 보았다. 하나는 "육신"(하갈)의 방법이고 다른 하나는 "약속"(사라)의 방법이다. 그리고 이 두 선택은 두 언약 곧 율법과 약속을 상징한다(4:24). 또한 두 여인은 두 지역을 상징한다. 하갈은 시내산과 율법, 그리고 예루살렘과 그곳이 처해 있는 노예 상태를 상징한다. 사라는 드러나기를 고대하는 천국 예루살렘을 상징한다.

확실한 것은, 갈라디아에 있던 바울의 대적자들이 유대교 공동체에 속해 있었고 유대교의 가르침을 철저히 따르는(Judaizing) 사람들로서 바울의 이야기에 강하게 이의를 제기했을 것이라는 점이다. 유대교는 스스로를 사라를 통해 아브라함에게서 난 이삭의 자손으로 보았지 이스마엘의 자손으로 보지 않았다. 그런데 바울은 여기서 그리스도 **없는** 유대교와 속박을 이스마엘에게 연결시키고, 그리스도 공동체를 이삭의 계열로 연결시킨다. 심지어 바울은 율법을 받은 시내산도 이 속박과 연결시킨다. 하지만 이는 그저 갈라디아서 3장에서 시작한 논의를 이어가는 것이었다. 아브라함의 진짜 혈통은 믿음의 혈통으로서 사라와 이삭 안에서 실현되었고, 지금은 그리스도 안에서 발견된다. 그 믿음을 공유하지 못한 사람은 율법(4:5)이나 세상의 영에 매여 있다(4:3, 9). 혹은 심지어 이 땅의 예루살렘에 매여 있는데(4:25) 그 자체도 속박되어 있다.

갈라디아서 3-4장 전반에 걸쳐 바울은 그가 전하는 복음의 정수에 대해 의문을 제기하거나 그가 복음을 전할 자격이 있는지에 대해 의심의 눈초리를 던지는 대적자들에 맞서 자신을 논쟁적으로 변호한다. 이는 다름 아닌 믿음과 복(benefits)의 정확한 지표에 대해 유대 그리스도인 지도자들 사이에서 벌어지던 내부 논쟁이었다. 그리고 바울은 자신의 주장을 펼쳤다. 바울의 주장은 바울의 대적자들뿐만 아니라 당시 유대인 교사들과도 달랐는데, 그는 아브라함 안에서 이방인을 위한 진정한 조상을 발견함으로써, 아브라함의 믿음을 진실로 공유한 사람이야말로 민족성으로 주장할 수 없는 믿음의 공동체를 형성하게 될 것이라고 주장한다.

갈라디아서 6:16

갈라디아서 6:11-18은 이 편지의 결론으로서, 6:15-17의 요약정리에 이어 바울의 축도가 나온다(6:18). 여기서 바울은 할례 같은 의례적인 종교 표시들, 즉 실제로 율법에서 생겨난 표시들은 종교적 특권을 만들어 낼 수 없다고 반복해서 말한다. "할례나 무할례가 아무것도 아니로되 오직 새로 지으심을 받는 것만이 중요하니라." 바울은 다시금 유대인과 이방인이 서 있는 땅을 균등하게 한다. 그리스도를 믿는 믿음이 성령의 변화시키는 경험을 가능케 한다. 이를 통해서만이 새로운 피조물인 하나님의 아들과 딸이 될 수 있다. 종교적인 특권이라고 주장되던 것들이 이 새로운 현실 앞에서 와해되기 시작한다.

6:16에서 바울은 이 편지를 받은 사람들에게 복을 선언하는데, 그 표현을 놓고 논란이 끝이지 않았다. 그리스어 본문은 두 가지 방식으로 해석될 수 있다. (1) "이 규칙을 따르는 사람들에게 평화가 임하고 하나님의 이스라엘에게 자비가 임하기를 원한다." 이 규칙이란 바울이 편지 전체에서 강조하던 믿음의 규칙이 분명하다. 이 번역(참조. ESV)에서는 평화가 (아브라함의 믿음을 공유한) "그들"에게 선포되고 자비가 (모든 유대인인) 이스라엘에게로 확대된다. 바울이 한 번도 교회를 "이스라엘"이라고 언급한 적이 없다는 점은 이 해석에 타당성을 부여한다. (2) 또 다른 견해는 마지막에 나오는 "그리고"가 (단어에 내재된 보충적 의미를 살려서) 앞에 나오는 주제를 이어가는 역할을 한다고 본다. 그래서 신국제역 성

경은 이렇게 번역한다. "평화와 자비가 이 규칙을 따르는 모든 자들에게, 심지어 하나님의 이스라엘에게까지 임하기를 바란다." 이 경우 이스라엘과 "따르는 자들"은 같은 사람들이다. 그리고 여기서 이스라엘은 유대 민족이라기보다는 "다른 사람"으로 여겨진다.

진짜 문제는 이스라엘의 의미를 결정하는 것이다. 바울은 그리스도를 받아들이지 않은 유대인들에게 복을 선포하는 것인가? 아니면 자신의 복음에 동의하지 않는 사람들에게도 복을 선포하는 것인가? 아마도 그렇지 않을 것이다. "하나님의 이스라엘"이라는 표현은 바울이 통상 잘 사용하지 않는 표현으로서, 대부분의 해석자들은 바울이 다음 두 가지의 뜻으로 사용했을 것이라고 생각한다. (a) 자유에 대해 자신의 가르침에 동의한 사람들, 그리고 (b) 이제 그리스도 안에 있는 유대인과 이방인을 다 포함한 하나님의 새로운 백성이 바로 하나님의 이스라엘이다.[18] 이 견해는 꽤 설득력이 있는데, 왜냐하면 3-4장 전반에 걸쳐 드러난 바울의 확신과 같은 맥락을 담고 있기 때문이다. 바울의 교회론은 교회 안에서 아브라함의 믿음의 진정한 상속자가 누구인지를 조명함으로써 이스라엘의 진짜 정체성을 밝힌다. 바울은 이방인 교회가 어떤 면에서 이스라엘을 **대체한다**고 생각하지는 않았을 것이다. 하지만 그는 그리스도 안에서 기다리던 메시아적 공동체 곧 진짜 이스라엘, 아브라함의 이스라엘이 나왔고, 이 공동체에 이방인들이 믿음으로 합류할 수 있다고 생각했다. 이것은 편지 여기저기에서 발견되는 기대를 충족시킨다.

하지만 6:16에 대한 이런 해석이 옳다면, 바울이 행한 일에 주목해

보자. 앞서 그는 이방인과 유대인으로 이루어진 기독교 공동체를 아브라함의 유산과 연결시켰는데, 지금은 같은 공동체를 유대교가 스스로를 지칭하는 가장 성스러운 이름 중 하나인 이스라엘과 연결시키고자 한다. 그 축복의 표현("이스라엘에게 평강이 있을지어다") 자체가 상당히 유대적이고 빈번히 사용되던 것이다.[19] 이것은 아마도 사도 바울이 하나님의 백성이 지닌 새로운 정체성을 보편화시키는 가장 극명한 예일 것이다. 그는 자기 정체성을 위한 정의들을 다시 그리고 있다. 이스라엘은 더 이상 인종이나 정체성에 대한 인종적 혹은 역사적 주장에 기대지 않고, 인종이 무엇이든 상관없이 아브라함에게 속하는 하나님의 백성을 일컫는 명칭이 된다. 그리고 이런 재정의와 더불어 모든 신분에게 함께 제공되는 특권들(그 땅?)도 재편성된다.

로마서 4장의 아브라함

바울이 아브라함을 가장 중점적으로 다룬 로마서 4장에는 갈라디아서에 나왔던 많은 주제들이 등장한다. 바울은 창세기 15장, 시편 32편, 창세기 17장을 차례로 살피면서 구원에 있어 믿음과 은혜가 얼마나 중요한지를 강조한다. 바울은 이 본문들을 이용하여 이방인을 아브라함의 자손에 포함시킴으로써 자신이 이해한 교회의 사명에서 매우 중요한 측면을 강조하고 이런 주장에 대해 결론을 내린다.

예수와 땅의 신학

로마서 4:1-12

여기서 바울은 창세기 15:6에 대한 이해와 시편 32편에 사용된 해석 장치를 연결시킨다. 바울은 아브라함의 "믿음"이 하나님이 상을 주시는 어떤 조건, 즉 율법의 일이 되지 않도록 랍비식 주석 방법을 사용함으로써, 그 문장에서 가장 중요한 동사("여기시고", 그리스어 *logizomai*)와 그 단어를 사용한 또 다른 구약 본문인 시편 32:1(70인역 시 31:1; 참조. 롬 4:7-8)을 연결시킨다. 이렇게 해서 바울이 얻는 것은 무엇인가? 그는 시편을 인용함으로써 하나님이 아브라함의 믿음을 좋게 봐주신 것이 아니라, 그의 삶자체를 죄가 없는 것으로 여겨주셨음을 확실히 한다. 아브라함이 믿었고, 이에 대한 결과로 하나님이 그를 긍정적으로 판단하시거나 혹은 용서하셨다. 하지만 아브라함은 율법을 받지 못했고 할례도 받지 못했기 때문에 이것은 율법 **밖에서** 일어난 일이었다. 아브라함이 의롭다고 여겨진 것은 율법 아래서 그의 행위가 법적으로 판단된 결과가 아니었다. 그것은 믿음의 사람에게 주시는 하나님의 선물이었다.

하나님은 아브라함의 믿음을 상 받을만한 일이라고 보시지 않았다 (4:4). 오히려 하나님은 아브라함에게 죄가 있음에도 **불구하고** "용서받는" 지위를 주셨다. 믿음이 이 지위를 얻어낸 것이 아니다. 믿음은 그것을 알아보거나 받은 것이다. 하나님은 은혜와 관용으로 아브라함에게 분에 넘치는 자비를 베푸시는데, 바울은 이것이야말로 기독교 복음의 원형이라고 보았다.

6장 | 바울과 아브라함에게 주신 약속들

그러나 아브라함이 (아직 할례를 받지 않았다는 이유로) 율법 없이 이런 의를 얻을 수 있었다면, **율법 없이** 같은 믿음을 보인 이방인들도 어떤 면에서 아브라함과 같은 존재다. 따라서 그들도 아브라함이 누린 복을 같이 누릴 수 있다고 여겨진다. 그러나 아브라함은 할례를 받았다(4:10; 창 17장). 하지만 이런 의례적 행위는 그의 의에 기여하지 않았고, 다만 그것을 승인했을 뿐이다(4:11; 창 17:11). 따라서 바울은 아브라함이 유대인과 이방인 모두의 조상이 될 수 있다고 주장한다. 바울은 "이는 무할례자로서 믿는 모든 자의 조상이 되어 그들도 의로 여기심을 얻게 하려 하심이라. 또한 할례자의 조상이 되었나니"라고 기록한다(4:11-12). 따라서 아브라함은 믿는 유대인과 믿는 이방인 모두와 관련이 있다.

바울은 아브라함의 삶을 통해 자신의 믿음에 대한 주장을 펼쳤을 뿐만 아니라 믿음을 가진 이방인이 율법의 표지를 지닌 유대 그리스도인보다 열등하다고 볼 수 없음을 강조했다. 이런 의미에서 바울은 이방인을 의의 핵심적인 요소를 결여한 사람들로 취급하려는 유대인들(그리고 유대 그리스도인들)의 특권을 배제함으로써 자신의 신학을 보편화하기 시작했다.

로마서 4:13-15

이어 바울은 더 놀라운 말을 한다. 사도 바울은 유일하게 로마서 4:13에서 아브라함이 받은 땅에 관한 약속을 가시적으로 언급하는데, 여기서도 유대 지방을 언급하지는 않는다. 아브라함이 받은 약속은 그가 **세상**(그리스어 *kosmos*)을 받게 된다는 의미라고 바울은 말한다. 이방인의 의미를 보편화하려고 했던 사도가 이제는 이방인이 거주하는 영토로 초점을 옮겼다. 창세기에서 아브라함이 약속받은 것은 그 거룩한 땅인데, 로마서 4:13에서는 그 땅이 세상이라는 의미로 바뀐다.

전 세계를 상대로 한 유대인의 주장을 바울이 모를 리 없었다. 이스라엘의 언약적 소명은 전 세계를 복되게 하는 것이었다. 이것은 "땅의 모든 족속이 너로 말미암아 복을 얻을 것이라"는 창세기 12:3에 대한 대중적인 해석을 근간으로 한다.[20] 아브라함은 아담으로 인해 생겨난 문제를 해결하시는 하나님의 응답이다. 창세기에 대한 랍비 주석(미드라쉬)은 그 점을 분명히 보여준다. "내가 아담을 먼저 만들 것이고 그가 길을 잃으면, 그 문제를 해결하기 위해 아브라함을 보낼 것이다"(창세기 라바 14:6).[21] (야곱으로 이어지는) 아브라함의 자손이 이를 해결할 요원들이 된다. 아담이 번성하여 땅에 충만하게 되듯이(창 1:28), 아브라함도 같은 소망을 받는다("…크게 번성하게 하리라", 창 17:2, 6, 8). 아담이 자연에 대한 우월권을 주장하듯이, 아브라함도 가나안 정복의 약속을 받는다.[22] 그렇게 해서 이스라엘은 아담 때 잃어버린 소명을 다시 회복한다. 이스라엘은 에덴을 재창조할 것이고 회복된 삶을 소망하게 될 것이다. 예언자들도 이런 개념을 강조한다. 이사야와 미가에게 예루살렘은 이방인이 나아올 도시였다(사 2:2-5; 42:6; 미 4:1-5). 에스겔이 본 강이 시온에서 흘러나와 온 세상을 적실 것이다(겔 40-47장). 스가랴에게 예루살렘의 회복은 세상 회복의 촉매제였다(14:8-19).

그러나 유대교는 신구약 중간기를 거치며 많은 이방 나라의 지배를 받았고 여기서부터 바울과 동료 랍비들의 의견이 달라지는데, 그 결과 하나님이 이스라엘을 세상에서 신적 질서를 회복하실 도구로 쓰실 것이라고 믿는다. 우상숭배가 멈출 것이고 악이 심판받을 것이다. 그리고 무엇보다 이런 신적 해결책은 유대를 중심으로 이뤄질 것이다. 가장 은혜로운 모습은 이스라엘이 이사야가 말하던 "열방의 빛"이 되어 그들이 예루살렘에서 한 분 하나님을 경배하도록 길을 인도하고 복을 주는 것이다. 그러나 열방에 복을 준다는 개념은 몇몇 이유로 인해 랍비들 사이에서 엄격하게 무시되었다.[23] 가장 엄중한 모습은 「솔로몬의 시편」에서 묘사된 대로 이스라엘이 열방을 심판하고 많은 경우 그들을 파괴하게 되는 것이다(솔로몬의 시편, 17장).

로마서 4:13은 바울이 유일하게, 세상을 향한 이스라엘의 지고한 소명을 말한 부분이다. 바울이 믿음의 백성이라고 정의하는 아브라함과 그의 자녀는 이제 가나안이나 유대뿐 아니라 세계를 향한 하나님의 계획을 발견한다. 아브라함과 유대의 인종적 계보와 그 땅의 소유권을 연결시키는 공식이 그리스도 안에서 뒤집혔다. 바울의 신학은 아브라함과 믿음의 자녀를 연결하는데, 그들은 하나님의 온 영역인 세상을 포함한다. 라이트는 바울의 사고에서 그 땅과 율법이 어떻게 드러나는지를 비교한다.

그 땅은 토라와 마찬가지로 아브라함의 하나님이 계획하신 오랜 목적 안의 일시적인 무대였다. 그것은 폐지된 나쁜 것이 아니라, 그리스도와 성령 안에서 완성된 선하고 필요한 것이다. 그 땅은, 하나님의 백성을 통해 만물을 치유하시는 그분의 통치 아래로 온 세상을 복종시키시려는 하나님의 계획을 가장 두드러지게 드러내는 상징이었다. 하나님의 큰 목적이 이제 예루살렘과 그 땅을 넘어서 온 세계로 향한다.[24]

약속에서부터 그것이 실현되는 전환의 과정은 바울의 사고 중심에 깊숙이 자리하고 있기 때문에, 그것을 놓치면 바울이 그리스도 안에서 시작되었다고 생각하는 진정한 종말의 시대를 놓치는 것이 된다. 로버트슨(Robertson)은 이렇게 말한다. "구원의 옛 형태인 언약은 확실하고 안정된 땅을 바라는 인간의 열망을 정말로 훌륭하게 충족시키는 것이었다. 그러나 약속의 실현이라는 새 언약과 비교하면 아무것도 아니다."[25]

로마서 4:16-25

바울은 로마서 4장 마지막 부분에서 이방인이 합류할 것이라는 확신을 더욱 강조한다. 하나님께서 아브라함에게 주신 약속들은 "그 모든 후손에게 보증된 것"이므로, 율법을 지키는 유대인과 더불어 "아브라함의 믿음에 속한" 이방인들에게도 해당된다(4:16). 바울은 아브라함이 "많은 민족"의 조상이 될 것이라는 창세기 17:5의 말씀을 재해석하면서 하나님의 약속이 갖는 더 큰 의미를 강조한다(4:17, 18). "많은 민족"이란 믿음을 가질 수 있고 조상들의 영적 계보에 들어오게 된 이방인들을 뜻한다.

여기서 드러난 바울의 생각은 아브라함과 그에게 주신 하나님의 약속을 유대인에게만 적용했던 기존 유대인들의 가르침과 모순되는 측면이 있다. 바울은 유대인의 종교적 정체성을 나타내는 표식들을 중요하게 여기던 사람들이 자신들의 특권이라고 주장하던 것에 대항하여 그것은 그들만의 특권이 아니라고 말한다. 그렇다고 바울이 아브라함과 창세기에 대한 이런 관점들을 시대착오적이라고 본 것은 아니다. 다만 그러한 특권이 바울 자신이 살던 시대뿐만 아니라 모든 시대에도 적용된다고 본 것이다(4:23-25).

바울의 종말론적 세계관 안에서는 하나님이 펼치시는 구원 역사의 중심에 유대교가 있고 다른 민족들은 그 주변에서 유대교를 통해 복을 받게 된다는 전통적인 가르침이 더 이상 유효하지 않다. 이제는 그리스도 안에서 새로운 질서가 세워졌다. 전통적인(그리고 대중적인) 유대교 종말론은 이제 끝나야 한다. 이방인들은 하나님의 백성의 주변에 있는 것이 아니다. 그들은 이제 하나님의 백성과 온전히 하나가 된다. 그들의 영역이 하나님의 영역이고, 그들의 땅이 거룩한 땅이다.

로마서 9-11장에 드러난 역설

로마서 9-11장은 바울이 유대교에 대해 그리고 언약 백성에게 끝까지 충실하신 하나님에 대해 자신의 입장을 변호하는 내용이다. 여기서 바울은 갈라디아서 3장과 4장 및 로마서 4장에서 주장한 내용을 계속 이어간다. 그는 그리스도를 믿게 된 이방인 신자들이 유대인 신자들에게 합류하여 새로운 하나님의 언약 백성을 이루게 되었다고 주장한다. 여기서 특별한 점은 바울이 유대교를 **그리스도 밖에서** 반추한다는 것이다. 아브라함의 자손이면서 메시아를 거부한 유대인 공동체는 인류를 위한 하나님의 종말론적 계획 안에 계속해서 머문다. 그리스도 없는 유대교는 그냥 사라지지 않고 자리를 지킨다. 바울이 그리스도 안에 있는 하나님의 백성이 누구인지 다시 생각해봐야 한다고 계속해서 말해왔던 점을 고려할 때, 그는 여기서 몇몇 해석자들이 보기에 중재가 불가능한 역설을 보여준다. 또한 유대교의 언약이 아직 효력이 있다면, 바울에게 있어서 그 언약들이 갖는 특권도 아직 유효한 것인가? 이 역설은 그 땅에도 해당되는가? 바울은 하나님이 유대교의 영토적 성격을 폐하셨다고 이미 말하지 않았나?

우선, 바울은 하나님이 이스라엘을 거부하신 것이 아니라고 확실히 밝힌다. 왜냐하면 바울 자신도 이스라엘 사람이고 자기와 같은 유대 그리스도인들도 이스라엘 사람이기 때문이다. 바울은 구약의 남은 자 개념을 끌어와서 그리스도인들이 하나님이 하시는 일에서 새로운 남은

185
6장 | 바울과 아브라함에게 주신 약속들

자라고 주장한다. "그런즉 이와 같이 지금도 은혜로 택하심을 따라 남은 자가 있느니라"(롬 11:5). 그래서 그는 11:1에서 "하나님이 자기 백성을 버리셨느냐?"라고 질문하면서 격앙된 감정으로 "그럴 수 없느니라"고 대답한다. 핵심은 11:2에 나온다. "하나님이 그 미리 아신 자기 백성을 버리지 아니하셨나니." 남은 자는 언약과 하나님의 목적을 계속해서 믿은 유대교 내의 신자들이다. 그리고 하나님은 그들이 누구인지 아신다. 언약을 지키시는 하나님의 신실함은 유대인이면서도 그리스도를 따르는 자들(messianic Jews)의 존재를 통해 드러난다. 유대인 신자들은 구약의 위대한 언약의 역사적 상속자다.

이 남은 자들은 단순히 유대 그리스도인들인가? 그렇지 않다. 9:25-26에서 바울은 이방인에 대한 호세아의 언급을 인용한다. "너희는 내 백성이 아니라 한 그곳에서 그들이 살아 계신 하나님의 아들이라 일컬음을 받으리라." 이 선언은 어디를 향해 내려진 것인가? 바로 예루살렘이다. 하나님의 거룩한 도시는 이방인과 유대인이 가득한 남은 자로서의 교회이며, 호세아가 예언한 믿는 자들의 공동체로서 하나님의 목적을 성취하고 선언하는 장소다.

둘째, 바울은 역사에 드러나는 하나님의 백성의 모습을 감람나무로 그린다. 이 나무는 가지가 많은데 이는 많은 사람을 뜻한다. 바울은 믿지 않는 이스라엘을 일컬어 이 나무줄기에서 떨어져 나간 가지라고 말한다. 즉 믿지 않는 이스라엘은 "버려지고"(11:15) "꺾이고"(11:20), 이방인 신자들이 "접붙임"을 받게 된다(11:17-19). "하나님의 백성"(나무줄기)은 단순히 이스라엘만을 의미하지 않고 더 넓은 개념을 포함한다. 불신과 죄악은 세월이 지나면서 많은 사람을 "꺾이게" 만들었다. 하지만 이런 심판의 시간이 있었음에도 불구하고, 하나님은 결코 "나무줄기"인 자신의 백성을 역사 안에서 버리지 않으셨다.

셋째, 이스라엘이 실패한 근본 원인은 바울이 생각하는 의로움의 개념에서 찾을 수 있다. 바울이 가진 종교적으로 유리한 점들은 아무 소용이 없었다(빌 3:4-9). 그의 조상들의 믿음에도 같은 문제가 있었다. 하나님이 주시는 유익은 우리가 제시할 수 있거나 역사나 종교에서 가져올 수 있는 것들로부터 찾을 수 없다. 하나님의 의는 우리를 비움으로부터 역사하기에 우리에게는 은혜가 된다. 이것이 사실이라면 유대인과 이방인이 동일하기 때문에(11:32), 유대교가 더 많은 역사적 특권을 주장할 수 없다. 그 누구도 종교적 특권에 근거하여 그 땅은 물론이고 하나님의 약속을 요구할 수 없다. 바울은 동료 유대인들에 대해 다음과 같이 쓴다.

내가 증언하노니 그들이 하나님께 열심이 있으나 올바른 지식을 따른 것이 아니니라. 하나님의 의를 모르고 자기 의를 세우려고 힘써 하나님의 의에 복종하지 아니하였느니라. 그리스도는 모든 믿는 자에게 의를 이루기 위하여 율법의 마침이 되시니라(롬 10:2-4).

그러므로 바울신학에서 유대인들은 **그리스도 밖에서** 길을 잃고 심판 아래 살아가는 사람들로 여겨진다(11:21-22). 그들은 꺾인 가지들이다. 깨

6장 | 바울과 아브라함에게 주신 약속들

닫지 못하고 길을 잘못 든 사람들이다. 종노릇하는 도시에 속한 자들이다(갈 4:25). (사라가 아닌) 하갈에게 연결되어 있으며 하늘의 예루살렘이 아닌 시내산에 연결된 자들이다(갈 4:24, 26). 그러나 희망은 있다. 원래 가지였던 이들이 계속해서 불신을 고집하지만 않는다면 다시 제자리에 접붙임을 받을 수 있다(롬 11:23-24). **그리스도 밖에 있는** 유대인들이 그리스도를 영접하면 하나님의 경륜 안에서 제자리로 돌아올 수 있다.[26]

하지만 바울은 명쾌한 결론이 나와야 하는 곳에서 놀라운 긴장감을 조성하며 역설을 펼친다. 바울의 종말론은 그리스도를 받아들이지 않은 유대인에게도 자리를 제공한다. 바울은 현재는 이스라엘이 "우둔하게 되었지만"(11:25), 미래에 이방인이 "접붙임을 받은" 후에는 모든 이스라엘이 다시 한번 구원받게 될 것이라고 말한다(11:26-27). 따라서 바울은 하나님의 계획 안에서, 그리스도를 거부했던 유대인들이 포함될 미래의 구원을 기대한다. 이스라엘에 대한 바울의 희망은 종말에 올 미래에 속해있다.

하지만 더 알아야 할 것이 있다. 유대교가 비록 망가진 상태일지라도 살아남는다면, 다시 말해 그들에게 특별한 미래가 보장되어 있고 여전히 구원을 받아 메시아 공동체에 들어올 수 있다면, 그들은 불신 속에서도 현재의 명예로운 자리를 유지하는 셈이다. 로마서 11:28-29에서 바울이 한 말을 주목해보라. "복음으로 하면 그들이 너희로 말미암아 원수 된 자요, 택하심으로 하면 조상들로 말미암아 사랑을 입은 자라. 하나님의 은사와 부르심에는 후회하심이 없느니라."

예수와 땅의 신학

바울은 현재 유대교가 복음에 반하는 자리에 있다는 점은 인정한다. 메시아가 없는 유대교는 그리스도 안에서 하나님이 갖고 계신 새로운 목적에 적대적이다. 유대교는 새 언약을 거부했다. 이런 불순종에도 불구하고, 이 꺾인 가지들은 여전히 역사에서 비교할 수 없는 자리를 차지하고 있다. 믿지 않은 유대교는, 구약에서 포로로 끌려갔던 유대교가 사랑을 받았던 것처럼 여전히 사랑받으면서 하나의 역할을 감당하고 있다. 그들의 역사를 위해, 그들의 조상들에게 주신 약속을 위해, 하나님은 역사 속에서 유대인들을 위한 자리를 남겨두실 것이다. 현재는 불신앙의 상태에 있지만 그들은 영광을 받을 자격이 있다. 그리고 현재든 미래든 그들이 그리스도를 받아들이게 되면 그들의 상처(꺾임)는 회복될 것이다. 바울은 끝까지 감람나무의 비유를 즐겨 사용한다. 하나님은 "이 원가지들"을 제자리에 접붙이고 싶어 하신다. "네가 원 돌 감람나무에서 찍힘을 받고 본성을 거슬러 좋은 감람나무에 접붙임을 받았으니 원 가지인 이 사람들이야 얼마나 더 자기 감람나무에 접붙이심을 받으랴"(롬 11:24).

이처럼 믿지 않는 이스라엘이 거부당하지 않고 하나님의 선물과 소명도 취소될 수 없다면, 이스라엘에게 돌아올 언약적 혜택은 무엇인가? 바울은 아브라함의 언약의 혜택인 그 땅이 유대교를 위해 남겨진 혜택이라고 보는가? 유대 영토주의가 바울 종말론에도 남아 있는 것인가?

바울이 율법과 예루살렘과 성전을 엄격하게 다루는 것을 보면 그가 유대 영토주의를 거부한다는 것을 알아챌 수 있다. 이전 언약에 속한 혜택들, 예컨대 성전 같은 것은 그리스도가 오심에 따라 영원한 변화를 겪게 되었다. 그리고 아브라함의 자손이라는 이유로 그 땅에 대해 인종적인 주장을 펼치던 것도 같은 방식으로 재고되어야 한다. 그리스도야말로 아브라함의 진정한 상속자이며 그분께 연결되는 것, 즉 로마서 11장에 따르면 접붙임을 받는 것이야말로 하나님의 구원 목적의 일부가 되는 유일한 필수조건이다. 게다가 아브라함에게 주신 하나님의 약속은 유대 땅만의 회복이 아니라 전 세계를 포함하는 개념이다. 조상들의 신학적 주장에 근거를 둔 민족 중심적 영토주의는 바울이 그리스도 안에서 새롭게 하나님의 구원 목적들을 재배열한 것에 포함될 수 없다. 이런 함축적 의미를 간과하는 것은 바울이 "하나님의 백성"이 된다는 의미를 생각하며 독자들에게 제시했던 신학적 지각변동의 핵심을 놓치는 셈이다.

바울과 성전

바울이 신학적으로 의미가 있는 장소에 대해 기존 입장과 어떻게 다른 입장을 취했는지를 알 수 있는 주된 방법은 그가 로마서와 갈라디아서에서 아브라함을 어떻게 다루는지를 살펴보는 것인데, 또 다른 중요한 본문들에서도 바울은 자신의 동족인 유대인들이 하나님의 약속을 지나치게 지역화하고 구체화한 것과는 달리 그 약속들을 보편화시키려고 했다. 바울이 성전을 다루는 태도에 대한 고찰은 비록 우회로이긴 하지만 중요하다. 이와 관련해 세 가지 본문을 살펴볼 필요가 있다.

고린도전서 3:16-17에서 바울은 고린도 교인들이 "하나님의 성전"인 것과 "하나님의 영"이 그들 안에 거하신다는 것을 상기시킨다. "하나님의 성전은 거룩하니 너희도 그러하니라." 여기서 바울은 도덕적인 책임감을 주기 위해 예루살렘 성전의 거룩함을 교회에 적용한다. 그러나 바울이 이렇게 하기 위해서는 먼저 성전이 어떻게 교회로 대체될 수 있는지를 살펴보아야 한다. 바울은 예루살렘 성전이 쓸모없게 되었다거나 교회가 성전을 대체하게 되었다고 (암시할지언정) 명시적으로 말하지 않는다. 그러나 바울의 사고에서 이런 범주의 이동이 있었던 것은 분명하다. 즉 예루살렘 성전이 가졌던 특권적 역할은 더 이상 신성불가침적이지 않다. 교회는 이제 성전의 정체성을 떠맡았다.

이런 신학적 변동에 대한 암시는 고린도후서 6:14-18에도 드러난다. 여기서 바울은 비도덕적인 행동과 예루살렘 성전에서 볼 수 있는 거룩한 삶을 대비한다. 6:16에는 그리스어 대명사 강조 용법이 사용되었다. "**우리는** 살아 계신 하나님의 성전이라." 그리고 레위기 26:12, 에스겔 37:27, 이사야 52:11, 사무엘하 7:14에서 복합적으로 인용한 말씀이 이어진다. 여기서 바울은 성전과 제사장직을 설명하면서 그리스도인들의 도덕적 의무를 강조한다. 그들은 "떠나야" 하고 (제사장들이 행하는 바와 같이) "부정한 것을" 만지지 말아야 한다. 바울은 심지어 레위기 26:12의 단어 배열을 바꾼다. "나는 너희 가운데(그리스어, *en humin*) 살며"(공동번역)라고 하지 않고, "내가 **그들 가운데**(*enoikeso en autois*) 거하며"라고 바울은 기록한다. 하나님과 동행하는 삶은 더 이상 예루살렘에 있는 성전이나 건물 주변에 사는 것을 의미하지 않는다. 이 새 시대에는 하나님이 자신을 **따르는 자들 안에** 거하실 것이라고 바울은 말한다. 고린도전서 3장에서처럼 예루살렘이 명시적으로 배제되지는 않았지만, 성전을 삶과 사고의 중심으로 삼던 유대인인 바울의 입에서 이런 표현이 나왔다는 것은 놀라운 일이다.

마지막으로 데살로니가후서 2:3-4이 있다. 이 편지를 둘러싸고 많은 논란이 있지만, 여기에도 바울의 다른 편지들에서 보이는 그의 기질이 드러나 있다. 이 본문은 다니엘서를 되울리면서 그리스도의 재림 전에 등장하는 두 가지 사건을 말한다. 바로 배교와 "불법의 사람"의 등장이다. 이 예언에 대해서는 명확하지 않은 부분이 많지만, 이 "멸망의 아들"(그리스어, *ho huios tēs apōleias*)은 자기를 높이고 "하나님의 성전에 앉아 자기를 하나님이라고 내세운다." 이에 대한 가장 최선의 해석은 예루살렘 성전을 의미하는 것으로 보는 것인데, 이는 바울이 다른 곳에서 얼핏 보여주었던 성전에 대한 생각을 그대로 드러낸다. 바울의 종말론적 도식 안에서 성전은 신성모독적인 측면에서만 역할을 한다.

언급된 세 본문 모두 드러내놓고 성전의 역할을 배제하거나 무효화하지는 않는다. 하지만 바울 당시의 사고방식과는 다른 점들이 많이 보인다. 성전이 헤롯왕의 영광을 뽐내며 우뚝 서 있던 그 시대에, 바울은 그 성전이 아닌 교회와 교회를 구성한 사람들이 성전의 기능을 한다고 말한다. 다른 말로 하면, 바울은 하나님의 임재를 위한 장소로 그 성전이 아닌 다른 곳이 더 적합하다고 보았다. 피터 워커에 따르면, 이런 가르침 때문에 기원후 70년에 성전이 파괴되었을 때도 초기 그리스도인들은 흔들리지 않을 수 있었다고 말한다. "바울은 교회의 생명은 성전이 아니라 그리스도 자신임을 분명히 함으로써, 성전이 사라지고 없을 때를 대비하여 교회가 든든히 설 수 있는 기반을 다지고 있었다."[27]

요약

바울의 신학이 이방인 선교를 위해 민족성과 지역주의를 벗어나 그리스도를 향한 인격적인 믿음과 애착에 초점을 맞추고자 했을 때, 바울은 유대교 영토주의에 대한 그리스도인들의 헌신을 **불가피하게** 포기해야만 했다. 그래서 그는 어떤 형태의 신적 지리학(divine geography)에도 별로 관심을 보이지 않는다. 그 땅을 유대교의 특혜 목록에 넣으려는 본능에도 관심이 없다. 바울은 모든 사람을 포함하기 위해 그리스도를 믿는 믿음을 보편화시킨다. 그는 모든 땅을 포함하기 위해 아브라함에게 주신 약속들을 보편화시킨다. 오순절 이후 유대교의 메시아적 공동체가 탄생했을 때 실제로 바울에게도 새롭고 혁명적인 일이 일어나고 있었다.

바울의 전통에서 계속 이어져온 이런 새로운 개방성은 (저자에 관한 논란이 있는 서신이긴 하지만) 에베소서 6장에 간접적으로 나타난다. 바울 (혹은 그의 동료 중 하나)은 그리스도인들을 위한 가정 내 규칙을 열거하는 중에 부모를 공경하라는 제5계명을 인용한다. 그러나 출애굽기 20:12에서 그 명령은 약속과 함께 주어진다. 구약 본문에서는 어머니와 아버지를 공경하는 사람에게 "네 하나님 여호와가 네게 준 땅에서 네 생명이 길리라"는 약속이 주어진다. 놀랍게도 에베소서 6:2은 그 도덕적 책임을 이 구약의 명령으로부터 끌어내고 그 약속을 그리스도인인 부모들에게 적용한다. "네 아버지와 어머니를 공경하라. 이것은 약속이 있는 첫 계명이니 이로써 네가 잘되고 땅에서(그리스어, *epi tes gēs*) 장수하리라." 구약의 말씀은 분명히 유대에 있는 그 약속의 땅과 연결되지만, 여기 이 편지에서는 에베소 이방인들 및 그들이 살고 있는 땅과 연결된다. 이 편지의 필자가 에베소 사람들이 유대에 있는 그 약속의 땅에서 살게 될 것이라고 말했을 가능성은 희박하다. "땅"이라는 개념이 여기서 확장되었고, 이제는 더 넓은 신학적 지형도를 포함하게 되었다.

아브라함이 "세상"을 약속받았다는 바울의 믿음은 교회의 새로운 사명에 대한 누가의 이해와 일치한다. 유대의 회복이나 신학적 약속을 정치적으로 적용하는 것은 기독교 선교에 포함되지 않는다(행 1:6-8). 이제는 로마까지 포함한 온 세상이 하나님의 관심과 사역의 영역 안에 있다. 누가와 바울의 이런 밀접한 연관성은 그리 놀라운 것이 아니다. 두 사람은 동역자로서 이런 문제들에 대해 서로 논의했을 것이고, 그 결과 이들에게는 지역적 혹은 정치적 야망이 배제된 신학적 관심만 남은 것이다.

바울은 로마서 11장에서 자신의 조상들이 추구해온 유대교에 계속

예수와 땅의 신학

해서 헌신하는 모습을 보이는데, 이로 인해 수 세기 동안 그를 연구하는 사람들이 혼란에 빠졌다. 어떤 사람들은 그것을 단순한 감정적 행동으로 보았다. 어떤 사람들은 바울 자신도 모르게 그의 사고 속에 깊이 자리 잡은 모순이라고 보았다. 또 어떤 사람들은 바울도 피할 수 없었던 모순된 사고였다고 보았다. 그러나 이는 신적 통치, 언약, 은혜에 대한 바울의 이해에서 나온 헌신으로 보는 것이 가장 타당하다. 유대인들의 비타협적인 행동 때문에 하나님이 그들을 버리신다는 생각은 바울이 더 중요하게 생각하던 하나님과 (유대인뿐 아니라 그리스도인을 향해 베푸시는) 그분의 자비를 무효한 것으로 만든다. 또는 아마도 바울이 지중해 세계에서 이방인들 사이에 교회가 급속하게 성장하는 것을 보면서 언젠가는 "반유대교" 딱지를 붙이게 될지도 모른다는 생각에서 그랬을 수도 있다. 기독교 가르침대로라면 로마서 11장은 이런 생각들과 완전히 반대여야 한다.

많은 그리스도인 해석자들은 로마서 9-11장에서 바울이 유대 민족이 선택받았다는 선민사상을 재고하고, "대체주의"[28]의 가능성을 보이며, "반유대주의"라는 질책이 두려워서 일관적이던 바울신학에서 성급히 후퇴하는 모습을 보인다는 식의 해석을 내놓았다. 그러나 이런 우려는 잘못된 판단이다. 바울은 메시아 없는 유대교도 사랑을 받는다고 말했기 때문에, 수 세기 후에 등장하는 끔찍한 반유대주의와는 상관이 없다. 또 바울의 종말론에는 유대교의 운명과 이방 그리스도인들의 운명이 밀접하게 연결되어 있다. 이방 그리스도인들의 선교는 결국 모든 유대인을 다 포함하게 될 것이다. 로마서 9-11장을 다룰 때 대부분은 유대교에 대한 자비와 심판 중 하나를 강조한다. 하지만 바울의 말에 따르면 두 가지 모두 필요하다(롬 11:22, "하나님의 인자하심과 준엄하심을 보라"). 바울은 이스라엘을 축복하지만, 그렇다고 믿지 않는 유대인들이 사실상 그대로 괜찮은 것은 아니라고 생각한다. 바울과 대체주의가 구별되는 지점은 그가 동료 유대인들을 "유대인이기 때문에 복음 안에서 새로워진 가족에 합류될 수 없다"고 보지 않는 데 있다.[29] 하나님은 구원 역사 안에서 이스라엘을 위한 중요한 역할을 남겨두셨고 메시아이신 예수를 믿는 믿음이 회복될 날을 기대하신다.

하지만 고린도나 에베소에 있는 그리스도인들이 예루살렘에 있는 예전 랍비 친구들이 가졌던 성지 신학을 받아들이는 모습을 본다면 바울은 분명 깜짝 놀라고 충격을 받았을 것이다. 기독교 교회가 영토주의에 대한 유대인의 입장을 따르기 시작하면 바울은 깜짝 놀랄 것이다. 사실상 그리스도인들은 믿음으로 더 큰 조상인 아브라함과 연결되었고, 이 덕분에 하나님의 가족에 합류하게 되었다. 하지만 그리스도인들이 아브라함의 땅 약속이 가지는 의미에 집중했던 적은 없었다.

기원후 5-60년대에 들어서 유대 민족주의가 고개를 들기 시작하면서, 바울의 교회에 있던 몇몇 사람들은 **성지**를 옹호하려는 이런 종교적 애국주의를 그리스도인에게 주어진 요구사항으로 받아들여야 한다는 유혹을 받았을 것이다. 하지만 바울은 이런 분위기를 강하게 막았을 것이다. 성육신을 보는 관점은 여러 가지를 완전히 새롭게 보도록 만들

예수와 땅의 신학

었다. 기독교 신학에는 그리스도이신 거룩한 분 이외에 "거룩한 장소들"이 끼어들 틈이 없다. 그리고 무엇보다 바울은 1세기의 정치와 결탁한 어떠한 **기독교** 영토주의도 비정상적인 것으로 보았을 것이다. 1세기 유대교 안의 지역 민족주의는 종교에서 힘을 얻어 일어났지만 결국 예루살렘을 로마 군대에 넘겨주고 말았다. 그러나 사도 바울의 가르침 덕분에 바울의 교회 안에서는 이런 형태의 움직임이 전혀 드러나지 않았다.

7장 비움 이후의 발전들

신약 후반부의 책들을 근거로 그 땅에 대한 초기 그리스도인들의 생각을 살펴보면 몇 가지 놀라운 결과를 얻게 된다. 바울과 요한 계통의 전통들은 유대인의 삶과 **대조되는** 그리스도인의 정체성에 대해 충분히 논의를 해왔다. 그리고 이는 필연적으로 아브라함, 그에게 주어진 약속, 그리고 족보에 근거한 정체성 확보에 대한 신학적 논의로 이어졌다. 요한복음 8:39의 "우리 아버지는 아브라함이라"는 말은 당시 일종의 후렴구처럼 반복되던 것인데, 기원후 75년 혹은 80년 당시 그리스도인과 유대인 간의 감정의 골을 드러내는 데 쓰였다. "**너희가** 아브라함의 자손**이면**"이라는 예수의 대꾸는 당시 교회가 사용하던 일종의 반박 표현이었다. 아브라함이 "**많은 민족의 조상**"이라는 것은 로마서 4:18에 나오는 표현이자 이방인 교회의 호소이기도 했다. 이는 그리스도인도 유대교에 속했던 것을 나누어 받게 되었다고 믿었던 바울의 가르침이었다.

바울 계통과 요한 계통의 공동체들은 유대교가 제시하던 것과는 다른 새로운 종교적 정체성을 찾아야 했고, 이에 따라 많은 역사적 범주들이 바뀔 필요가 있다는 결론에 이르렀다. 아브라함과 (이방인들을 교회 안으로 초대함으로써) 하나님의 백성 간의 연결이 보편화되었을 뿐 아니라, 그와 더불어 종교적 영토주의 즉 종교적 특권에 근거하여 그 땅에 대해 열성적으로 헌신하던 태도도 바뀌어야 했다. 바울이 예루살렘과 그 성전을 다룬 것을 보면 이 점이 분명해진다. 더불어 그는 같은 맥락에서 그

7장 | 바울 이후의 발전들

땅에 대해서도 놀랍게 재해석했다. 예를 들어 바울은 아브라함이 유대 땅이 아닌 **세상**을 약속 받았다(롬 4:13)고 말한다. 그리스도인의 인식 안에서 종교적 지리의 영역이 영원히 바뀌고 있다.

바울 전통과 요한 전통을 벗어나면, 이 중 몇 가지 논쟁들은 사라진다. 히브리서 저자, 야고보, 베드로, 요한, 유다와 관련된 책들—여기에 요한계시록까지 덧붙여서—은 땅과 전통적인(conventional) 거룩한 공간에 대해 놀라울 정도로 무심한 모습을 보인다. 여기서 "전통적"이라고 표현한 이유는 이들 대부분이 한 군데의 장소, 예를 들어 천국이나 천국처럼 새로워진 이 세상의 어떤 장소에서 그리스도인의 소망을 찾으려하기 때문이다.[1] 그리고 요한계시록은 천국이 이 땅 위에 완전히 새로워진 모습으로 임한다고 말한다. 이런 글에서는 **이 땅에 있는** 틀에 박힌 종교적 지리가 저절로 시야에서 사라진다. 사실상 그것은 하나님을 믿는자들을 기다리는 "더 나은 나라"가 실현되는 것을 방해한다.

이 책들에서는 세 가지 개념이 반복적으로 드러난다. 첫째, 이들은 유대나 예루살렘을 궁극적인 헌신이나 애정 및 숭배의 장소로 논하지 않는다. 또한 예루살렘과 그 성전을 회의적인 시선으로 바라보고 있으며, 히브리서나 요한계시록은 그 성전에서 계속되던 일들이 부적합하다고 지적한다. 이제는 "하나님의 도시"가 하나님에 의해 새롭게 건설된 어떤 것으로 대체되었으므로 유대에 있는 그 도시에 대한 싸움은 폐기된다. 이런 견해는 아마도 기원후 70년에 예루살렘이 완전히 파괴되면서 그리스도인과 유대인 모두 그 땅에 대해 다시 생각할 수밖에 없었던 상황이었기 때문에 생겨났을 것이다. 410년에 로마가 서고트족의 침략을 받았을 때 아우구스티누스가 그랬던 것처럼 말이다. 하지만 그런 결론을 내릴 필요가 없는 것이, 이 책들은 모두 기원후 70년 이전에 나왔다. 로마 군대가 그 거룩한 도시에 도착하기 전에 이미 기독교 신학은 예루살렘과 분리되고 있었다.

둘째, 이런 그리스도인의 세계관은 나그네 세계관이다. 베드로전서 1:1은 "~에 흩어진 나그네에게"라는 표현을 사용하고 있으며, 야고보서 1:1은 "흩어져 있는 열두 지파에게 문안하노라"고 기록하고 있다. 베드로는 그를 따르는 자들을 "거류민과 나그네 같은 너희"(벧전 2:11)라고 부르면서, 그들에게 도덕적인 삶을 살 것을 호소하고 그들의 현재의 삶은 나그네의 삶이라는 것을 상기시킨다(1:17). 여기서 기독교는 유대교의 뿌리에서 나온 한 가지 주제를 채택해서 발전시킨다. 그것은 바로 이스라엘이 이집트와 바빌로니아에서 땅도 없이 살았다는 것으로서, 이와 마찬가지로 그리스도인 역시 땅이 없는 자들임을 강조한다. 그래서 요한계시록은 바빌로니아를 교회를 박해하는 황제 통치의 상징으로 본다. 히브리서는 믿음을 지킨 사람들의 목록을 나열하면서 역사적 경험을 현재의 경험과 융합시킨다. 믿는 자들은 돌에 맞고 궁핍과 환난을 겪으며 학대를 받았고 광야와 산과 동굴과 토굴에서 유리했다(히 11:37-38). 그들은 "피난처를 찾았다"(6:18). 그럼에도 불구하고 이 나그네들은 소망을 가졌다(6:18). 그러나 교회는 유대인들이 바라던 거룩한 땅과 그곳에서의 "휴식"을 오직 하나님이 주시는 천상의 휴식을 바라는 새로운 소망으로 대체한다.

이는 이 서신서들이 갖는 세 번째이자 마지막 특징으로 연결된다. 이들은 로마 제국 안에서 살아가는 현실의 삶에 깊은 관심을 두면서도 동시에 매우 종말론적인 하나의 세계관을 형성한다. **그들은 이 세상에서 살지만 그들의 눈은 다른 곳을 바라본다.** 그들에게는 간절한 소망이 있는데, 그것은 유대의 정치적인 회복이나 로마 제국에 대한 혁명이 아니다. 그들은 계속해서 나그네로 살아간다. 그들은 로마로부터 독립하여 유대 국가를 세우는 일이나 유대에서 일어나는 사건들이 이 소망이 실현되는 데 중요한 일이라고 보지 않는다. 그들의 종말론의 중심은 그리스도와 세상이지, 유대교와 예루살렘이 아니다.

히브리서

이 서신(혹은 설교)의 배경은 불분명하지만, 확실한 것은 이 글의 저자가 유대인 배경을 가졌고 예수가 메시아이자 하나님의 아들임을 믿었으며, 따라서 독자들이 이를 읽으면서 기독교 신앙 안에서 자신들의 조상들이 믿던 유대교의 타당성을 재고하도록 독려한다는 것이다. 그가 이 편지를 쓴 장소가 디아스포라(아마도 알렉산드리아)인지 아니면 예루살렘인지는 정확히 알 수 없다. 또한 이것은 별로 중요한 문제가 아니다. 하지만 분명한 점은 이 편지가 유대교의 주요 유산들을 다시 다듬고 있으며, 유대 그리스도인들에게 다시 이전의 가르침으로 돌아가지 말라고 경고하고 있다는 것이다.

피터 워커는 예루살렘과 그 성전이 이 편지의 관심에서 벗어나 있지 않다는 점을 분명히 보여주었다.[2] 이 편지의 저자는 (성전을 일컬으면서 전략적으로 장막이나 성막이라는 그리스어 단어 *skēnē*를 10번에 걸쳐 사용함으로써) 성전에 대한 관심을 폭넓게 드러낸다. 그리고 히브리서는 모세가 세운 성막의 합법성을 인정하면서 "모세보다 더욱 영광을 받을 만한 것이" 그리스도 안에서 도래했음을 안다(3:3-6). 새 것과 옛 것이 반복해서 대조된다. 예를 들어 그리스도가 모든 대제사장보다 우월한 까닭은, 그분이 영원한 질서(멜기세덱, 7:1-28)에 속해 있고 그들보다 훨씬 더 나은 제사인 자신의 생명을 드렸기 때문이다(7:27; 9:12, 26). 게다가 예수는 이 땅의 성전과 그 한계를 넘어서는 성전을 섬기고(8:1-6) 옛 언약을 무효화시키는(8:6, 13) 새 언약("영원한 언약" 13:20)을 감독한다. 그분은 하나님의 아들로서 하나님 오른편에 앉아 있으며(1:3) 좀 더 완벽한 "장막"으로 일하고(9:11) 자신의 피를 더 나은 제물로 드리면서(9:12-14) 이 거룩한 장소로 들어왔다. 즉각적으로 다음과 같은 주장이 제기된다. 유대교가 주창했던 현재의 종교적 구조들이 성육신으로 인해 그 자리를 잃게 되었다는 것이다.

워커는 "이것이 이 유대인 저자의 광범위한 결론이다"라고 결론 내리면서, 사도행전 8장에 나오는 스데반의 설교와 긍정적으로 비교한다.[3] 장막으로 시작되어 성전으로 유지되던 이 땅의 성소는 그리스도 안에서 완성되었다. 예전에 중요했던 것이 일시적인 것이 되었고, 결국에는 불필요한 것이 된다. 그래서 히브리서는 10:11에서 제사장이 매일 드리던 제사가 **죄를 없이할 수 없다**고 설명한다. 이것은 놀라운 말이다. 이런 놀라운 신학적 틀 안에서, 유대교의 또 다른 유산인 그 땅도 이와 비슷한 운명에 처하게 될 것이다.

하나님의 도성

히브리서는 유대인의 사고에서 예루살렘이 중요한 위치를 차지하고 있다는 것을 매우 잘 알고 있다. 그러나 히브리서는 예루살렘이 아닌 하나님이 예비하신 천상의 도시로 그 관심을 옮긴다. "우리가 여기에는 영구한 도성이 없으므로 장차 올 것을 찾나니"(13:14). 7:1에 등장하는 멜기세덱은 "살렘"에서 왔다고 묘사된다. 1세기 독자들은 시편 76:2을 근거로 이곳을 예루살렘으로 알고 있었다(요세푸스, *Antiquities*, 1:180에서도 "후로 그들은 살렘을 예루살렘이라고 불렀다"라는 기록이 있다). 히브리서 저자는 이런 전통을 분명히 알고 있음에도 불구하고 예루살렘이라는 단어를 쓰지 않는다. 이것은 아마도 히브리서 저자가 우리의 관심을 다른 곳, 즉 하나님이 지으신 도시인 천상의 예루살렘으로 돌리고 싶었기 때문일 것이다. 멜기세덱이 온 도시는 하늘에 있는 것이지 이 땅의 도시가 아니다.

히브리서는 "그 도시"를 네 번 언급하는데, 모두 하늘의 도시를 말한다(11:10, 16; 12:22; 13:14). 그 도시는 아브라함이 열망하던 곳이었다.

예수와 땅의 신학

그는 "하나님이 계획하시고 지으실 터가 있는 성"을 바랐다(11:10). 히브리서는 12:22에서도 비슷한 방법으로 유대인 순례의 언어를 바꾸어 놓는다. 예루살렘과 그 성전을 방문하는 것은 유대인 신앙의 틀이자 유대인의 절기를 따라 반복적으로 해야 하는 일이었다. 하지만 이제 히브리서 저자는 **하늘의 예루살렘**이 믿는 자들의 목적지라고 말한다. 그는 성전을 "시온산"으로, 그 도시를 "살아 계신 하나님의 도성"으로 언급하면서 이곳이 이제 믿는 자들의 새로운 순례 목적지라고 말한다.[4]

　예루살렘에서 멀리 떨어진 곳에 살던 신자들에게는 이런 주장이 엄청난 영향을 미쳤을 것이다. 천상의 예루살렘은 어느 지방, 어느 도시에서나 접근할 수 있다. 히브리서는 진정한 예루살렘을 천상으로 재배치함으로써, 유대로 순례를 가야 할 필요성을 약화시켰다. 오늘날의 그리스도인들에게는 어디로 순례를 가야 하는지가 그리 중요하지 않고 꼭 해야 하는 일도 아니어서 이런 조정이 대수롭지 않게 여겨질 수도 있다. 그러나 유대교와 같은 영토 종교에서 이는 엄청난 일이었다. 지리적으로 어느 한 **장소**가 종교적 신실함을 충족시킬 수 없게 된 것이다.

　히브리서의 마지막 장은 아마도 예루살렘에 대해 가장 도발적인 해설을 하는 부분일 것이다. 히브리서 저자는 예루살렘에서 희생제사를 드리는 것을 강조하기 위해 고안된 종교 음식법에 의존하지 말라고 경고한 후 우리가 다른 제단을 가졌고 여기서는 장막에서 섬기는 자들이 먹을 권한이 없다고 말한다. 그런 다음 중요한 우회로로 들어선다. "이는 죄를 위한 짐승의 피는 대제사장이 가지고 성소에 들어가고 그 육체는

7장 | 바울 이후의 발전들

영문 밖에서 불사름이라. 그러므로 예수도 자기 피로써 백성을 거룩하게 하려고 성문 밖에서 고난을 받으셨느니라"(13:11-13). 여기서 예수는 **성문 밖** 치욕의 장소에서 성전 희생제물로 드려진 동물들의 시체와 하나가 되었다. 그리고 아이러니하게도 예수는 거룩하지 않았던 그 장소를 진짜 거룩한 곳으로 만들었다. 이어서 히브리서 저자는 우리에게 다음과 같이 명령한다. "**우리도 영문 밖으로 그에게 나아가자.**" 이는 천상의 예루살렘에 합류하기 위해 무언가로부터 떠나야 한다는 말이다. 즉 죽음을 통해 그 도시와 별개가 된 예수와 합류하기 위해 옛 예루살렘을 떠나야 한다.

예루살렘이 더 이상 그리스도인이 사모하는 목적지가 아니라면, 히브리서는 그 땅에 대해서도 분명 같은 말을 할 것이다. 이 지점에서 그 논의는 땅을 약속받은 것으로 알려진 한 사람인 아브라함과 연결된다.

아브라함의 소망: 더 나은 나라

지금까지 신약 전체와 유대교에서 아브라함과 그 땅을 중심으로 한 전통들이 어떻게 전개되었는지를 살펴보았다. 히브리서는 이에 대해 잘 알고 있다. 아브라함은 믿음의 원형이고 하나님께로부터 나라와 땅에 대한 약속을 받은 자다. 그러나 히브리서 저자는 이런 전통을 미묘하게 바꿔 놓는다. 6:13-15은 아브라함이 받은 약속을 언급하는데 여기서는 한 가지 약속만 나온다. "내가 반드시 너에게 복 주고 복 주며 너를 번성하게 하고 번성하게 하리라." 이것은 약속의 절반이다.

11장에 가서야 히브리서 저자는 그 약속의 두 번째 부분을 말한다. 아브라함은 믿음으로 이방의 땅에 있는 것 같이 "약속의 땅"에 거류하게 된다(11:9). **이방의 땅?** 아이러니하면서도 뭔가 복선이 있는 말이다. 아브라함은 우르 출신이었기 때문에 가나안은 그에게 이방 땅이었다. 하지만 여기에는 더 깊은 의미가 있다. 이 땅은 더 깊은 의미에서 이방의 땅이다. 이곳은 하나님이 주고 싶어 하시는 진짜 약속의 그림자에 불과하다. 이곳은 아브라함 자신과 이삭과 야곱에게 유산으로 주어질 거룩한 땅이다. 그러나 히브리서는 이 개념을 예상치 못하게 발전시키면서 아브라함이 그 약속을 받지 못하고 죽었다고 말한다(11:13, 39). 아브라함은 메소포타미아에서 가나안으로 이동했고 약속의 땅에서 살았다. 그가 이 땅이 자신에게 주신 땅임을 몰랐을 리가 없다. 그가 세겜과 모레를 지날 때, 주님이 이렇게 말씀하신다. "내가 이 땅을 네 자손에게 주리라"(창 12:7). 그리고 이에 반응한 아브라함은 그곳에서 제단을 쌓았다. 아브라함은 세겜에서 남쪽 벧엘로 이동해서 헤브론까지 갔다가 네게브에 있는 브엘세바와 이집트로 떠난다. 아브라함이 그 땅을 다 돌아다닌 후 하나님은 그 땅의 지명들을 일일이 언급하고 맹세하심으로써 당신의 약속을 재확인하신다(창 15:17-21). 아브라함의 모험담 말미에 가면, 사라가 그 땅에 묻히고(창 23:19) 아브라함도 묻힌다(창 25:9-10). 그리고 그들의 무덤은 1세기까지도 헤브론 일대에서 잘 알려져 있었다.

히브리서에서 "아브라함이 그 땅을 받지 못했다"라는 말이 그가 그곳에 정착해서 온전히 그 땅을 통솔하지 못했다는 의미라고 한다면, 그 럴듯하게 들린다. 그는 가나안 사람들과 함께 살았지만, 하나님이 약속으로 그 땅을 자신에게 주셨음을 알았다. 그럼에도 불구하고 히브리서는 아브라함에게 주신 그 약속이 세겜과 브엘세바 사이에 있는 영토 이상의 깊은 의미를 가지고 있다고 암시한다. 왜냐하면 아브라함은 일생을 그 땅에서 유리하면서도 그의 눈은 다른 도시(다른 땅) 곧 하나님이 세우신 곳을 향하고 있었기 때문이다(11:10). 히브리서의 관점으로 보면, 그 땅은 하나님과 함께하는 더 깊은 차원의 만남을 미리 맛보는 상징에 불과하다. 이를 근거로 삼아 히브리서는 다음과 같은 추론에 이른다. 아브라함은 약속의 땅에서 살긴 했지만(11:13), 이 세상(혹은 그 땅?)에서 계속해서 이방인이었고 외지인이었다. "이방인"(그리스어 *parepidēmos*)은 베드로가 디아스포라 지역에서 자신의 설교를 듣던 그리스도인들을 칭할 때 사용하던 단어다. 한 마디로 아브라함은 히브리서의 세계관으로 볼 때 이방 그리스도인과 같았다. 아브라함은 디아스포라 유대인들처럼 그 땅에서 살았다.

아브라함이 세겜, 벧엘, 헤브론에서 살았음에도 불구하고, 히브리서 저자는 아이러니하게도 아브라함이 그 땅을 멀리서 보고 환영했다고 (11:13) 말한다. 어떻게 이것이 맞는 말이 되는가? 바로 아브라함은 더 큰 것 곧 본향(11:14, 그리스어 *patris*)을 찾았기 때문이다. 이 단어는 신약 서신서들 중 유일하게 여기서 사용되었는데(참조. 막 6:1; 눅 4:23; 등), 이는 중요한 의미가 있다. 유대인들이 이 단어를 사용할 때는 포로로 끌려가

예수와 땅의 신학

거나 죽음으로 인해 잃어버릴 수 있는 하나님이 주신 땅 곧 거룩한 땅을 의미한다(렘 22:10; 마카베오하 13:10). 하지만 히브리서는 우리의 "본향"이 바뀌었다고 말한다. 그곳은 이 땅에 있지 않다. 그 논의는 11:16에서 다음과 같이 계속된다. "그들이 이제는 더 나은 **본향**을 사모하니 곧 하늘에 있는 것이라." 믿는 자들은 하나님의 가장 위대한 약속들이 발견되는 "더 나은 나라"를 열망한다.

모세의 목적: 하나님의 안식

히브리서에서 광범위하게 사용된 또 다른 구약의 이야기는 이스라엘이 이집트를 떠나 여호수아의 지도로 약속의 땅에 도착하는 이야기다. 출애굽기는 독자들이 믿음을 지키고 퇴보하지 않도록 권고하는 것을 목적으로 삼고 있으므로, 이 이야기는 불신의 결과를 극적으로 보여준다. 이집트를 떠났던 세대는 강퍅한 마음을 품다가 광야에서 죽었다(3:17; 4:7). 여호수아가 그 땅에 들어갈 때, 그들은 들어가지 못했다.

구약 전반에 걸쳐 이집트에서 나온 이스라엘의 분명한 목적지는 아브라함에게 약속된 그 땅이었다. 모세는 광야에서 40년을 헤맨 후 이스라엘을 이끌고 요단강 동쪽 산악지대로 갔고, 여기서부터 여호수아가 다시 한번 요단강이 갈라지는 경험을 하며 이스라엘을 이끌었다. 그렇게 해서 그들은 처음으로 약속의 땅을 밟게 되었다. 그 땅은 이스라엘의 목적지이고 소망이었음이 더욱 분명해졌다.

히브리서 저자는 다른 유대인 작가들만큼이나 이 이야기를 잘 알고 있다. 이것은 이스라엘의 구원 이야기다. 여호수아가 그 땅을 정복하고 차지한 사건은 헬레니즘 시대를 통틀어 유대를 휘감았던 영토주의의 원형으로 기능했다. 그러나 히브리서는 이 전통을 우회해서 다른 것을 말한다. 민수기 전반에 걸쳐 나오는(참조. 14:21-24) 바와 같이 방황하는 이스라엘은 족장들에게 맹세로 주신 "그 땅을 보지" 못하는 불신의 결과를 맞게 될 것이다. 반면에 믿음을 갖고 순종한 사람들은 "그 땅에 들어갈 것이다". 히브리서 3:7-11은 시편 95:7-11을 인용하여(70인역 94:7-11), 구약성경에서 이스라엘의 순례 목적을 재해석한다. 시편 95:11은 하나님이 이스라엘을 그분의 "안식"에 들어오게 하셨다고 말한다. 히브리서는 이 용어를 강조하면서 그 땅 대신 그 단어를 사용한다.

히브리서 3-4장은 모세와 여호수아의 이야기를 요약하면서 그 땅 대신 "안식"(그리스어 *katapausis*)이라는 말을 8번 사용한다. 이것은 하나님의 백성의 새로운 순례로서, 구약에 나온 이스라엘의 순례를 모델로 삼은 것이다. 우리는 이스라엘이 했듯이 똑같이 이집트에서 나와 하나님의 안식(4:1)으로 이동한다. 그러나 이 여행의 목적, 다시 말해 이 순례의 목적지는 결코 지리적인 장소가 아니다. 그것은 하나님이 주시는 구원이다. 히브리서는 시편 95편에 나오는 "안식"이라는 단어를 창세기 2:2에 나오는 안식일 명령과 결합시켜서 그리스도인의 소망에 대한 더 큰 정의를 제공한다(4:4). 순례는 모든 노동이 그치게 될 "하나님의 안식"(4:9-10)으로 이동한다.

예수와 땅의 신학

이런 순례에 대한 구조 변경은, 히브리서가 모세와 그리스도를 통해 지속적으로 보여주는 대조와 정확히 들어맞는다.[5] 3:3에서 시작된 대조는 이 책의 마지막 장에서 끝난다. 12:18-24에서 (불, 경고, 소란이 있는) 역사적인 시내산과 (천사, 즐거워하는 자들의 무리, 중보자이신 예수가 함께하는) 천상의 시온산이 극적으로 대조된다. 우리는 그리스도가, 믿는 자들을 새로운 목적지로 인도하는 또 다른 모세라고 단순하게 생각하려고 한다. 13:20에서 하나님은 그리스도를 죽은 자 가운데서 "일으키신 것"이 아니다. 하나님은 그리스도를 "이끌어 내시는데"(그리스어 anagō), 이는 모세가 이집트에서 이스라엘을 "이끌어 냈"다고 말할 때 사용된 것과 같은 단어다(출 33:15; 민 14:13). 예수는 모세와 같은 또 다른 목자로서(13:20) 자기 백성을 새 땅이자 천상의 땅인 "더 나은 나라"(11:16)로 데려간다.

요한계시록

신약의 마지막 책("드러낸다"는 뜻으로 묵시록이라고도 불린다)은 우리가 다루는 주제 중 다른 곳에서는 발견되지 않는 당혹스러운 문제들을 드러내고 있다. 이 책이 언제 누구에 의해 쓰였는지는 확실치 않다. 다만 이 책의 기록에 따르면 요한이 지었다고 되어 있는데(1:4), 이 사람은 요한복음서의 저자와 같은 사람인가? 아니면 "장로"라고 불리던 다른 요한인가? 아니면 세례 요한인가? 이에 대해서는 학자들의 의견이 갈린다.

요한계시록은 그 땅과 관련한 초기 그리스도인들의 사고를 직접적으로 언급하지 않는다. 대신 이 책에는 수많은 비밀스러운 상징들이 등장하는 까닭에 책이 집필된 이후 숱한 해석들이 나왔다. 따라서 이 책은 독특한 신약의 장르를 이루고 있으며 이에 걸맞은 독특한 해석 전술이 요구된다. 이것은 유대 그리스도인의 묵시로서 공관복음에서(막 13장) 발견되는 "소 묵시"와 많은 공통점을 가진다. 같은 시기에 나온 다른 묵시 문학들과도 유사하다.[6]

요한계시록은 소아시아에 있던 일곱 교회에 보낸 편지에 이어 요한이 본 하나님 보좌의 환상을 소개하는데, 이는 이사야(6:1), 에스겔(1:1), 다니엘(7:1)의 환상과 유사하다. 요한은 하나님의 보좌를 자세히 묘사한 후 죽임을 당한 어린양에게 초점을 맞춘다(5:6-14). 이 어린양은 봉인된 두루마리를 가졌는데, 이 봉인이 풀렸을 때 세상에 대한 하나님의 마지막 계획이 드러난다. 봉인된 일곱 두루마리 이후에도 나팔, 징조, 대접 등과 같은 일곱 개(몇몇 학자에 따르면 여섯 개)의 상징들이 연속적으로 등장하고, 이것들은 각각 하나님의 전능하심과 이 땅에 임할 심판을 나타낸다. 이야기는 17-18장에서 음탕한 여인이 등장하면서 절정에 치닫는다. 이 여자는 심판을 받고 죽음에 이르는데, 이는 하나님의 승리가 시작되고 세상의 악을 해결하는 결정적인 계기가 된다.

구약이나 유대 묵시문학 또는 쿰란에서 요한계시록의 단서를 찾을 수 있다는 학자들은 많지만, 이들이 합의한 최선의 해석적 접근은 없다. 오늘날에는 세 개의 모델이 주로 사용된다.[7] (1) 성경의 예언이 이미 이루어졌다고 믿는 과거주의자들(Preterists, 라틴어 *praeter*[past]에서 유래)은 이 책의 지배적인 상징들이 1세기, 특히 기원후 70년에 일어난 예루살렘 함락을 둘러싼 환경에서 나왔다고 본다. 이 경우에는 상징으로 등장하는 다양한 생물체들과 재앙들이 베스파시아누스 황제와 네로 황제, 로마와 예루살렘 등을 가리키고 있으며, 이 책을 읽는 사람들은 이를 한눈에 알아챌 수 있었다. 따라서 8장의 독수리, 13:1의 바다짐승, 17:9의 "일곱 산"은 로마를 말하는 것일 수 있다. 그리고 바빌로니아의 함락은 아모스 5:2과 맥을 같이하는데, 여기서 구약의 도시는 하나님과 그 율법을 거부했던 예루살렘에 있는 세대를 상징한다. 이는 그 책에 나오는 표현들이 요한 자신을 둘러싼 사건들을 푸는 열쇠였으며 그 책에 나오는 예언들이 1세기에 성취되었음을 보여주는 방법이다.

(2) **미래주의자**라고 칭할 수 있는 사람들의 주장에 따르면, 이 책이 갖는 예언적 특징과 인간 역사의 종말에 대한 표현들은 저자가 그 시기를 알지 못한다는 것을 보여준다. 하지만 이런 주장에 영향을 받은 결과로, 여기에 등장하는 이미지를 놓고 믿을 수 없을 정도로 충격적이고 설득력 없는 해석이 나오게 되었다. 이런 해석에는 샤를마뉴, 무솔리니, 히틀러, 미하일 고르바초프뿐만 아니라 로마 가톨릭교회와 개신교가 모두 등장한다. 12:3에 나오는 일곱 머리와 열 뿔을 가진 용(참조. 17:16)이 유럽 연합(EU)이라고 해석되기도 했다. (이와 반대로 성경의 예언이 이미 이루어졌다고 믿는 사람들은 이런 상징적인 왕국들을 로마 이전에 있던 제국들로 보았다.) 이런 접근은 해석적 제어(interpretative control)의 측면에서 문제를 갖는다.

요한계시록은 요한이 거의 이해하지 못하고 그의 상황과도 거의 연관성이 없는 책이 되어버린다. 거기에 더해 이런 미래주의자들의 전통에 속한 새로운 세대들은 각기 **자신들의 시대**가 해석학적 열쇠를 쥐고 있다고 생각했다.

(3) 또 다른 부류는 **이상주의자들**(idealists)로서, 이들에 따르면 이 책의 상징들은 시간을 초월해서 모든 세대에게 말하는 바가 있다. 이들은 궁극적으로 신적 승리를 이끌어 낼 영적 싸움의 이상적인 원리가 있다고 본다. 요한계시록은 우주적이고 정치적인 형태로써 악을 대변하는 고전적인 고대 짐승과 용의 이미지를 묘사하는 하나의 드라마다. 그리고 그 메시지는 분명하다. 하나님은 역사를 주관하시므로 제아무리 힘이 센 악이 대항한다고 할지라도 이기실 것이다.[8]

첫 번째와 세 번째 접근을 합친 것이 가장 이상적이다. 요한계시록은 하나님과 폭력적이고 죄악된 세상 사이의 싸움을 압도적인 극장식 파노라마로 보여준다. 요한 당시의 독자들은 하나님께 소망을 두면 자신들의 시대가 겪고 있던 싸움과 혼란이 해결될 것이라는 단서를 발견했을지도 모른다. 몇몇 경우 그 단서들은 구약의 에스겔서와 다니엘서에서 발견된다. 모세와 바로의 대결을 배경으로 내려졌던 재앙을 떠올리게 만들었을 수도 있다. 어떤 경우에는 1세기와 직접 연관된 상황들이 단서가 될 때도 있었다. 때로는 그 의미가 분명하다. 로마에 대한 가려진 암시들이 넘쳐난다. 또 다른 경우에는 해석이 매우 불분명하다. 바빌로니아나 큰 음녀가 그에 속한다. 아마도 고전적으로 가장 불분명한 본문은 13:16-18에 나오는 짐승의 표일 것이다. 요한은 이렇게 말한다. "지혜가 여기 있으니 총명한 자는 그 짐승의 수를 세어 보라. 그것은 사람의 수니 그의 수는 육백육십육이니라." 분명한 점은 요한이 독자들에게 이 의미를 잘 깨달아야 한다고 암시한다는 것이다. 그러나 100년 후에 등장한 이레나이우스마저도 그 뜻을 몰랐다. 포드는 이 숫자가 해석된 여러 가지 방법을 상세하고 흥미롭게 제시하면서 한 가지 결론에 도달한다. 아무도 그 의미를 모른다는 것이다. 이상주의자들은 전형적으로 666을 불완전함과 실패에 대한 포괄적인 상징으로 본다.[9]

요한계시록과 유다서

이 책을 둘러싸고 많은 불확실한 점들이 있지만, 이것 하나는 분명하다. 요한의 환상은 유대만이 아닌 온 세상을 향한 하나님의 해결책에 관심이 있다. 이 책에서 "땅"이라는 용어는 무려 82번(신약 전체에서 이 단어가 사용된 횟수의 1/3에 해당한다)이나 나온다. 또한 이 단어는 등장할 때마다 온 세상을 가리키고 있으며, 결코 성지를 가리키지 않는다. 5:3에서는 하늘과 땅의 누구라도 그 두루마리를 열 수 없다고 한다. 5:13에서 요한은 하늘과 땅의 모든 피조물이 노래하는 소리를 듣는다. 6:15에서는 땅의 왕들이 나온다(16:14; 17:2; 18:3, 9; 19:19). 7:1에서는 네 천사가 땅의 네 모서리에 서서 "땅의 사방의 바람"을 붙잡고 있다. 10장에서는 두루마리를 읽던 천사가 바다와 땅을 건넌다. 요한이 볼 때 하나님은 온 세상에서 가장 광범위한 구원과 심판을 행하고 계신다. 하나님은 유대 땅에 국한하여 행동하시지 않는다. 14장에서 한 천사가 이 세상의 모든 거주민들에게 외친다. "하나님을 두려워하며 그에게 영광을 돌리라. 이는 그의 심판의 시간이 이르렀음이니 하늘과 땅과 바다와 물들의 근원을 만드신 이를 경배하라."

유대에 대한 요한의 관심은 예루살렘에 집중되어 있고 이는 11장에서 집중적으로 다뤄진다. 이곳은 "거룩한 도시"로서 "주가 십자가에 못박힌" 곳이다(11:2, 8). 그러나 이곳은 하나님의 백성을 위한 소망이나 구원의 장소가 아니다. 그 도시에 대해 말하는 두 증인이 "올라온 짐승"에 의해 잔혹하게 살해당하고(11:7), 그 결과 엄청난 지진이 일어나 그 도시를 심판하고 많은 곳을 파괴한다(11:13). 예루살렘의 소망은 소돔과 애굽이라는 별명을 가진 이곳 도시에 있지 않다(11:8). 예루살렘의 소망은 21장에 등장하는 (하늘로부터) 내려오는 천상의 예루살렘에서 발견된다. 이에 대해 워커는 정확하게 지적한다. "이 땅의 예루살렘이 천상의 예루살렘으로 변화될 것임을 믿으라는 격려는 없다."[10] 이 책은 결정적으로 이 세상의 폭력적이고 불신적인 체계가 심판받는 모습을 보여준다. 예루살렘도 그 가운데 속한다. 유대교에서 받아들여지던 가르침과는 대조적으로, 예루살렘이나 유대의 인간적인 회복은 이 땅의 회복에서 아무런 역할을 하지 않는다.

대부분의 해석자들은 이를 기원후 70년에 있었던 예루살렘의 함락을 암시하는 것으로 본다. 따라서 요한도 당시 유대 묵시문학이 그랬던 것처럼 이것을 재앙으로 해석했을 것이다(참조. 바룩2서, 에스라4서). 이 것이 사실이라면 로마가 그 도시를 정복한 것 역시 그에 대한 신의 심판이다. 그러나 이런 파괴는 책의 후반부에 나오는 또 다른 도시(바빌로니아)의 파괴를 암시한다. 이 도시는 예루살렘을 의미할 수도 있고 로마를 의미할 수도 있다. 여기서 우리는 머리가 일곱이고 뿔이 열인 붉은 짐승을 타고 있는 "큰 음녀"(17:1)를 만나게 된다. 요한의 설명에 따르면, 일곱 개의 머리는 "일곱 산"(17:9)을 가리키는 것이고 그 일곱 산은 분명 로마를 가리킨다. 요한은 "그들은 또한 일곱 왕이라"고 말하는데, 이에 대한 가장 만족스러운 해석은 그들을 로마의 폭력과 혼란스럽던 1세기 중반의 역사에 대한 암시로 보는 것이다.

하지만 음녀는 기원후 70년 전쟁 직전에 최악으로 부패한 예루살렘이나 대제사장에 대한 암시일 수 있다. 요세푸스에 따르면, 그 도시를 장악했던 열심당원들은 자신들만의 제사장을 임명했는데 이로 인해 요한계시록 17장에 나오는 셀 수 없이 많은 가증한 일들이 일어났다(Wars, 6:151-192). 또한 음녀의 이마에는 "비밀이라는 이름"(17:5)이 새겨져 있는데, 이는 대제사장의 이마에 새겨져 있던 금 도금된 글씨("여호와께 성결", 출 28:36-38)와 대조된다. 그리고 17:6에 나오는 순교는 예언자들을 죽인 예루살렘을 가리키는 것일지도 모른다(참조. 18:24). 그녀의 이름은 "바벨론"이다. 바빌로니아는 이제 불에 탄 예루살렘이 되고(18:9) 그곳에서 많은 이들이 애곡한다. 예루살렘이 "큰 성"인가?(18:18) 그렇다. 유대 묵시문학과 주석서에서 예루살렘은 세상의 중심이었다. 짐승을 탄 음녀는 더러움과 궁극적인 심판의 대상을 나타내는 극적인 이미지다. 그들의 역사는 많은 그리스도인들의 삶을 앗아간 역사였고(17:6) "그들은 어린양과 더불어 싸울 것이다"(17:14).

하지만 바빌로니아는 로마를 의미하는 것이 아닌가? 맞다. 그러나 여기에 열쇠가 있다. 예루살렘에서 일어난 일이 로마에서도 일어날 것이다. 예루살렘은 로마가 따라갈 패러다임이 되었다. 요한은 로마의 심판을 마음에 그리며 예루살렘의 파괴를 기억한다. "큰 성 바벨론이 던져져 결코 다시 보이지 아니하리로다"(18:21)라는 구절은 인간 역사에 대한 비참한 심판을 보여준다. 거문고 타는 자와 풍류하는 자와 퉁소 부는 자와 나팔 부는 자들의 소리가 결코 들리지 않을 것이다(18:22). 폭력적이고 이교도들로 더럽혀진 이 세상이 이제 그리스도 앞에 선다. "세상 나라가 우리 주와 그의 그리스도의 나라가 된다"(11:15). "어린양과 더불어 싸우려니와 어린양은 만주의 주시요 만왕의 왕이시므로 그들을 이기실 터이요"(17:14).

계시와 소망

우리는 요한계시록이 제시하는 절정으로 치닫는 종말의 시나리오에서 그리스도인들이 예루살렘의 회복이나 보존을 위해 힘을 쏟거나 싸워야 한다는 암시를 찾아볼 수 없다. 요한의 견해에는 유대에 대한 집착이나 그 땅에 대한 애착이 보이지 않는다. 안전은 장소, 특히 예루살렘이나 그

예수와 땅의 신학

성전에서 찾을 수 있는 것이 아니다. 그 거룩한 도시는 열망의 장소가 아니다. 예루살렘 성전도 파괴될 운명에 처해 있다(11:1-2). 이 종말론은 유대 정치를 중요하게 여기지 않는다. 오히려 유대 정치는 부패했기 때문에 하나님이 친히 무너뜨리실 대상이 되었다. 심판의 패러다임은 온 땅, 온 도시를 대상으로 한다. 예루살렘과 로마를 비롯하여 하나님의 창조세계에 악과 폭력을 가져온 모든 곳을 향한다. 예루살렘의 멸망은 다른 곳에서도 얼마든지 일어날 수 있는 일이다.

요한계시록은 하나님의 종말론적인 개입에 소망을 둔다. 이전 예루살렘이 실패한 곳에 도래할 새 예루살렘(21:2)에 소망이 있다. 소망은 세상의 파괴가 아닌 세상의 재건에 있다. 바로 이때 하나님의 뜻이 이루어진다. 하나님이 인간과 함께 거하시는 곳에서 그들은 진정으로 그분의 백성이 되고 그분이 친히 모든 눈에서 눈물을 닦아주실 것이다(21:3-4).

거룩한 영토를 위해 싸우고 그 땅을 방어하는 것이 하나님이 주신 사명이라고 여기는 자들은 가장 비참한 방법으로 퇴보하게 될 것이다. 이는 소망을 완전히 잘못된 곳에 두는 것이다. 이 세상의 왕국들은 심판을 받을 것이다. 여기에는 유대 왕국도 포함된다. 요한계시록에 나오는 소망은 창조의 질서를 원래대로 되돌리는 "새 하늘과 새 땅"(21:1)을 위한 것이다.

결론

요한계시록에서 말하는 소망의 근거는 무엇인가? 분명히 히브리서는 이 세상에 대한 어떤 소망도 거부하던 그리스의 선악이원론을 전적으로 받아들이지는 않았다. 우리는 이 세상 곧 "그 왕국"에서 계속 살아가고 하나님은 우리가 그 안에서 발전하며 살아가는 것을 주의 깊게 살피신다. 더 나아가 히브리서는 우리가 성문 "밖으로"(13:13) 나가 "장차 올 도성"(13:14)을 구해야 한다고 촉구한다. 이것은 포로들의 언어다. 정치적 의미가 들어 있지 않다. 오히려 이 관점은 이 세상의 가치 체계를 안정화시키는 대신 모든 소망을 하나님께 두게 만든다. 이것은 유대 종말론으로서 이 세상을 배제할 뿐만 아니라 하나님이 이 세상을 위해 행하시려는 것을 찾는다. 이 세상에서 볼 수 있는 도시나 왕국은 불확실하고 소망을 둘 곳이 아니다. 이곳에는 "영구한 도성"이 없다(13:14). 히브리서는 우리가 흔들리지 않는 왕국, 영원한 도성, 하나님이 지으신 더 나은 나라를 구하기를 원한다.

히브리서는 초기 그리스도인들 사이에 영토 신학에 대한 신중한 비판이 있었는가라는 의혹을 종식시킨다. 히브리서 저자와 더불어 그와 동일하게 이 세상을 바라보는 사람들은 그리스도인이 유대의 정치에 관심을 가져야 한다고 생각하지 않을 것이다. 또 하나님이 유대를 새롭게 하실 것이라든가 예루살렘이 다시 회복되는 것도 그들의 종말론에는 들어 있지 않다. 그들은 "우리는 더 나은 나라를 구한다"고 말하는데, 이는 하나님이 직접 세우실 본향(patris)을 뜻한다.

요한계시록은 이런 이해의 폭을 더 넓힌다. 요한계시록은 예루살렘과 유대를 포함한 이 세상의 멸망을 그리는 묵시 드라마를 상영함으로써 이 세상을 거부한 신자들이 치러야 할 대가를 보여준다. 이는 포로자의 언어이자 순교자의 언어다(17:6). 요한계시록에서는 그 거룩한 땅이 하나님의 백성을 향해 폭력을 가하는 것이 되고 결국에는 심판과 멸망의 대상이 된다. 요한계시록은 그 땅을 소망과 약속의 땅으로 보지 않는다. 그 큰 도시가 무너진다. 대신 예루살렘의 미래는 하나님이 그것을 새롭게 하고 그 도시를 설계했던 사람들이 패배할 때 비로소 안전해질 것이다. 하늘이 땅으로 내려올 때 "더 나은 나라"가 탄생한다.

요한계시록을 이상적으로 해석할 때 가장 문제가 되는 것은, 그 안에서 가장 핵심적인 메시지를 빼버린다는 것이다. 즉 묵시를 묵시로 다루지 않게 된다. 어떤 사람들에게는 그 드라마가 단순한 소망의 메시지로 전락해버린다. 이 세상의 폭력이 하나님의 심판 아래 선다. 그럼에도 불구하고 하나님은 세상을 사랑하시기 때문에, 개입하셔서 뭔가를 행하시고 의와 공의를 이루실 것이다. 이것은 맞는 말이긴 하지만 너무 협소한 해석이다. 요한계시록은 인간 역사의 비극과 인간이 스스로를 그 비극에서 구해낼 수 없다는 절망을 선포하는 신학적 틀을 제공한다. 그 어떤 정치·종교·경제 시스템으로도 이 세상의 악을 궁극적으로 치료할 수 없다. 폭력이 세상을 이끌어간다. 더 나은 세상은 세상 사람들의 힘으로는 세워질 수 없다. 군대의 힘으로 세상에서 악을 없애려고 하거나 이념을 새로 정립해서 세상을 새롭게 하려는 시도로는 하나님의 백성이 구하는 안식을 가져올 수 없다. 그런 해결책, 나아가 궁극적인 해결책은 오직 하나님이 친히 인간 역사에 심판을 선언하시고, 그분의 자비를 마음으로 구하는 자들을 구원하시며, 마침내 이 세상 왕국의 모든 힘과 영광을 능가하는 그분의 왕국이 임할 때에야 발견될 것이다.

요한계시록에는 한때 구약의 역사에서 그 땅을 약속받았던 것을 다시 재건하고자 하는 종교적 향수나 감성이 전혀 엿보이지 않는다. 인류가 유대 땅 **경계 안에서** 정치적·역사적 구원을 찾고자 했던 것처럼 그 땅에 대한 재건을 요구하는 모습은 보이지 않는다. 오히려 요한계시록은 모든 "바벨론"을 향해 분명히 경고한다. 폭력적이고 불경한 사람들이 경고를 받았다. 이곳은 하나님의 세상이지 우리의 세상이 아니다. 인간의 도시나 제국은 그 존재의 기한이 제한되어 있고 무게의 중심이 바뀐다.

이런 틀 안에서 볼 때 종교적 영토주의는 모순에 불과하다. 마치 타이태닉호가 침몰하는 와중에 아이들이 디저트를 놓고 싸우는 격이다. 요한계시록의 넓은 관점은 그 땅을 넘어 세상과 그 세상을 향해 하나님이 행하시고자 하시는 일에 집중되어 있다.

8장 땅, 신학, 그리고 교회

땅, 특히 **약속의 땅**에 대해 기독교인답게 생각하기 위해서는 땅에 대한 이해가 우리의 현실관, 역사관, 심지어 하나님의 창조세계를 바라보는 관점에 얼마나 핵심적인 역할을 하는지를 먼저 알아야 한다. 땅의 개념을 정립할 때마다 우리는 소유권에 대한 우리의 가치관, 신학, 그리고 이 세상에서 우리와 하나님이 함께 있는 장소를 표현함으로써 **사회를 구성** (social construct)하게 된다. 어떤 문화에서 땅은 성스럽고 하나님이 주신 선물로 받아들여진다. 그리고 우리의 삶은 땅에서 발견되는 삶의 모습의 일부가 된다. 또 다른 문화에서 땅이란 정복하고 길들이고 소유해야 할 대상이 된다. 호주 학자 노만 하벨(Norman Habel)은 구약에 나오는 땅 사상을 다루는 책의 서론에서 땅에 대한 서양인과 호주 원주민의 관점을 비교한다. "호주 원주민들에게 땅은 성스럽고 조상들의 꿈이 가득한 곳으로서 바로 그 꿈들이 친척 관계와 성스러운 장소와 예식을 결정한다. 인간을 포함한 모든 생물이 그 땅에 대해 의무를 갖는다. 땅이 사람에게 속한 것이 아니라 사람이 땅에 속해 있다."[1]

그런 다음 하벨은 땅을 정복의 대상으로 여기는 서구 유럽의 탐험가를 언급한다. 그에게 "땅은 불모의 사막, 사나운 정글, 혹은 경외감을 불러일으키는 산이다. 이처럼 땅은 하나의 도전이자 인간 이성이 정복해야 할 새로운 지평이고 유한함과의 두려운 조우다. 땅은 관리하고 측량해야 할 영역이다. 일단 땅이 지도로 그려지면, 탐험가는 기업가가 되어 그 땅을 거대한 경제 자원으로 인식하고 다시 정복한다."[2]

성경 전통은 이런 관심들을 잘 알고 있다. 우리는 구약과 초기 유대교 및 신약이 하나님이 약속한 땅이라는 문제를 두고 각자의 방식으로 어떻게 씨름해왔는지를 지금까지 살펴보았다. 성지 곧 아브라함과 그 자손에게 약속으로 주신 땅은 이스라엘에게 큰 선물이자 큰 유혹이 되었다. 브루그만이 나눈 범주가 보여주듯이, 이스라엘은 계속해서 도덕적인 선택을 해야 했다. 그들은 힘으로 그 땅을 차지할 것인지, 아니면 선물로 그 땅을 받기를 기다릴 것인지를 선택해야 했다. 전자는 땅을 권리로 인식하고 모든 도전자를 무찔러야 한다고 생각했다. 후자는 땅을 특권으로 보고 가난한 자들과 나그네들과 나누어야 할 것, 또는 하나님이 주시는 것으로서 겸손과 절제가 요구되는 것으로 여겼다.

이어 헬레니즘 시대(신약 시대)에 들어서, 그 땅은 거대한 논쟁의 근원이 되었다. 많은 랍비가 유대인에게만 주신 구약의 약속을 재확인하고 움켜쥐어야 한다는 이념을 고수했다. 다른 이들은 이를 결사적으로 반대했다. 어떤 이들은 종교적 텃세권(religious territoriality)을 주장하면서 영토적 특권을 끝없이 요구했다. 또 어떤 이들은 이런 영토주의에 신중한 태도를 취했다.

하지만 앞에서 보았듯이, 예수와 제자들은 유대에 있던 유대인 지도자들이 고수하던 영토주의를 지지하지 않았다. 로마의 통치 아래에 있던 유대교는 자신들이 그 땅을 유산으로 받았다는 생각에 지나치게 경도되어 저항하고 투쟁했고 결국 그 땅을 로마 군대에 빼앗기고 말았다. 그러나 이런 땅 신학이 과연 적절한지에 대해 의문을 제기하는 유대인들도 있었다. 디아스포라 유대교 안에서 시작된 이론적 논쟁은 단지 상대편에 대한 입막음으로만 점철되었다.

오늘날에도 이 논쟁들이 계속되고 있으며, 많은 경우 성경 시대의 신학적 관심들을 그대로 담고 있다. 또 어떤 경우에는 현 중동 정치와 그곳에서 살아남으려는 문화적 갈등으로부터 촉발된다. (두 종류의 현대판 디아스포라라고 할 수 있는) 뉴욕이나 런던에 사는 유대인들은 율법을 온전히 지키려면 현대 이스라엘 국가에서 살아야 한다는 주장을 놓고 예루살렘에 사는 정통 유대인들과 논쟁을 벌인다. 그리고 샌안토니오나 텍사스, 글라스고, 스코틀랜드에 사는 그리스도인들은, 아브라함이 받은 땅 약속이 오늘날의 중동에서 여전히 작동하고 있으므로 그 약속들을 존중하지 않으면 영적이고 국가적인 위기상황에 이르게 될 것이라고 주장한다.

하지만 분명히 해야 한다. 유대교와 기독교가 초창기에 각자 자신의 위치에서 그 땅의 장점들을 논했듯이, 오늘도 마찬가지다. 모든 유대인이 영토 신학을 추구하는 것은 아니다. 모든 그리스도인이 그런 것도 아니다. 그러나 1세기와 마찬가지로 이 고대의 논쟁들이 다시 일어나고 있다. 현대 이스라엘의 이주 운동(the settler movement)이 이를 잘 보여준다. 그리고 그리스도인들이 추진한 기독교 시온주의라는 운동이 이 견해를 좀 더 대중적으로 발전시켰다.

나는 이런 운동을 직접 목격한 적이 있다. 이에 관해 이야기를 풀기 시작하면 좀 극단적으로 들릴 수도 있는데, 극단적인 것이 사실이다. 그리고 이 이야기에 등장하는 사람들의 목소리는 기독교 공동체 주류의 의견이 아니다. 하지만 그들의 목소리는 이 고대의 논쟁에 다시 불을 붙일 만큼 강력했다.

예루살렘에서의 대화

1990년대 초 나는 시온산 근처에 위치한 예루살렘 대학(전 성지 신학 연구소)에 방문한 적이 있었다. 그 자리에서 미국인 개신교 목회자와 교사들과 함께 점심을 먹게 되었다. 종종 그렇듯이, 대화는 신학과 이스라엘에 관한 문제로 옮겨갔다. 당시 팔레스타인 폭동이 최고점을 찍고 있던 터라 나는 다음과 같은 질문을 했다. "여러분은 이스라엘과 팔레스타인 폭동에 대해 어떻게 생각하십니까?"

맞은편에 있던 한 개신교 목회자가 확신에 찬 목소리로 말했다. "성경에 나온 대로 해야 한다고 생각합니다. 여호수아는 순종과 믿음으로 가나안 사람들을 다 몰아내지 않았습니까? 오늘날에도 똑같이 해야지요." 여호수아서에 나온 대로 정복하고 쫓아내는 방식으로 현재의 아랍-이스라엘 갈등을 풀어야 한다는 말이었다.

나는 반응을 하지 않은 채로 거기 있던 사람들 중 과연 얼마나 많은 사람들이 그 말에 동의하는지를 지켜보았다. 놀랍게도 모두가 여호수아야말로 현 이스라엘의 국내 정책에 있어 믿을만한 전례라는 데 동의

했다. 팔레스타인 사람들은 현대 이스라엘 국가가 신으로부터 받은 땅에 침입한 침입자들이므로, 필요하다면 폭력을 써서라도 그들을 몰아내야 한다. 곧 각자의 교회로 돌아가 설교를 하게 될 미국 개신교 목사들의 의견이 그랬다.

이런 관점은 그리스도인들 사이에서도 특별한 것이 아니다. 나는 이런 말을 수도 없이 들어왔다. 목회자뿐만 아니라 수많은 방송 설교자들도 이런 생각을 가지고 있다. "유대인들에게 예수를"(Jews for Jesus)이라는 메시아닉 기독교 단체의 사무총장인 데이비드 브릭너(David Brickner)도 이들과 같은 의견을 말한다.

나는 현대 이스라엘 국가야말로 하나님의 기적이 만들어낸 성경 예언의 성취라고 믿습니다. 예수는 분명 "그들이 칼날에 죽임을 당하며 모든 이방에 사로잡혀 가겠고 예루살렘은 이방인의 때가 차기까지 이방인들에게 밟히리라"(눅 21:24)고 말했습니다. 그 나라가 세워진 지 50년이 되었습니다. 하지만 예수가 그 예언을 한 이래 처음으로 예루살렘이 유대인의 통치 아래에 있게 된 지 30년이 되었습니다. "이 세대가 지나가기 전에 모든 일이 다 이루어진" 것 아닙니까?

하나님이 당신의 택한 백성과 갈라서셨다고 말하는 사람에게는 화가 있을 것입니다. "그날에는 내가 예루살렘을 모든 민족에게 무거운 돌이 되게 하리니 그것을 드는 모든 자는 크게 상할 것이라. 천하 만국이 그것을 치려고 모이리라"(슥 12:3). 이제 다시 다윗의 도시로 돌아온 유대인들에게 맞서고자 그 나라들과 함께하는 사람들에게는 화가 임합니다. 하나님이 그분의 백성을 함부로 대한 이집트를 심판하셨듯이, 오늘날에도 그 나라들을 심판하실 것입니다. 중동을 이해하려는 그리스도인이라면 성경의 가르침에 주목해야 합니다. 지금 하늘에서 전쟁을 벌이는 우주적 힘이 곧 땅에서 전쟁을 벌이게 될 것에 주목해야 합니다. 그들은 어느 편에 서야 하는지를 신중하게 선택해야 합니다.[3]

역사적으로 이어진 논쟁에 의해 촉발되고 성경의 약속들과 밀접하게 연관됨으로써 만개한 기독교 영토 신학이 여기에 있다. 그리고 이 기독교 영토 신학은 비슷한 주제들을 가진 몇몇 유대 시온주의 운동들과 밀접한 관련을 맺고 있다. 이들은 헬레니즘 시대에 횡행했고 예수와 바울도 알았던 신학적 논쟁들의 많은 부분을 되풀이하고 있다. 그리고 어떤 사람들은 이 논쟁을 통해 기원후 66년에 유대교로 하여금 로마를 상대로 전쟁을 벌이게 했던 열심당원들의 감정을 표현하고 있다.

영토 관련 이데올로기로서의 현대 유대교 시온주의는 19세기 후반에 가장 활발하게 일어났다. 이 운동은 처음에는 세속적인 운동이었지만, 유대인의 문화적 정체성이 가진 특징 탓에 종교적 주제들이 사용되었다. 그 후 수많은 정치 조직들이 만들어졌는데, 이들은 유대인 국가의 탄생을 문화적·종교적 의무로 보았다. 20세기에는 영국이 팔레스타인을 통치하는 중에 대규모의 유대인들이 그 땅으로 이주했고, 1948년에는 이스라엘 유대 국가가 탄생했다.

그리스도인들은 20세기 내내 이 운동에 반응할 것을 요구받았다. 어떤 이들에게 이것은 예언의 성취였다. 또 어떤 이들에게는 유럽에서 유대인들이 겪었던 일에 대한 도덕적 보상이었다. 또 어떤 이들에게는 그런 영토주의가 새로운 일련의 윤리적 문제를 양산했다. 윤리적 문제를 간단하게 정리하면 다음과 같다. 그 땅에는 이미 상당히 많은 팔레스타인 사람들이 살고 있었다. 그러나 시온주의자들은 아랍 사람들을 강제로 쫓아낼 전략의 일환으로 그 땅을 사진으로 찍어 지도를 그리는 작업에 착수했다. ("인구 이주 위원회"라는 정부 부처가 이 일을 주도했다.) 신생 국가가 세워진 후 400개가 넘는 팔레스타인 마을이 비워지고 파괴되기 시작했다.

나는 이미 다른 책『팔레스타인은 누구의 땅인가?』[4]에서 팔레스타인에 세워진 현 이스라엘 국가에서 일어나는 불평등과 폭력에 대해 자세히 다룬 적이 있다. (오늘날 일어나고 있는 모든 도덕적 문제의 중심에 있는) 이스라엘의 이주 정책은 계속해서 비판을 받고 있으며, 이스라엘 정부와 미국, 유럽 정부가 빚어내는 새로운 긴장의 핵심이 되었다. 이스라엘의 이주 정책에 대한 전체적인 역사와 비판은 게르숌 고렌버그(Gershom Gorenberg)의『우연한 제국: 이스라엘과 정착의 기원, 1967-1977』[5]이 상세히 다루고 있다.

1세기 교회가 유대 영토주의 및 민족주의와 싸워야 했듯이, 오늘날의 기독교 교회도 마찬가지다. 이것이 우리의 마지막 과제다. 신약이 그 땅에 대해 어떤 관점을 가졌는지를 생각한다면, 오늘날 몇몇 그리스도인들이 신약의 가르침과 일치하지 않는 영토 신학을 다시 주장하는 것은 문제가 있다. 실제로 이들은 이스라엘 이주 운동과 밀접한 연관을 가진 경우가 많다. (예루살렘 남부) 웨스트뱅크의 헤브론에는 약 15만 명의 아랍인이 살고 있다. 그런데 이 도시 중앙에 500명의 이주민이 1,200명의 이스라엘 군인들의 보호를 받으며 살고 있다. 최근에는 이 이주민들이 그들의 노력을 지지하기 위해 찾아오는 그리스도인 여행객들을 위해 새로운 환영 센터를 만들었다. 그곳을 방문해보면 유대인 공동체나 기독교 공동체의 사고에서 신학과 정치가 얼마나 혼재되어 있는지를 확인할 수 있다.

기독교 시온주의자의 영토 신학

대중적인 복음주의 진영 안에 기독교 시온주의라고 불리는 하위집단이 있는데, 이들은 일종의 영토 신학을 주창해왔다. 그러나 지금까지 이 책에서 계속 논했듯이, 영토 신학은 처음부터 기독교와 전혀 관련이 없었다. 기독교 시온주의의 역사는 아마도 청교도까지 거슬러 올라갈 수 있겠지만, 현재 형태의 시온주의는 19세기 말 영국과 미국의 그리스도인들로부터 생겨났다. 서구 기독교 시온주의의 역사에 대해서는, 스티븐 사이저의 『기독교 시온주의: 아마겟돈으로 가는 로드맵?』(2005)를 통해 그 운동의 기원을 면밀히 살펴볼 수 있다.[6] 같은 해에 티모시 웨버는『아마겟돈으로 가는 길에서: 복음주의자들이 어떻게 이스라엘의 가장 친한 친구가 되었나?』[7]라는 책에서 이스라엘 국가와 복음주의자들 사이의 각별한 관계를 설명한다. 이 연구들은 많은 다른 연구들과 함께 이 복음주의자들이 어떻게 현대 이스라엘에 대한 세계관을 구축했는지에 대한 종합적인 그림을 제시한다.

하지만 어떤 학자들은 기독교 시온주의는 신학과 전혀 상관이 없다고 주장한다. 최근 로버트 O. 스미스가 아주 유용한 수정된 제안을 했다.

> 기독교 시온주의는 단순히 신념들의 집합체가 아니다. 단순히 휴거를 믿거나 혹은 대다수의 미국인처럼 이스라엘을 우연히 동정하게 되어서 기독교 시온주의자가 되는 것이 아니다.
>
> 오히려 기독교 시온주의는 기독교의 약속들(commitments)을 근거로 한 정치적인 행동으로서, 이스라엘과 점령된 팔레스타인 지역에 대한 유대인의 통치권을 촉진하거나 보존하려는 행동으로 보는 것이 가장 타당하다. 정치적 행동은 교회에서 친이스라엘 집회를 주최한다든지 이 문제를 투표에 붙이자고 청원을 내는 등의 다양한 형태로 나타날 수 있다.[8]

또한 스미스는 기독교 시온주의가 항상 종말론과 관련된 것은 아니라는 점을 상기시킨다. "모든 기독교 시온주의자가 종말의 소망을 통해 동기를 부여받는 것은 아니다. 사실상 많은 사람이, 특히 홀로코스트 기간에 그리스도인들로 인해 고통받은 유대인들의 역사를 너무나 잘 알고 있다. 그래서 그들은 미래에 있을지 모르는 유대인의 고통에 대비하여 보호 수단을 제공함으로써 이스라엘 국가를 더 강하게 하도록 도우라는 하나님의 요청을 느낀다."[9]

그러므로 기독교 시온주의는 다양성을 인정한다. 그러나 여기서 나는 스미스의 의견에 동의하지 않는다. 복음주의자들 안에서 종말론은 종종 중요한 역할을 한다. 많은 문헌들이 이 주제에 집중해왔다. 그리스도의 재림을 보고자 하는 열망이 그들로 하여금 재림이 일어날 수 있는 역사적 플랫폼을 건설하게 했다. 유대교가 그 땅을 회복하는 것은 더 먼 목적지로 가는 데 있어 중간역일 뿐이고, 그 땅으로 돌아온 유대인들은 그들을 기다리고 있는 것을 보면 깜짝 놀랄 것이다. 게다가 교회가 "친이스라엘" 집회를 후원하려면, 적어도 복음주의적 전통은 그런 노력에 대해 몇 가지 성경적 정당성을 요구해야 한다.

미국 내 보수적인 기독교 운동의 역사를 보면, 이렇게 종말론적인 동기를 부여받아 시온주의로 발전한 견해들이 상당히 많이 발견된다. 19세기 동안 기독교 순례자들은 팔레스타인을 방문하면서 자신들이 중요한 성경적 약속의 성취라고 생각했던 것을 목격하고 흥분했다. 나는 여기서 드윗 탤미지(Revd DeWitt Talmage) 목사가 떠오른다. 그는 19세기 중반에 뉴욕 브루클린의 태버너클 교회를 섬기고 있었는데, 순례에서 돌아와 『성지에서 한 25편의 설교』라는 책을 출간했다. 그는 이 책에 팔레스타인 땅에서 다시 맞이한 유대인의 르네상스를 보여주는 낭만적인 사진 한 장을 실었다. 그리고 유대인들이 그곳으로 돌아와 살 수 있도록 후원한 자선 사업가들을 칭송했다. 탤미지 목사에게 그것은 성경적인 일들의 회복을 의미했다. 다음은 그의 설교의 일부다.

> 이스라엘 사람들을 위해 팔레스타인으로 가는 통로를 열고 그 땅에 이스라엘의 문화를 남길 수 있도록 투자해주신 마음 넓은 분들이 많이 계십니다. 이것은 하나님의 예언이 성취되는 시작점일 뿐입니다. 이제 예언이 성취되면, 이스라엘 사람들이 그 성지를 온전히 차지하게 될 것입니다. 우리는 욥바에서 예루살렘까지 난 길과 나사렛과 갈릴리로 이어지는 모든 길에서 유대인들이 줄지어 성지로 가는 모습을 보았습니다. 그들은 성지 순례자이거나 이주민이었습니다. 요즘엔 모든 섭리가 이스라엘이 팔레스타인을 되찾는 쪽으로 이루어지고 있습니다.

1891년 조지 애덤 스미스는 『성지의 역사지리』라는 책에서, 유대교의 귀환을 기다리는 텅 빈 성경의 땅을 그린다. 복음주의 진영에서 팔레스타인과 성경에 대해 큰 흥미를 보이기 시작하면서 이런 출판물들이 더욱 활기를 띠었고, 이로 인해 뭔가 엄청나고 성경적인 것이 성취되기 위해서는 유대교가 회복되어야 한다는 인식에 불이 붙었다.

성경에 대한 이런 관심은 영국과 미국에 있는 초기 복음주의자들로부터 시작되었다. 이중 윌리엄 블랙스톤(1841-1935)은 시카고의 복음주의자였고 드와이트 무디의 제자였다. 1878년 그는 『예수가 온다』라는 책에서 유대인이 성지로 돌아올 것을 내다보고 그것을 그리스도의 재림과 연결시켰는데, 이 책은 미국에서 그런 주제를 다룬 책들 가운데 최초의 베스트셀러가 된다. 이 책은 3판까지 나왔고 42개 국어로 번역되었다. 블랙스톤은 1890년에 성지에 있는 유대인 정착촌을 방문하기도 했고, 시카고에서 유대인에 의한 팔레스타인 회복을 위한 예언 집회를 열기도 했다.

블랙스톤부터 오늘에 이르기까지 많은 기독교 시온주의자들이 있었다. 제리 팔웰, 핼 린지, 마이크 에반스, 잔 밴더 후벤, 팻 로버트슨, 랄프 리드, 팀과 비버리 라하이, 잭 헤이포드, 개리 바우어, 존 해기, 제임스 케네디, 케이 아더 같은 연설가들과 작가들이 중동에 대해 같은 견해를 개진한다. 그들은 책을 쓰며 집회를 열고 인터넷 사이트를 운영하면서 이스라엘로 대규모의 여행객을 이끌었다. 그들은 유대인이 그들의 성스러운 땅에서 다시 재건되는 것을 보고 싶어 한다. 그들은 이것이야말로 우리가 종말의 때 곧 그리스도의 재림을 목격할 말세에 살고 있다는 징표라고 보았다.

예수와 땅의 신학

기독교 영토 신학 만들기?

위에서 말한 간단한 종말론과는 달리, 많은 다른 기독교 시온주의자들 사이에서는 종말론적 요소가 소위 유대교를 위한 성경신학적 거대 담론의 정점을 차지한다. 그 담론은 그 땅을 중심으로 하는 신학적 사이클을 주장한다. 이 사이클에는 땅과 관련해 약속, 상실, 회복이라는 세 가지 중요한 요소가 포함된다. 기독교 시온주의자들은 이 사이클이 오늘날 다시 작동하기 시작했다고 믿는데, 바로 이것이 그 담론에서 가장 중요한 점이면서 동시에 기독교 시온주의를 독특하게 만드는 역할을 한다. 이스라엘은 잃어버린 땅으로 돌아와 그 땅을 회복하고 있다. 그런데 이 사이클을 지지하는 유대인들은 한 가지 놀라운 요소를 추가로 발견하게 될 것이다. 기독교 시온주의자들은 이 영토적 사이클에 종말론을 덧붙였다. **이것이 마지막 사이클이다.** 그리고 이 사이클이 완성될 때 역사의 종말이 올 것이다. 이 네 단계가 모여 영토 신학을 구성한다.

영토에 대한 약속

이스라엘의 믿음에 나타나는 이런 영토적 차원은 창세기 12, 15, 17장에서 하나님이 아브라함에게 하신 약속에 근거한다. 땅에 대한 이 약속들은 다르게 해석될 수 있는 영적 상징들이 아니다. 이것은 진짜 유산, 진짜 영토, 진짜 부동산에 대한 확고한 약속들로서, 어느 나라의 땅을 주실

지까지 구체적으로 거론되어 있다. 창세기 17:7-9 본문이 대표적이다.

> 내가 내 언약을 나와 너 및 네 대대 후손 사이에 세워서 영원한 언약을
> 삼고 너와 네 후손의 하나님이 되리라. 내가 너와 네 후손에게 네가 거
> 류하는 이 땅 곧 가나안 온 땅을 주어 영원한 기업이 되게 하고 나는 그
> 들의 하나님이 되리라. 하나님이 또 아브라함에게 이르시되 "그런즉
> 너는 내 언약을 지키고 네 후손도 대대로 지키라."

이 약속은 영원하고 폐지될 수 없다는 점에 주목하라. 또한 이는 아브라
함뿐만 아니라 그의 자손들까지 누리게 될 지속적인 약속이 될 것이다.
하지만 이 약속은 모든 아브라함의 자손을 위한 것이 아니다. 창세기에
서 아브라함의 약속이 반복되는 장면을 보면, 그 약속은 이삭(창 26:2-4)
과 야곱(28:13-15), 그리고 그에게서 나올 지파들로 좁혀진다. 각 경우에
약속이 반복될 때마다 아브라함에게 주신 원래의 약속을 되울린다. 땅을
유산으로 받는 것은 하나님이 자신의 약속을 충실히 지키신다는 징표가
되고, 나아가 하나님의 선한 성품의 불변성을 반영한다.
　기독교 시온주의자들은 그 약속의 영속성을 진지하게 받아들인다.
더욱이 그들은 그것을 거부하거나 오늘날 그 약속을 무효화시키려는 사
람들의 행위가 하나님의 말씀에 심각하게 반하는 것이라고 본다. 기독교
시온주의자들의 문학 작품에는 땅에 관한 약속을 굳게 붙들어야 한다는
경고가 반복적으로 등장한다. 그런 다음 아브라함에게 그의 나라를 떠나

서쪽으로 이동하라는 하나님의 명령이 나온다. "여호와께서 아브람에게 이르시되 '너는 너의 고향과 친척과 아버지의 집을 떠나 내가 네게 보여 줄 땅으로 가라. 내가 너로 큰 민족을 이루고 네게 복을 주어 네 이름을 창대하게 하리니 너는 복이 될지라. 너를 축복하는 자에게는 내가 복을 내리고 너를 저주하는 자에게는 내가 저주하리니 땅의 모든 족속이 너로 말미암아 복을 얻을 것이라' 하신지라"(창 12:1-3).

이 구절은 흔히 오늘날 신학자들과 정치적 정책 결정자들에 대한 경고로 사용된다. 특히 창세기 12:2은 독보적으로 쓰인다. "너를 축복하는 자에게는 내가 복을 내리고 너를 저주하는 자에게는 내가 저주하리니." 이 약속에 걸림돌이 되는 사람이나 이스라엘이 그들의 조상들의 땅을 다시 물려받을 권리를 거부하는 사람, 이런 사람이나 나라는 하나님께 심판을 받을 것이라는 뜻이다.

영토 상속

기독교 시온주의자들의 견해에서 두 번째 단계는 이런 땅에 관한 약속이 성경 역사 안에서 어떻게 실현되었는지를 연구하는 것이다. 창세기부터 열왕기를 관통하는 한 가지 중요한 신학적 주제는 "약속과 성취"다. 이스라엘이 펼치는 드라마는 땅을 잃어버릴 위기에 처하는 이야기다. 이스라엘은 이집트의 포로 생활에서 간신히 벗어나 수년간 사막에서 방황하다가, 마침내 모세의 인도에 따라 모든 지파가 가나안으로 들어가면서 그 약속이 실현되는 것을 경험한다. 이스라엘의 영토적 유산에 관한 이야기의 절정은 여호수아의 지도로 정복 전쟁을 하는 것이다. 그 모습은 40년간 광야에서 방황하던 것과 극적으로 대조된다. 물론 이집트에서 노예 생활을 하던 모습과도 대조된다. 또 가나안 사람들이 패하는 모습을 통해 하나님의 능력이 이스라엘을 승리로 이끌었음을 보여준다. 사사기는 이스라엘의 영토가 이웃들의 반복적인 위협을 받음에도 불구하고 땅 유산은 신성불가침의 영역임을 보여줌으로써 이 드라마를 계속 써내려간다.

이런 영토적 주제는 성막이 유대 산지로 옮겨지고 나서 이스라엘 왕가가 왕의 역할뿐만 아니라 궁극적으로 이스라엘의 하나님 역할을 하기 위해 세워질 때 가장 극명하게 드러난다. 사무엘이 이스라엘에 왕을 세우는 것에 대해 경고했음에도 불구하고, 구약 이야기는 이것을 그 약속의 성취로 그린다. 휘황찬란한 성전이 시온에 세워지고, 다윗이 보좌에 앉아 있으며, 이스라엘의 대적들이 후퇴하고, 이스라엘은 이제 느슨한 부족 연맹에서 벗어나 하나의 나라가 되어 국제 공동체로부터 온전한 존중을 받는 왕국이 된다. 멀리서부터 특사들이 와서 선물을 바치고 경의를 표하며 거래를 하고 협약을 맺는다.

기독교 시온주의자들이 보기에 이것이야말로 이스라엘이 돌아올 때의 모습이다. 그것은 예수 당시 로마 지배하에 있던 헬레니즘화된 유대교로 복귀하는 것이 아니다. 이상적인 이스라엘의 회복은 다윗 시대의 모습을 되살리고 민족적 순수성을 세우며 성전에서 예배가 회복되고 다른 인근 디아스포라 지역이 아닌 그 땅에서 유대인의 삶이 회복되는 그런 상태여야 한다.

따라서 어떤 시온주의자들이 이런 비전을 통해 예루살렘에 성전을 재건하고 이슬람 최고 성지 중 하나인 황금돔을 위협하려는 자신들의 욕망을 정당화시키려 했던 것도 무리가 아니다. 또 여름마다 예루살렘 시온문 밖을 돌면서 쇼파르(양각 나팔)를 불고 하프를 연주하는 이상한 사람을 보는 것도 놀랄 일이 아니다. 그런 행동을 하는 사람은 자신이 다윗 왕을 닮았다고 생각한다. 기독교 시온주의자들이 다윗의 영광을 찬양하는 노래를 부르면서 수천 개의 이스라엘 국기를 흔들고 예루살렘을 행진하는 것도 놀랄 일이 아니다. 이들은 현대 역사에서 성경의 모습을 실현하고 있는 것이다.

이런 모습을 보면 다윗 시대를 묘사하는 시편들이 왜 기독교 시온주의자들 사이에서 애창되고 있는지 이해가 된다. 시편 48편이 이에 해당하는 제일 좋은 예다. 이 시편은 하나님이 예루살렘에 거하시며 통치하시고 자신의 백성을 번영시키시는 국가적 승리의 모습을 그린다.

여호와는 위대하시니 우리 하나님의 성, 거룩한 산에서 극진히 찬양받으시리로다. 터가 높고 아름다워 온 세계가 즐거워함이여 큰 왕의 성 곧 북방에 있는 시온 산이 그러하도다. 하나님이 그 여러 궁중에서 자기를 요새로 알리셨도다. 왕들이 모여서 함께 지나갔음이여 그들이 보고 놀라고 두려워 빨리 지나갔도다. 거기서 떨림이 그들을 사로잡으니

고통이 해산하는 여인의 고통 같도다. 주께서 동풍으로 다시스의 배를 깨뜨리시도다. 우리가 들은 대로 만군의 여호와의 성, 우리 하나님의 성에서 보았나니 하나님이 이를 영원히 견고하게 하시리로다. 하나님이여, 우리가 주의 전 가운데에서 주의 인자하심을 생각하였나이다. 하나님이여, 주의 이름과 같이 찬송도 땅끝까지 미쳤으며 주의 오른손에는 정의가 충만하였나이다. 주의 심판으로 말미암아 시온 산은 기뻐하고 유다의 딸들은 즐거워할지어다. 너희는 시온을 돌면서 그곳을 둘러보고 그 망대들을 세어 보라. 그의 성벽을 자세히 보고 그의 궁전을 살펴서 후대에 전하라. 이 하나님은 영원히 우리 하나님이시니 그가 우리를 죽을 때까지 인도하시리로다.

영토의 상실과 반환 요구

물론 성경에서 사울에서 시작해 다윗을 거쳐 솔로몬으로 이어진 연합 왕국은 오래가지 않았다. 이스라엘의 국가적 연합이 깨어졌고 부족 간 전쟁으로 인해 나라가 황폐해졌다. 이스라엘의 이웃들은 이런 분열을 틈타 자신들의 세력을 불려 이스라엘을 침략했으며, 결국 동방에서 온 사나운 왕들이 이스라엘이 상상하지 못했던 막강한 힘으로 이집트로 가는 지름길인 유프라테스를 건너오기 시작했다. 처음에는 북이스라엘이, 다음은 남유다가 130년도 안 되는 시차를 두고 함락되고 만다. 예루살렘은 기원전 6세기에 불에 탄다. 이후 포로가 되어 바빌로니아로 끌려가지만,

하나님은 여전히 당신의 백성을 그들의 약속된 유산으로 되돌아오게 하신다.

그들이 포로 생활에서 돌아오면서, 맨 처음 저 남쪽에 있는 이집트에서 돌아왔을 때처럼 그 땅의 사이클이 강조된다. 하나님의 약속, 이스라엘의 상실, 그리고 다시 이스라엘이 땅을 회복하는 것은 계속해서 등장하는 성경적 패턴이다.

기독교 시온주의자들은 열왕기하와 예레미야서 같은 예언서의 결론을 모방한다. 성경 역사에서 영토를 상실하는 것은 국가적 통치권을 유지하지 못한 이스라엘의 실패를 상징한다. 그러나 이스라엘이 포로 생활에서 돌아오고 그 땅을 극적으로 다시 찾는 모습은 비록 이스라엘의 국가적 생명력은 불완전할지라도 영토의 약속만큼은 위험해질 수 없음을 보여준다. 영토적 약속은 이스라엘의 상태와 상관없이, 족장들에게 주신 약속을 흔들림 없이 지키고 계시는 하나님께 초점을 둔다. 그렇기에 땅의 회복을 거부하는 것은 하나님의 약속을 무효화시키는 것이고, 그렇게 되면 이스라엘이 실천해야 할 언약적 삶도 그 의미를 잃는다.

하지만 영토의 상실과 회복이라는 사이클은 바빌로니아에 포로로 끌려갔다가 에스라의 지도하에 돌아오는 이야기를 넘어선다. 기독교 시온주의자들은 기원후 70년과 135년에 이스라엘이 로마의 포로가 된 사건도 같은 방식으로 해석한다. 성경이 보여주는 상실과 회복의 사이클이 옳다면, 포로 뒤에 늘 회복이 따라온다면, 족장들과 그 자손들에게 주신 약속이 이스라엘 역사에서 지배적인 변수라면, 오늘날 이스라엘이 자기 조상들의 땅으로 돌아온 것은 놀랄 일이 아니다. 시편에 나오는 축하의 노래들, 즉 바빌로니아에서의 포로 생활에서 벗어나 고향으로 돌아오며 부르던 노래는 이제 크라쿠프, 모스크바, 예멘, 마이애미에서 고향으로 돌아오는 유대인들이 부를 노래가 된다. 이런 땅의 회복을 부인하고 1948년의 의미를 절하하는 것은 단순히 정치적 사건을 거부하는 것 이상이 된다. 그것은 아브라함의 증손자가 강제로 이집트로 옮겨가야 했던 이후로 계속되어온 영토의 약속, 영토의 상실, 영토의 회복이라는 사이클을 거부하는 것이다. 이 사이클은 하나님이 만드신 균형적이고 성경적인 프로그램으로서, 하나님이 불변하시므로 이 역시 바뀌지 않을 것이다.

영토적 종말론

기독교 시온주의가 구약 예언서를 다루는 방식은 아마도 그것이 이룬 가장 큰 공헌이 될 것이다. 이들은 예언자들이 이스라엘의 국가적 삶, 특히 그들 가운데 거하는 "이방인과 나그네"를 대하는 태도에 대해 도덕적으로 권면하는 부분을 놀라울 정도로 간과한다. 또한 예언자들이 아시리아의 정복이나 모압과의 의심스러운 동맹에 대해 경고하거나 바빌로니아에서 귀환할 것을 예언할 때도, 그들은 원래의 역사적 맥락에서 배제되었다. 대신 그들의 경고와 예언은 시간을 초월하여 현재에 적용되었다. 포로 이후 이스라엘의 삶을 든든히 붙들어주고 위로했던 예레미야나 에스겔의 말은 1948년 이후 이스라엘의 삶을 격려하는 말씀이 되었다. 1967년이나 1973년 이후에도 그랬다. 모압과의 연합을 경고하는 말씀들은 현대 아랍 국가들과의 연합이나 팔레스타인 지도자들과의 평화 협의에 대한 경고로 해석된다. 예언적 메시지들은 그것이 탄생한 역사적 배경이나 문맥에 상관없이, 약속과 상실과 회복이라는 사이클에 그대로 끼워 맞춰진다.

대부분의 기독교 시온주의자들은 깊이 있는 구약 연구에 의존하기보다는 단순히 구약의 몇몇 구절을 인용하여 만든 종말론에 천착한다. 이 경우 약속과 상실과 회복의 사이클에 한 가지가 더해지는데, 그것은 바로 현재 이루어질 예수 그리스도의 재림이다. 이 지점에 이르면 우리는 이스라엘에 대한 그들의 관심이, 자신들이 종종 주장하는 것처럼 유대인들을 향한 진정한 공감에서 비롯된 것이 아님을 알게 된다. 그들이 이스라엘에 관심을 갖는 이유는 성경의 사람들이 성경의 땅에서 회복되고 보존되는 것을 보고자 하는 욕망 때문이 아니다. 이스라엘의 회복에 대한 열망은 종말론적 염원으로부터 나온 것이다. 그들은 최후의 전쟁이 벌어지고 그리스도가 다시 오시기를 바란다.

이 견해에서는 1948년이 큰 의미를 지닌다. 이 시기에 극적인 성취가 시작되면서 뭔가 더 구체적인 것 곧 묵시적인 시온주의로 이어진다. 이것은 그리스도의 재림을 열정적으로 믿는 하나의 신학적 세계관으로서, 유대교가 약속의 땅에서 회복되는 것이 그 일이 일어나기 위한 촉매제라고 본다. 이스라엘이 바빌로니아에서 돌아올 것을 가리킨 구약

의 예언들이 이제는 이스라엘이 흩어져 있던 유럽에서 돌아올 것이라는
말로 해석된다.

헬 린지는 1970년대에 그의 책『대유성 지구의 종말』에서 이런 견
해를 대중화시켰다. 그때를 기점으로 그는 그것을 복음주의 산업으로 바
꾸었다. 대부분의 기독교 시온주의자들이 조심하면서 자신들의 견해를
적극적으로 설명하지 않을 때, 그는 왕성한 집필 활동을 했다. 린지의 견
해에 따르면, 이스라엘의 귀환의 필요성을 이해하기 위한 핵심은 마가복
음 13장에서 예수가 예언한 성전 파괴에 있다. 이스라엘이 1967년에 예
루살렘을 정복한 후 국방장관인 랍비 슐로모 고렌이 황금돔 옆에 서서
쇼파르를 불면서 종교 예식을 거행하던 순간 일부 그리스도인들이 느
꼈을 흥분을 상상해보라. 2천 년이 되도록 그 산 위에서 그런 소리가 들
린 적이 한 번도 없었다. 그로부터 3년 후인 1970년에 헬 린지는 이렇게
썼다.

> 방해가 있든 없든, 성전이 재건될 것은 분명하다. 예언이 그렇게 말
> 한다. 팔레스타인에 유대 국가가 재건되며, 고대 예루살렘이 2600년 만
> 에 처음으로 다시 한번 유대인의 온전한 통치 아래로 들어가고 위대한
> 성전의 재건을 말하게 되면서 예수 그리스도가 곧 재림하신다는 가장
> 중요한 징표가 우리 앞에 드러났다. 퍼즐의 가장 중요한 조각을 찾은
> 것이다. 예수 그리스도를 믿는 모든 사람들이 가장 전율을 느낄 시간이
> 이르렀다.[10]

그의 어조는 변하지 않았다. 2001년에 그는 "세상의 운명은 약 4만 2천 평의 땅(솔로몬 성전터)을 놓고 벌어지게 될 오래된 싸움으로 결정될 것이다"라고 썼다. 성전은 재건될 것이며 유대인의 예배가 다시 시작될 것이고 이곳은 휴거, 적그리스도, 성전 신성모독, 대환난, 아마겟돈, 재림을 위한 무대가 될 것이다.

오늘날 시온주의자들의 무대에는 린지의 새로운 라이벌들이 등장했다. 1995년에 소설가 팀 라하이와 제리 젠킨스가 집필한『레프트 비하인드』는 총 16권의 시리즈로 전 세계 수많은 언어로 번역되어 650만 부 이상 팔렸다. 이 소설에는 인류의 마지막 전쟁을 겪고 그리스도의 재림을 목격하는 인물들이 등장한다.

하지만 오늘날 가장 큰 목소리로 이런 견해를 대변하는 사람은 아마도 샌안토니오 코너스톤 교회의 목사인 존 해기일 것이다. 그의 책 중 가장 주목할만한 것은『예루살렘 카운트다운』(2005, 2007년 개정)과『이스라엘을 변호하며: 유대 국가를 지지하라는 성경의 명령』(2007)이다. 두 책 모두 시온주의자들이 성경을 읽으면서 정치적으로 적용할 수 있는 근거를 제공한다.『이스라엘을 변호하며』는 미국 전역의 월마트에서 판매되고 있으며, 유럽에서도 팔리고 있다. 그는 이스라엘을 지나치게 옹호한 나머지 예수가 메시아로 주장된 적이 없다고(예수는 재림 때에 메시아가 될 것이라고) 설교할 정도다. 이 말은 예수가 메시아로 주장된 적이 없으므로 유대교는 "메시아"를 거부한 적이 없다는 의미가 된다. 이런 견해에 대해서 복음주의 신학자들은 끊임없이 비판을 제기했다.

평가

많은 작가들은 이런 움직임을 광범위하게 비판해왔고, (종말론과 연계된) 영토에 대한 강한 집착은 신학과 정치가 위험하게 융합한 결과라고 보았다. 그들의 글을 직접 거론하기는 어렵다. 왜냐하면 많은 설교가들이 복음 전도를 위해 그들의 도식을 사용하면서 너무나 대중적인 운동이 되었기 때문이다. 그중 신중한 신학적 연구를 담고 있는 글은 없다. 이들의 견해에 동의하는 신약학자들도 없다. 이들의 지지 그룹인 "이스라엘을 위한 그리스도인 연합"(Christians United for Israel)과 "카메라"(Camera)는 일반적으로 정치 활동가들이 운영하는 단체들이다. 책도 유명한 텔레비전 설교자나 로비스트들이 쓴 것이다.[11] 나는 그 그룹의 지도자들과의 토론을 위해 초대받은 적이 있는데, 그들이 신학적 훈련을 받지 않은 것을 금방 알 수 있었다. 교회 안에 널리 퍼져 있는 이런 운동이 어떻게 신중한 신학적 뒷받침도 없이 성공할 수 있었을까?

이 영토 신학에는 우리가 주의를 기울여야 할 많은 단점이 있다. 먼저, 이 부류에 속하는 그리스도인들은 땅에 관한 약속이 언약적 신실함과 바로 직결된다는, 부정할 수 없는 성경적 주제를 보지 못하고 있다. 이 주제는 사사기부터 열왕기서를 거쳐 예언서에 이르기까지 구약 전반에 걸쳐 면면히 흐르고 있다. 이스라엘이 언약을 무시할 때, 그리고 하나님을 예배한다고 하면서도 윤리적인 삶을 살지 않고 그 땅을 사적인 획득물로 생각할 때, 그들은 그곳에서 살 권리를 잃었다. 혹은 레위기가 잘 보여주듯이 그 땅이 그들을 토해냈다. 구약에서 바빌로니아의 군대는 하나님이 내리는 심판의 대리자 역할을 수행했다.

이스라엘의 회복을 성경적 유산의 회복으로 보는 기독교 시온주의자들은 이 가르침을 세속적인 이스라엘 국가의 삶에도 그대로 적용해야 한다.

둘째, 이 그리스도인들은 자신들의 세계관을 세우는 데 예언자들을 이용하면서도 그 예언자들이 말했던 다른 것을 듣지 못한다. 이사야와 미가는 독자들에게 거침없이 말한다. "가옥에 가옥을 이으며 전토에 전토를 더하여 빈틈이 없도록 하고 이 땅 가운데에서 홀로 거주하려 하는 자들은 화 있을진저"(사 5:8). "밭들을 탐하여 빼앗고 집들을 탐하여 차지하니 그들이 남자와 그의 집과 사람과 그의 산업을 강탈하도다"(미 2:1-3). 아마도 열왕기상 21장에 나오는 아합과 이세벨, 그리고 나봇의 포도원 이야기는 땅을 계산하고 정치적으로 빼앗은 것에 대해 하나님이 참지 않으신다는 것을 보여주는 가장 좋은 예일 것이다.

현대 이스라엘 국가가 예언의 성취라고 주장하는 기독교 시온주의자들은 이 예언자들이 말하는 도덕적 요구 역시 적용할 준비를 해야 한다.

셋째, 나는 구약이 이스라엘의 국가적 삶에 대해 견지하는 숭고한 국가적 비전을 함께 언급하려고 한다. 그것은 공의와 공정함에 대한 헌신으로서 지난 2천 년간 유대교 문학에서 늘 메아리쳐온 것이다. 이스라엘이 이집트에서 이방인이고 나그네였던 것을 생각하면, 이방인과 나그네는 보호를 받아야 한다.

기독교 시온주의자들이 이스라엘의 영토 약속에 대해 성경적인 주장을 하고 싶다면, 그들은 이스라엘에게 성경적 기준에 맞는 삶을 살라고 요구해야 한다.

넷째, 많은 사람들이 현대 이스라엘을 이스라엘의 고대 역사에 나오는 역사적 본문에 너무 여과 없이 대입시키려고 했다. 이들은 이스라엘이 바빌로니아 포로생활 때 받은 약속들을 문맥에 상관없이 가져와 20세기에 갖다 붙였다. 중동에 이스라엘 국가가 회복되는 것을 보면서 온 세상과 유대교가 놀랐다. 유대교 내에서도 그 진짜 의미에 대해 논쟁 중이다. 그리고 유대교 시온주의를 비판하는 유대인들은 기독교 시온주의를 비판하는 그리스도인들과 종종 동맹을 맺는다. 하지만 1948년과 1967년의 사건이 신적 사건이라고 확신에 차서 언급하는 것은 과거 지복천년의 예언들이 어떻게 잘못되었는지를 인식하지 못한 오만한 처사다.

다섯째, 이것이 아마도 가장 중요한 이유일 텐데, 기독교 시온주의자들은 신학과 그 땅이라는 주제에 대해 그리스도인답게 생각하지 못했다. 그들은 신약이 그 땅과 관련해 논한 고대의 논쟁들을 알지 못한 것이고, 구약의 말씀을 신중한 신학적 프로그램도 없이 무분별하게 사용했다. 이번 연구를 하면서 우리는 신약이 성지를 어떻게 보고 있는지를 간략하게 살펴보았다. 하지만 이런 관점을 가진 기독교 시온주의자들은 거의 없는 것 같다.

예수와 땅의 신학

노트르담의 구약학자 개리 앤더슨이 시온주의에 대해 어떻게 생각해야 하는지에 대해 쓴 글이 잡지 『크리스찬 센추리』의 최근호에 실렸다.[12] 앤더슨은 구약의 믿음과 그 땅이 맺는 불가분한 관계와 현대 유대교와 오늘날 성지가 맺는 불가분한 관계를 아주 정확하게 일치시키고 있다. 그의 글은 매우 설득력이 있지만 구약학자라는 저자의 배경으로 인한 한 가지 중요한 결함이 있다. 바로 신약의 렌즈로 그 질문을 보지 않았다는 것이다. 땅이 어떻게 기독교 교회의 신학적 프로그램 안에서 변화되어왔는지 한 번도 생각하지 않은 것이다. 그는 유대인 작가들을 긍정적으로 인용한다. "이스라엘이 그 땅에 대해 갖는 권리는 확실하다. 그것은 신적 약속의 주제다. 시온으로 돌아오는 것이 하나님이 자기 백성인 이스라엘에게 섭리로 계획하신 것이자 영원한 약속일까? 나는 그렇다고 믿는다." 유대인 신학자라면 이렇게 말해도 되겠지만, 땅과 언약과 약속에 대해 기독교 신학의 틀 안에 있는 사람에게 이건 잘못된 말이다.

그 땅에 대해 그리스도인답게 생각하기

그렇다면 신약을 통해 드러나는 그 땅 신학은 어떤 모습일까? 구약에 나타나는 분명한 영토성(territoriality)과 불일치하는 강조점들을 체계화하기 위한 많은 연구들이 진행되었다. 구약이 이 주제를 제시하는 방법을 6개의 다른 모델로 정리한 학자도 있다.[13] 하지만 우리는 앞서 신약에 드러난 이 주제에 대해서는 학문적인 관심이 별로 없었던 것을 살펴보았다. 데이비스(W. D. Davies)는 자신의 저서 『복음과 그 땅』에서 중요한 본문들을 조사하기 시작했지만, 현대에 응용할 수 있는 안내를 제공하지는 않는다.

신약이 말하지 않는 것

신약과 관계없는 견해들을 제시하면서 시작하는 편이 도움이 될 것이다. 예를 들어 신약은 그리스도인들이 어떤 식으로든 족장들에게 주어진 그 땅에 관한 약속을 **자신들의 것**으로 여길 수 있게 되었다고 말하지 않는다. 신약은 믿음 안에서 그리스도를 따르는 자들은 아브라함의 유산에 대해 방어적인 주장을 할 수 있고 심지어 "아브라함의 자손"이라고 불릴 수도 있다고 확고히 말하지만, 그럼에도 여전히 그 유산 곧 그 땅에 대한 약속을 주장하지 않는다. 신약은 기독교 성지를 세우거나 예루살렘이 중심이 될 그리스도의 왕국을 세우는 데 열심을 내지 않는다. 비잔틴 제국이나 유럽 군대에서 곧 익숙하게 터져 나올 요구들을 신약에서는 발견할 수 없다.

한 가지가 두드러진다. 교회는 영토 신앙에 대해 논쟁이 한창이던 유대 세계에서 탄생했기 때문에 의도적으로 또 하나의 영토 종교가 되지 않기로 선택했다. 앞서 보았듯이, 이런 결정을 하게 된 원동력은 주님으로부터 나왔다. 복음서들은 예수가 어떻게 이 논쟁들을 다뤘는지 그리고 그를 따르는 자들과 당시 영토 관련 운동을 이끌면서 품고 있던 열정을 분리해냈는지를 면밀하게 보여준다.

신약은 히브리 성경과 유대교를 보면서 영토와 관련된 주장을 입증하려고 하지 않는다. 신약 공동체는 성지를 다시 한번 유대인만의 것으로 만들고자 힘쓰던 1세기의 분위기에 가담하지 않았다. 기원후 66년에 있었던 큰 전쟁을 포함하여 모든 세기를 통틀어, 예수의 제자들은 유대 영토주의와 선을 그었다. 구약의 예언자들이 말한 약속들을 로마인과 열심당원의 세계에 적용하는 것은 근거 없고 어쩌면 너무 순진한 행동으로 보였을지도 모른다. 아브라함의 진짜 자손의 정체성이 논의되고 있는 상황에서는, 유대인의 성취와 그리스도인의 협력에 대한 요구가 이상하게 들렸을 것이다. 기독교 신학은 영토 종교, 특히 유대에서 발견된 그 영토 종교의 활기를 잃게 하는 질문들을 던졌다.

그러나 그렇다고 해서 신약이 그 땅을 아무런 관계가 없는 것으로 무시한 것은 아니다. 앞서 보았듯이, 복음서가 그리스도의 계시를 말할 때는 그 계시가 주어진 장소에 대해서도 반드시 언급하고 있다. 역사가 중요하기에 장소도 중요하다. 신약에서 성육신은 모든 특이성을 지닌 인간의 삶을 진정으로 포용한다. 이 지점에서 신학과 역사가 결합하게 되는데, 이 두 가지는 그리스도인들이 자신들의 세계와 그리스도를 어떻게 바라볼지를 결정하는 연결점이 된다. 데이비스는 이렇게 말한다.

복음서의 출현은 마땅히 선포적이었으며, 기독교 전통 안에서 드러나는 역사적이고 따라서 지형적인 관심을 목도하게 되는데, 이는 **실재물** (realia)의 물리적 중요성을 그대로 인정하는 것이다. 예수는 시간뿐만 아니라 공간에도 속해 있었다. 그리고 그 공간과 그분이 차지했던 공간들이 의미를 가졌기 때문에, 유대교의 실재물은 기독교 안에서도 계속해서 실재물이었다. 기독교 전통에서 역사는 지리를 필요로 했다.[14]

따라서 성육신적인 신학에 충실하기 위해서는 **장소**에 의미를 부여해야 한다. 이런 점에서 교회의 믿음은 영지주의가 아니었다. 계시는 인간의 역사 밖이 아닌 그 안에서 일어났다. 성지는 신적 계시의 장소였으므로 계속해서 성스러웠다.

요약하면 신약은 유대교와는 다른 질문을 했고, 일단 이 질문들이 나오자 영토 신학에 관한 예전의 질문들은 쓸모없게 되었다. 신약은 "누가 그 땅을 소유하는가?"라는 질문을 하지 않는다. 신약은 먼저 하나님과 그 땅의 관계를 살피고, 그리스도가 그 땅에 들어감으로 인해 어떻게 그 땅이 변화되었는지를 묻는다. 여기서 예수의 견해는 교훈이 된다. 저 위대한 포도원(앞서 보았듯이 포도원은 약속의 땅이다) 비유 이야기에서 볼 수 있듯이, 예수는 포도원을 소유할 수 있다는 기대를 뒤엎는다. (공관복음에서) 하나님은 유일한 주인이시며, 그저 소작인들에 불과한 사람들은 진짜 주인이 도착하면 자신들의 소작 활동이 끝난다는 것을 깨달아야 한다. 그리고 요한복음 15장에 나오는 포도원의 모티프는 다른 방향으로 흘러간다. 그리스도만이 "그 땅"과 연결될 수 있다. 이에 따라 우리가 직접 그 거룩한 땅을 취할 수 있는지가 아니라 우리가 그 땅에 심길 수 있는지, 즉 그분께 접붙여질 수 있는지를 마지막으로 질문한다. **그 땅의 소유권을 묻는 것은 그리스도인의 질문이 아니다.** 대신 신약은 우리가 그 소유주를 아는지, 또는 다른 틀로 말하면 그 땅이 우리를 소유하는지를 질문한다. 그 땅은 하나의 상품이고 그것을 소유하기 위해 행해야 할 의무가 있다는 식으로 해석하는 것은 신약의 시각이 아니다.

그 땅에 대한 신약 신학의 윤곽

그렇다면 신약은 그 땅에 대해 벌어지고 있는 현재의 대화에 대해, 특히 중동에서 벌어지고 있는 갈등에 대해 어떻게 말하고 있는가?

역사적 기억

브루그만은 그가 "공간"(space)과 "장소"(place)라고 부르는 것을 구분한다. 공간은 "자유의 영역"을 의미하는 것으로서, 책임이 없고 비어 있으며 어쩌면 중립적이다. 우리는 공간을 통제할 수 있고 그것을 상품으로 만들 수 있으며 우리의 목적에 맞게 사용할 수도 있다. 하지만 장소는 다르다. "장소는 역사적 의미가 있는 공간이자 지금도 기억하고 있는 일이 일어났던 곳으로서 세대를 거쳐 연속성과 정체성을 제공한다."[15] 이런 의미에서 장소는 우리에게 주장을 할 수 있고 장소가 보존하는 것에 순응할 것과 더불어 우리의 겸손과 돌봄을 요구할 수 있다.

성경신학에서 그 땅은 한 명의 주인이 자기 것이라 주장하거나 마음대로 사용할 수 있는 빈 공간이 결코 아니다. 그 땅은 하나님이 일하셨던 장소다. 하나님이 자신을 드러내셨으며 자기 백성을 불러 언약을 맺으셨고 그들에게 영적 역사의 뿌리를 내리게 하셨던 곳이다. 하나님의 백성에게 있어 가장 큰 유혹은 그 성지를 공간으로, 즉 소유할 수 있거나 텅 빈 땅으로, 또는 그곳에 사는 거주민이 아무것도 주장할 수 없는 이미 소유된 어떤 것으로 취급하는 것이다. 그리고 이는 늘 그 땅을 장악하고 정치적인 보유물로서 상품화하려는 시도로 드러났다.

그 땅에서 발견되는 구원의 위대한 행위를 목격한 그리스도인들은 이 땅에 대한 존중과 존경의 태도를 현명하게 발전시켜왔다. 그 땅이 세계에 있는 다른 땅보다 더 우월하다는 말은 아니다. 하지만 그 땅은 그것이 들려주는 이야기로 인해 가치를 가진다. 그 땅의 문화를 배경으로 한 일련의 구체적인 사건들이 바로 그것이다. 그리고 다른 모든 땅들은 그 땅을 보면서 자신들의 구원과 소망이 되는 어떤 것을 발견하게 된다.

그렇다고 성지가 다른 장소에서는 소용없어지는 영적 약속들을 갖고 있다는 의미는 아니다. 요단강에서 베푸는 세례가 파리나 보스톤에서 베푸는 세례보다 더 효과가 있는 것은 아니다. 플라스틱 병에 담아 온 여리고의 모래가 성지의 모래**라고 해서** 치유의 성질을 갖는 것은 아니다. 그럼에도 불구하고 그 땅은 믿음과 만나면 힘 있는 이야기를 들려주는 땅이 된다. 순례는 좋은 것이다. 영적인 물건이나 신기한 능력이 있는 기념품을 모으는 기회라서가 아니다. 성지를 방문함으로써 우리가 구원받은 역사적 사건들을 다시 기억하고 하나님이 우리를 위해 말씀하시고 행하신 것들을 새롭게 할 수 있어서 좋은 것이다. 성묘 교회가 성스러운 까닭은 거기서 일어났던 중요한 사건들 때문이다. 하지만 그것을 권리로 소유하겠다고 주장하는 것, 즉 그것을 소유할 수 있으며 그것이 유익을 가져다줄 것이라고 여기는 것은 잘못된 생각이다. 아합과 이세벨 사건이 주는 경고를 명심하라.

성육신과 땅

신약의 교회는 그 땅을 신학적 장소로 재발견하기 위해 구약까지 거슬러 올라갈 필요가 없었다. 그들은 그리스도를 바라보았다. 그들에게 그 땅은 단순히 어떤 영적 실천을 위한 상징이 아니었다. 이런 관점에서 (데이비스와는 **반대로**) 신약이 그 땅을 영적인 의미로 보았다고 말하는 것은 잘못이다. 오히려 신약은 성지의 예언들을 재배치하고 그리스도 안에서 그것들을 발견한다. "신약은 그리스도가 가는 곳마다 거룩한 공간을 발견한다."[16] 따라서 모든 장소 중에서 가장 거룩한 곳인 성전도 그리스도 안에서 발견된다. 그리고 그리스도는 또한 "더 나은 본향"을 열망하는 그리스도인이 거할 "장소"가 되신다.

즉 신약은 그 땅을 **땅으로** 보지 못하게 만드는 오류에서 자유롭다는 의미다. 그리스도가 당신의 공동체와 함께 살고 거하셨으므로, 그들은 그분과의 관계에서 자신들의 삶의 장소를 발견한다. 이스라엘 지파들이 가나안에서 장소를 찾았던 것처럼, 그리스도인들은 그리스도와 함께 장소를 발견했다. 따라서 그리스도인이 성지를 하나의 종교적 욕망의 대상으로 추구한다면 신약의 주장을 단단히 오해하는 것이다. 신약은 그 땅에 대해 깊은 존경심을 갖고 있으면서도, 신자들로 하여금 모든 땅으로 가라고 명한다. 그리스도가 세상 끝까지 함께하실 것이라고 약속한다(마 28장; 행 1장). 이제 아브라함의 자손들의 주장은 전 세계를 향한다(롬 4장).

아마도 이 주제에 대해 가장 포괄적인 신학적 설명을 내놓은 사람은 칼 바르트일 것이다.[17] 그는 두 번의 전쟁을 통해 유럽에 있는 유대인의 삶이 완전히 파괴되는 것을 보면서, 1948년 이스라엘 국가의 설립이 도덕적이고 정치적으로 꼭 필요한 일이었다고 말하며 지지를 표했다. 그러나 『교회교의학』에서는 왜 영토 신학이 그리스도인들에게 심각한 오류인지를 신중하게 다룬다. 그는 신약의 증거들을 조사한 후 그리스도인들이 "성지"에 대한 관심을 따르는 것은 가장 심각한 신학적 퇴보가 될 것이라고 결론을 내렸다. 바르트는 그것이 "유대교로의 퇴보"[18]라고 말한다. 그가 이렇게 보는 이유는 다음과 같다.

지도에 표시할 수 있는 어떤 거룩한 산이나 도시나 땅은 더 이상 존재하지 않는다. 공간 안에 있던 하나님의 거룩함이 갑자기 무가치해졌거나 이교도의 신이 그곳을 차지했기 때문이 아니다. 모든 예언이 이제 예수 안에서 성취되었고 하나님의 모든 거룩함이 그렇듯이 공간 안에 있던 하나님의 거룩함도 이제 나사렛 예수 안에서 발견되기 때문이다.[19]

그러므로 신약은 예전에는 "시내산, 시온, 벧엘, 예루살렘"에 걸었던 모든 기대를 그리스도 안에 위치시킨다. 그리스도인이 유대인 영토주의로 돌아가는 것은 성육신에서 분명해진 것을 근본적으로 거부하는 행위다. 하나님이 거하시는 곳으로 새롭게 발견된 장소 곧 그분의 아들에 대한 헌신을 저해하는 것이다. 이것은 왜 신약이 예전에는 성지나 성전에 적용했던 종교적 언어를 그리스도에게 적용하는지에 대한 설명이다. 그분은 하나님을 만날 수 있는 새로운 공간이자 새로운 장소가 되신다.

땅이 없지만 땅을 차지하다

그 땅에 대한 이런 단절-연결(disconnection-connection)의 구도 때문에 그리스도를 따르는 사람들은 독특한 모순을 경험한다. 그리스도의 삶의 사건들이 많은 성경 지역에서 일어났기에, 그리스도를 따르는 사람들도 그 땅과 연결되어 있다. 혹은 예루살렘에 있는 돌미시온 수도원(Dormition Abbey)의 베네딕도 수도사인 바질 픽스너(Fr Bargil Pixner)의 말처럼, 그 땅은 그리스도인에게 "다섯 번째 복음서"로서 예수의 삶의 사건들이 일어난 실제 시간과 장소를 기록함으로써 우리에게 그 복음의 이야기를 들려준다.[20] 그러나 픽스너는 우리를 성지로 이끌면서도 동시에 훌륭한 신학자답게 하나님이 다른 땅에서 거하시는 것과는 다른 방식으로 그곳에 거하시는 것은 아니라고 상기시킨다.

그리스도인들은 실제로 다른 "땅들"에 살고 있고, 이 땅들도 역시 **땅으로서** 해석할 필요가 있다. 성지라는 개념을 포기할 때 야기되는 문제는, 신학이 거룩한 공간을 잃어버리고 일반적으로 편재성(ubiquity of God in all places)이나 일반적인 "임재"를 주장하는 쪽으로 회귀하게 된다는 것이다. **하나님은 모든 곳에 계시지만 궁극적으로 어느 곳에도 계실 수 없게 된다.** 이런 견해는 모든 땅을 똑같이 가치 있고 의미 있게 본다는 점에서 장점을 갖기도 하지만, 신약이 말하는 뭔가 중요한 것을 놓치게 된다. 신적 임재의 장소인 그리스도가 하나님 오른편으로 올라가셨다면, 교회에 주신 성령의 선물은 이제 뭔가 다른 것이 세상에서 일하고 있음을 암시한다. 신약이 교회를 **그리스도의 몸**이라고 말한 것은 우연이 아니다. 교회는 하나님을 다시 한번 세상에서 만날 수 있는 두 번째 장소다. 교회는 그리스도가 세상에서 행했던 일을 행하도록 하나님으로부터 의무와 권리를 부여받은 공간이다.

따라서 신약은 교회가 살아 계신 하나님의 성전이며 성령 안에서 아버지와 아들이 거하시기로 선택한 장소라고 마음껏 말할 수 있다(요 14:23; 벧전 2:9). 그럼으로써 신약은 성지 문제를 교회론으로 바꾸어 놓는다. 다른 땅 곧 하나님으로 인해 깊은 가치를 갖게 된 땅에 있는 그리스도인들은 그들과 함께 이 장소들에 그리스도의 실재가 임하도록 할 수 있다. 이것이 바로 기독교 선교의 근간이 된다. 전에는 성전과 그 땅이 했던 일, 즉 하나님의 임재를 세계 모든 나라에 드러내는 일을 이제 교회가 위임받게 되었다.

기독교 신학이 민족주의를 부추긴 과거 십자군 전쟁이나 기독교 시온주의자들의 요구와 결탁했던 것처럼 어떤 세대의 정치적 혹은 역사적 힘을 위해 일하게 될 때, 기독교는 세상에서 가장 중요한 사명을 잃게 된다. 그런 신학은 그 즉시 그리스도 안에서 분명해진 일의 핵심을 무시하고 힘과 통치권을 빼앗으려고 경쟁하는 세상 이데올로기들과 경쟁하게 됨으로써 결국엔 주님께 불순종하게 된다. 신약의 드라마와 성공이 말하고자 하는 바는 그 책이 우리 세계와 전혀 다르지 않은 세계에서 예언적 목소리를 낼 수 있었다는 것이다. 성지를 다시 주장하고, 하나님의 이름으로 영토를 재정복하려고 하며, 다른 종족을 배제하고 한 종족에게 종교적 특권을 부여하려는 외침들에 대해, 신약은 아니라고 말한다. 예수는 그런 것들을 멀리하는 신실함을 요구하였고, 더 나아가 종교적 특권으로 지지를 받던 영토 관련 주장들이 더 이상 설 수 없는 시대와 왕국을 마음에 품으라는 가르침을 남겼다.

미주

서문: 땅, 장소, 종교

1. 참조. Pappe, I., *The Ethnic Cleansing of Palestine* (Oxford: Oneworld, 2007). 『팔레스타인 비극사』(열린책들 역간).
2. Boyarin, D., *A Radical Jew: Paul and the Politics of Identity* (Berkeley: University of California Press, 1994), 252.

1장 _ 성경의 유산

1. Brueggemann, W., *The Land: Place as Gift, Promise and Challenge in Biblical Faith*, 2nd edn (Minneapolis: Fortress, 2002), 3. 『성경이 말하는 땅』(CLC 역간).
2. Davies, W. D., *The Gospel and the Land* (Berkeley: University of California Press, 1974). 또 다음의 책도 참조하라. *The Territorial Dimension of Judaism* (Minneapolis: Fortress, 1982).
3. 위의 두 번째 책, 19.
4. 다음 책에서 인용됨. *The Gospel and the Land*, 56.
5. 오늘날 전 세계 유대인들에게 존경받는 베트 쉐아림과 수많은 디아스포라 유대인들의 무덤을 방문할 수 있다.

2장 _ 디아스포라 유대인과 그 땅

1. Panayotov, A., "The Jews in the Balkan Provinces of the Roman Empire: The Evidence from the Territory of Bulgaria," in Barclay, J. M. G., ed., *Negotiating Diaspora: Jewish Strategies in the Roman Empire* (London: T&T Clark, 2004), 38-65.
2. Evans, C., and Trebilco, P. R., "Diaspora Judaism," in Evans, C., and Porter, S.,

예수와 땅의 신학

Dictionary of New Testament Backgrounds (Downers Grove: IVP, 2000), 285.

3. 그곳들의 위치를 알려면 다음을 참조하라. Schürer, E., with Vermes, G., Millar, F., and Goodman, M., eds, *The History of the Jewish People in the Age of Jesus Christ*, vol. 3.1 (Edinburgh: T&T Clark, 1986), 8-9.

4. 이 프레스코화들은 현재 시리아 다마스커스의 국립 고고학 박물관에 전시되어 있다.

5. Schürer, *History of the Jewish People*, 3.1.21-2.

6. Barclay, J. M. G., *Jews in the Mediterranean Diaspora from Alexander to Trajan (323 BCE-117 CE)* (Edinburgh: T&T Clark, 1996).

7. 다음 책에서 인용됨. Schürer, *History of the Jewish People*, 3.1.141 and 2.448 n. 102.

8. 위의 책. 3.1.124-5, 147-9.

9. 동일한 책, 3.1.138.

10. 다음 책에서 인용됨. Evans, C., and Trebilco, P. R., "Diaspora Judaism," in Evans, C., and Porter, S., *Dictionary of New Testament Backgrounds* (Downers Grove: IVP, 2000), 293-4.

11. Amaru, B. H., "Land Theology in Philo and Josephus," in Hoffman, L. A., ed., *The Land of Israel, Jewish Perspectives* (Notre Dame: University of Notre Dame Press, 1986), 65-91.

12. 위의 책, 86.

13. 위와 동일.

3장 _ 예수와 그 땅

1. Brandon, S. G. F., *Jesus and the Zealots: A Study of the Political Factor in Primitive Christianity* (Manchester: Manchester University Press, 1967).

2. Crossan, John Dominic, *The Historical Jesus: The Life of a Mediterranean Jewish Peasant* (New York: HarperOne; Edinburgh: T&T Clark, 1991). 『역사적 예수』(한국기독교연구소 역간).

3. Wright, N. T., *Jesus and the Victory of God* (Minneapolis: Fortress; London: SPCK,

1997), 83-91. 『예수와 하나님의 승리』(크리스챤다이제스트 역간). 다음 책도 참조하라. Horbury, W., "Christ as Brigand in Ancient Anti-Christian Polemic," in Bammel, E., and Moule, C. F. D., eds, *Jesus and the Politics of His Day* (Cambridge: Cambridge University Press, 1984), 183-95.

4. Stauffer, E.가 *Christ and the Caesars* (English Translation; London: SCM Press, 1955)에서 "Christ and the Story of the Tribute Money"에 대해 고전적으로 다룬 내용을 참고하라.

5. Marchadour, A., and Neuhaus, D.가 *The Land, the Bible, and History* (New York: Fordham University Press, 2007), 61-77에서 말한 것을 참조하라.

6. Schnabel, E., *Mission in the New Testament* (Downers Grove: IVP, 2004), 327-82. Schnabel은 대다수의 비판적 의견을 거부하고 예수는 복음 전도가 전통적인 유대교의 한계를 넘어서야 함을 확신하셨다고 주장한다.

7. 참조. France, R. T., *The Gospel of Matthew* (Grand Rapids: Eerdmans, 2007), 381.

8. Resseguie, J., *Spiritual Landscape: Images of the Spiritual Life in the Gospel of Luke* (Peabody: Hendrickson, 2004).

9. France, *The Gospel of Matthew*, 166.

10. Hagner, D., *Matthew 1-13*, Word Biblical Commentary, 33A (Grand Rapids: Word, 1993), 92. 『마태복음 상』(솔로몬 역간).

11. Herrmann J., *kleros, Theological Dictionary of the New Testament* (Grand Rapids: Eerdmans, 1964), 3.759-61.

12. 일부 해석가들은 *ge*(게)가 여전히 "땅(earth)"을 의미하며, 재건된 세계에 대한 유대인의 희망을 나타낸다고 본다. 롬 4:13을 참고하라.

13. Brueggemann, W., *The Land: Place as Gift, Promise and Challenge in Biblical Faith*, 2nd edn (Minneapolis: Fortress, 2002), 164. 『성경이 말하는 땅』(CLC 역간).

14. 위의 책, 162.

15. Davies, W. D., *The Gospel and the Land* (Berkeley: University of California Press, 1974), 355.

16. 무화과는 여러 가지 방법으로 유대인의 상징으로 사용되었다. 다음 책을 참고하라. Snodgrass, K., *Stories with Intent: A Comprehensive Guide to the Parables of Jesus* (Grand

Rapids: Eerdmans, 2008), 259-60.

17. Marshall, I. H., *The Gospel of Luke: A Commentary on the Greek Text* (Grand Rapids: Eerdmans; Exeter: Paternoster, 1978), 555.

18. 다음 책은 초기 유대교부터 그리스-로마의 문서, 초기 기독교의 외경과 후기 유대교 문서의 예를 제공한다. Snodgrass, *Stories with Intent*, 256-7.

19. 문헌과 논의의 비평은 다음 책을 참조하라. Snodgrass *Stories with Intent*, 276-99. 동일 저자의 초기작도 참조하라. "Recent Research on the Parable of the Wicked Tenants: An Assessment," *Bulletin for Biblical Research* 8 (1998), 187-215.

20. 마태복음 19장에 요약된 이러한 주제의 연관성과 적용은 다음 책에 나와 있다. Davies, *The Gospel and the Land*, 363ff. 다음 책도 참조하라. Wright, *Jesus and the Victory of God*, 320-68. 『예수와 하나님의 승리』(크리스챤다이제스트 역간).

21. Brueggemann, *The Land*, 164.

22. 위의 책, 161

4장 _ 제4복음서와 그 땅

1. Dodd, C. H., *Historical Tradition in the Fourth Gospel* (Cambridge: Cambridge University Press, 1963); Anderson, P. N., "Aspects of Historicity in the Gospel of John: Implications for Investigations of Jesus and Archaeology," in Charlesworth, J., ed., *Jesus and Archaeology* (Grand Rapids: Eerdmans, 2006), 587-618.

2. Burge, G., *Interpreting the Gospel of John* (Grand Rapids: Baker, 1992); Blomberg, C., *The Historical Reliability of John's Gospel* (Leicester: Apollos; Downers Grove: IVP, 2001); Ashton, J., *Understanding the Fourth Gospel*, 2nd edn (Oxford: Oxford University Press, 2007).

3. 요한복음과 최근의 고고학의 개요는 다음 책들을 참조하라. Wahlde, U., "Archaeology and John's Gospel," in Charlesworth, J., ed., *Jesus and Archaeology* (Grand Rapids: Eerdmans, 2006), 523-86.

4. 고고학자인 Eli Shukrun의 최초의 발표는 「예루살렘포스트」에 발행되었다, 2004년

6월 10일, 5쪽. 다음 책들도 참조하라. Shanks, H., "The Siloam Pool: Where Jesus Cured the Blind Man," *Biblical Archaeology Review* 31.5 (2005), 16-23; von Wahlde, U., "The Pool of Siloam: The Importance of the New Discoveries for Our Understanding of Ritual Immersion in Late Second Temple Judaism and the Gospel of John," in Anderson, P., Just, F., and Thatcher, T., *John, Jesus, and History*, vol. 2, *Aspects of Historicity in the Fourth Gospel* (Atlanta: SBL, 2009), 155-74.

5. Davies, W. D., *The Gospel and the Land* (Berkeley: University of California Press, 1974), 289.

6. Robinson, J. A. T., *The Priority of John* (London: SCM Press, 1985), 52, 출처 표기 없이 C. H. H. Scobie를 인용.

7. Robinson, *The Priority of John*, 67.

8. Brown, R. E., *The Community of the Beloved Disciple* (New York: Paulist Press; London: Geoffrey Chapman, 1979). 『요한 공동체의 역사와 신학』(성광문화사 역간)은 가장 유명하다. Martyn, J. L., *History and Theology in the Fourth Gospel*, 2nd edn (Nashville: Abingdon, 1979).

9. 다음의 상반된 견해를 참고하라. Kerr, A. R., *The Temple of Jesus' Body: The Temple Theme in the Gospel of John*, Journal for the Study of the New Testament Suppl. Series 220 (Sheffield: Sheffield Academic Press, 2002), 136-66.

10. Köstenberger, A., "Destruction of the Temple and the Composition of the Fourth Gospel," in Lierman, J., ed., *Challenging Perspectives on the Gospel of John* (Tübingen: Siebeck, 2006), 97-103.

11. McKelvey, R. J., *The New Temple: The Church in the New Testament* (Oxford: Oxford University Press, 1969); Walker, P. W. L., *Jesus and the Holy City. New Testament Perspectives on Jerusalem* (Grand Rapids: Eerdmans, 1996); Beale, G., *The Temple and the Church's Mission: A Biblical Theology of the Temple* (Downers Grove: IVP, 2004); Gray, T., *The Temple in the Gospel of Mark: A Study in Its Narrative Role*, Wissenschaftliche Untersuchungen Zum Neuen Testament, 2 Reihe (Tübingen: Mohr Siebeck, 2008; reprinted, Grand Rapids: Baker, 2010).

12. 참조. Nereparampil, L., *Destroy this Temple: An Exegetico-Theological Study of Jesus's*

Temple-Logion in Jn 2.19 (Bangalore: Dharmaram College, 1978).

13. Davies, *The Gospel and the Land*, 294.

14. 같은 책, 295.

15. McCaffrey, J., *The House with Many Rooms: The Temple Theme of Jn 14, 2-3* (Rome: Biblical Institute Press, 1988).

16. Barrett, C. K., *The Gospel According to St. John*, 2nd edn (London: SPCK, 1978), 393.

17. Behm's article on *ampelos*, in *Theological Dictionary of the New Testament* (Grand Rapids: Eerdmans, 1964), 1.342f.; Brown, R. A., *The Gospel According to John* (New York: Doubleday, 1970), 2.669; Johnston, G., "The Allegory of the Vine," *Canadian Journal of Theology* 3 (1957), 150-8; and Rosscup, J., *Abiding in Christ: Studies in John 15* (Grand Rapids: Zondervan, 1973).

18. Jaubert, A., "L'image de la Vigne (Jean 15)," in Christ, F., ed., *Oikonomia: Heilsgeschichte als Thema der Theologie: O. Cullmann zum 65 Geburtstag gewidmet* (Hamburg: Reich, 1957), 93-9.

19. 이 은유의 사용에 대한 충분한 증거를 제시한다. Bultmann, R., *The Gospel of John* (English Translation; Oxford: Blackwell; Philadelphia: Westminster, 1971), 529-32, 참조.

5장 _ 사도행전과 그 땅

1. Scott, J. M., "Luke's Geographical Horizon," in Gill, D. W. J., and Gempf, C., eds, *The Book of Acts in Its First Century Setting*, vol. 2: *Greco-Roman Setting* (Grand Rapids: Eerdmans; Carlisle: Paternoster, 1994), 483-544.

2. Wright, C., "A Christian Approach to Old Testament Prophecy," in Walker, P. W. L., ed., *Jerusalem Past and Present in the Purposes of God* (Cambridge: Tyndale, 1992), 1-19.

3. Wright, N. T., "Jerusalem in the New Testament," in Walker, P. W. L., ed., *Jerusalem Past and Present in the Purposes of God* (Cambridge: Tyndale, 1992), 63.

4. Walker, P. W. L., *Jesus and the Holy City* (Grand Rapids: Eerdmans, 1996), 292.

5. Davies, W. D., *The Gospel and the Land* (Berkeley: University of California Press, 1974),

266.

6. Bruce, F. F., *The Acts of the Apostles: Greek Text with Introduction and Commentary*, 3rd edn (Leicester: Apollos; Grand Rapids: Eerdmans, 1990), 188.

7. Köster, H., *"topos,"* in *Theological Dictionary of the New Testament* (Grand Rapids: Eerdmans, 1964), 8.193

8. Palmer, D. W., "Acts and the Ancient Historical Monograph," in Winter, B., and Clarke, A. D., eds, *The Book of Acts in Its First Century Setting*, vol. 1: *Ancient Literary Setting* (Grand Rapids: Eerdmans; Carlisle: Paternoster, 1993), 1-30. 참조. Rosner, B. S., "Acts and Biblical History," in Winter, B., and Clarke, A. D. eds, *The Book of Acts in Its First Century Setting*, vol. 1: *Ancient Literary Setting* (Grand Rapids: Eerdmans; Carlisle: Paternoster, 1993), 65-82.

9. Simon, M., *St. Stephen and the Hellenists in the Primitive Church* (London: Longmans, 1958), 44.

10. Davies, *The Gospel and the Land*, 270.

11. Murphy-O'Connor, J., *Paul: A Critical Life* (Oxford: Clarendon, 1996), 32-70.

12. Dahl, N., "The Story of Abraham in Luke - Acts," in Keck, L., and Martyn, J. L., eds, *Studies in Luke-Acts* (London: SPCK, 1953), 153.

13. Davies, *The Gospel and the Land*, 271.

14. Manson, W., *The Epistle to the Hebrews* (London: Hodder & Stoughton, 1951), 35; 다음 책에서 인용됨. Davies, *The Gospel and the Land*, 272.

6장 _ 바울과 아브라함에게 주신 약속들

1. Walker, P. W. L., *Jesus and the Holy City* (Grand Rapids: Eerdmans, 1996), 114 - 16.

2. Davies, W. D., *The Gospel and the Land* (Berkeley: University of California Press, 1974), 166-8.

3. Wright, N. T., "Jerusalem in the New Testament," in Walker, P. W. L., ed., *Jerusalem Past and Present in the Purposes of God* (Cambridge: Tyndale, 1992), 70; 다음 책에서 인용됨. Walker, *Jesus and the Holy City*, 120.

4. 위의 책, 121.

5. Davies, *The Gospel and the Land*, 168; Calvert, N., "Traditions of Abraham in Middle Jewish Literature: Implications for the Interpretation of Paul's Epistles to the Galatians and the Romans," 미발표 박사학위 논문, University of Sheffield, 1993.

6. Davies, *The Gospel and the Land*, 177; Barrett, C. K., *From First Adam to Last: A Study in Pauline Theology* (London: Black; New York: Scribners, 1962), 31; 참조. Käsemann, E., "The Faith of Abraham in Romans 4," in *Perspectives on Paul* (London: SCM Press; Philadelphia: Fortress, 1971), 86.

7. Nanos, M. D., *The Irony of Galatians: Paul's Letter in First Century Context* (Minneapolis: Fortress, 2002).

8. Boyarin, D., *A Radical Jew: Paul and the Politics of Identity* (Berkeley: University of California Press, 1997).

9. 위의 책, 106.

10. Dunn, J. D. G., *The Theology of Paul the Apostle* (Edinburgh: T&T Clark; Grand Rapids: Eerdmans, 1998), 382. 『바울신학』 (크리스천다이제스트).

11. Davies, *The Gospel and the Land*, 176.

12. Wright, N. T., *The Climax of the Covenant: Christ and the Law in Pauline Theology* (Edinburgh: T&T Clark; Minneapolis: Fortress, 1992), 162-8; Boyarin, *A Radical Jew*, 145 n. 19. Boyarin은 아람어에서 씨앗의 근본적 의미는 가족을 대표하는 일반적 단어라고 언급한다.

13. Bruce, F. F., *The Epistle to the Galatians: A Commentary on the Greek Text* (Exeter: Paternoster; Grand Rapids: Eerdmans, 1982), 172-3; Daube, D., "The Interpretation of the Generic Singular," in Daube, D., *The New Testament and Rabbinic Judaism* (London: Athlone, 1956), 438-44. Bruce는 미쉬나 샤바트 9.2의 다른 곳에서도 쓰인 히브리어 *zera'*(씨앗)와 창세기 라바에 나오는 *dam*(피)을 언급한다.

14. Dunn, J. D. G., *The Epistle to the Galatians* (London: Black, 1993), 184.

15. 나는 이 장에서, 아브라함 언약이 계속 유효하기를 소망하고 그것이 바울의 가르침을 완전히 뒤집어서 생각하는 것이라고 믿는 특별한 해석자들에 대해 생각하고 있다.

16. Wright, N. T., *Paul: A Fresh Perspective* (London: SPCK; Minneapolis: Fortress, 2005),

113-14. 그의 다음 책도 참조하라. *The Climax of the Covenant*, 157- 74.

17. 어떤 사람들은 이것을 우화라고 부른다. 중요한 차이점에 대해서는 다음 책을 참조하라. Fung, R. Y., *The Epistle to the Galatians* (Grand Rapids: Eerdmans, 1988), 217-20.

18. 앞의 책, 311 n. 67. 다음 책도 참조하라. Wright, *Paul: A Fresh Perspective*, 114.

19. Dunn, *The Epistle to the Galatians*, 344.

20. Fitzmyer, J., *Romans* (New York: Doubleday, 1993), 384.

21. Wright, N. T., *The New Testament and the People of God* (London: SPCK; Minneapolis: Fortress, 1993), 251. 『신약성서와 하나님의 백성』(CH북스).

22. 앞의 책, 263

23. Barrett, C. K., *From First Adam to Last* (London: Black, 1962), 34.

24. Robertson, O. P., "A New Covenant Perspective on the Land," in Johnston, P., and Walker, P., eds, *The Land of Promise* (Downers Grove: IVP, 2000), 135.

25. Robertson, O. P., "A New Covenant Perspective on the Land," in Johnston, P., and Walker, P., eds, *The Land of Promise* (Downers Grove: IVP, 2000), 135.

26. Schnabel, E., *Mission in the New Testament* (Downers Grove: IVP, 2004), 1316-20.

27. Walker, *Jesus and the Holy City*, 127.

28. 하나님의 경륜에서 이방 교회가 유대인들을 대신한다는 신학적 제안이 나왔다. 용어가 영어로 교체되거나 바뀌면서 시사하는 바가 있다. (그리스도 밖에서의) 유대교와 하나님 간의 언약 관계는 끝을 맞이할 것이다. 대부분, 이러한 관점은 기독교 반유대주의의 역사에서 영감을 받은 결과다. 다음 책들을 참조하라. Diprose, R. E., ed., *Israel and the Church: The Origins and Effects of Replacement Theology* (Rome: Istituto Biblico Evangelico, 2000, 2004); and Blaising, C., and Bock, D. L., *Dispensationalism, Israel and the Church: The Search for Definition* (Grand Rapids: Zondervan, 1992).

29. Wright, *Paul: A Fresh Perspective*, 126.

7장 _ 바울 이후 발전들

1. Wright, N. T., *Surprised by Hope: Rethinking Heaven, the Resurrection, and the Mission of the Church* (New York: Harper, 2008) 저자는 현실도피로서 육체가 없는 천국의 삶을

조장하려는 서구의 기독교적 경향성에 대해 경고한다.

2. Walker, *Jesus and the Holy City*, 210.

3. Johnson, W. G., "The Pilgrimage: A Motif in the Book of Hebrews," *Journal of Biblical Literature* 97 (1978), 239-51.

4. Johnson, W. G., "The Pilgrimage: A Motif in the Book of Hebrews," *Journal of Biblical Literature* 97 (1978), 239-51.

5. Walker, *Jesus and the Holy City*, 213.

6. 예시는 다음의 책을 참조하라. Ford, J. M., *Revelation* (New York: Doubleday, 1975), 3-26.

7. 이 요약의 많은 부분이 다음 책들에서 도출되었다. Mounce, R., *The Book of Revelation* (Grand Rapids: Eerdmans, 1977), 39-44; Walker, *Jesus and the Holy City*, 235-8.

8. 최근 요한계시록의 논의는 이상주의자/과거주의자의 방법론을 사용하여 미래주의자 와 논쟁하는 것이다. Barbara Rossing, *The Rapture Exposed: The Message of Hope in the Book of Revelation* (New York: Basic Books, 2005). 『미국의 중동정책과 묵시 종말론』 (경성대학교 출판부 역간).

9. Ford, J. M., *Revelation*, 215-17.

10. Walker, *Jesus and the Holy City*, 249.

8장 _ 땅, 신학, 교회

1. Habel, N., *The Land is Mine: Six Biblical Land Ideologies* (Minneapolis: Fortress, 1995), 2. 『땅의 신학』(한국신학연구소 역간).

2. 위의 책.

3. 〈http://www.new-life.net/israel.htm〉

4. Burge, G. M., *Whose Land? Whose Promise? What Christians Are Not Being Told About Israel and the Palestinians* (Cleveland: Pilgrim; London: Paternoster, 2003). 『팔레스타 인은 누구의 땅인가?』(새물결플러스 역간).

5. New York: H. Holt/Times Books, 2006. 유대인 비평가들의 저서 중 다음 책을 참조 하라. Ben-Ami, Shlomo, *Scars of War, Wounds of Peace: The Israeli-Arab Tragedy* (Oxford:

Oxford University Press, 2006) and Boyarin, D., *A Radical Jew: Paul and the Politics of Identity* (Berkeley: University of California Press, 1994), 251-9, 현대 이스라엘은 랍비식 약속의 땅이 아닌 유럽에서 시작된 세속적 식민주의와 연계되어 있다. 유럽의 분석은 다음 책에서 찾을 수 있다. Veracini, Lorenzo, *Israel and Settler Society* (London: Pluto Press, 2006), 아랍 관점의 책은 다음 책에서 찾을 수 있다. Karmi, Ghada, *Married to Another Man* (London: Pluto Press, 2007).

6. Sizer, S., *Christian Zionism: Road-Map to Armageddon* (Downers Grove and Nottingham: Inter-Varsity, 2005). 다음 책도 참조. *Zion's Christian Soldiers?: The Bible, Israel and the Church* (Downers Grove and Nottingham: InterVarsity, 2007).

7. Weber, T., *On the Road to Armageddon: How Evangelicals Became Israel's Best Friend* (Grand Rapids: Baker Academic, 2005).

8. Smith, Robert O., "Christian Zionism: It Challenges Our Lutheran Commitments," *The Lutheran* 164 (June 2009), 1. ELCA 이번 호는 기독교 시온주의의 전체 이슈를 다뤘다. ⟨http://www.thelutheran.org/article/issue.cfm?issue=164⟩

9. 위와 동일.

10. Lindsey, H., *The Late Great Planet Earth* (Grand Rapids: Zondervan, 1970), 56-8. 이 책은 오늘날에도 구할 수 있으며 1998년에 개정되어 25판이 인쇄되었다.

11. Brog, D., *Standing with Israel: Why Christians Support the Jewish State* (Washington: Frontline, 2006). Brog는 워싱턴시에서 일하는 유대인 변호사다. 그는 워싱턴에 있는 이스라엘 로비스트와 기독교 시온주의자 간의 밀접한 관계를 설명한다. John Hagee가 이 책의 서문을 썼다.

12. Anderson, G., "Does the Promise Still Hold? Israel and the Land. An Essay and Responses," *Christian Century* (January 13, 2009); 이전에 발간된 동일한 형태의 에세이는 다음과 같다. Roman Catholic journal *First Things: A Monthly Journal of Religion and Public Life* 152 (April 2005).

13. Habel, *The Land is Mine: Six Biblical Land Ideologies.* 『땅의 신학』(한국신학연구소).

14. Davies, W. D., *The Gospel and the Land* (Berkeley: University of California Press, 1974), 366.

15. Brueggemann, W., *The Land: Place as Gift, Promise and Challenge in Biblical Faith*, 2nd

예수와 땅의 신학

edn (Minneapolis: Fortress, 2002), 4. 『성경이 말하는 땅』(CLC 역간).

16. Davies, *The Gospel and the Land*, 366.

17. Barth, K., *Church Dogmatics: The Doctrine of God*, II.1 (English Translation: Edinburgh: T&T Clark, 1957), 480-3. 이 구절은 신학자이며 바르트 학자인 Dr David Lauber 를 통해 알게 되었다. 다음 책 참조. Lilburne, G. R., "The Christification of Holy Space: Incarnation and the Land," in *A Sense of Place: A Christian Theology of the Land* (Nashville: Abingdon, 1989), 89-110.

18. Barth, *Church Dogmatics* II.1, 482.

19. 위와 동일.

20. Pixner, B., *With Jesus Through Galilee: According to the Fifth Gospel* (Jerusalem: Chorazin, 1992).

참고 도서

성경은 그 땅에 대한 주제를 제한적으로 다루고 있다. 하지만 많은 연구들이 이스라엘-팔레스타인의 영토 분쟁을 직접적으로 다루고 있으며, 윤리적 논의의 측면에서 신학적 성찰을 제공하고 있다.

또한 투쟁을 직접 겪고 있는 유대와 팔레스타인 작가들은 필연적으로 자신의 관점에서 이야기를 풀어내고 있다. 아래는 이와 관련된 주제의 토론에 유용한 참고 목록과 그에 대한 간단한 설명이다.

Ateek, Naim, *Justice and Only Justice: A Palestinian Theology of Liberation* (Maryknoll: Orbis, 1989) 오늘날 팔레스타인의 유일한 "해방신학자"라고 할 수 있는 Ateek는 성공회 사제로서 예루살렘에서 사빌(Sabeel)이라는 단체의 사역을 이끌고 있다.

Ateek, Naim, *A Palestinian Christian Cry for Reconciliation* (Maryknoll: Orbis, 2008) 1989년에 출간된 저서의 속편에 해당하는 이 책은 평화가 실현될 수 있는 방법과 함께 영토 분쟁에 있어서 신학적 윤리가 적용될 수 있는 방법을 탐색한다.

Barclay, J. M. G., ed., *Negotiating Diaspora: Jewish Strategies in the Roman Empire* (London: T&T Clark, 2004) 헬레니즘 디아스포라 지역에 거주하는 유대인의 삶이 어떻게 신학적·실용적 범주로서 땅과 위치를 재해석하도록 강요되었는지를 다룬 학문적인 연구.

Boyarin, D., *A Radical Jew: Paul and the Politics of Identity* (Berkeley: University of California Press, 1994) 바울이 보이는 유대교와의 연속성과 불연속성, 그리고 이 주제와 관련하여 바울이 이스라엘의 언약(땅 약속)을 어떻게 다루었는지를 철저히 분석한 연구.

Brueggemann, W., *The Land: Place as Gift, Promise and Challenge in Biblical Faith, 2nd edn* (Minneapolis: Fortress, 2002) 구약의 땅 주제를 다룬 연구 중 수작이라 할만하다.

다만 신약성경 본문은 제한적으로 다룬다.

Burge, G. M., *Whose Land? Whose Promise? What Christians are Not Being Told about Israel and the Palestinians* (Cleveland: Pilgrim; London: Paternoster, 2003) 이스라엘-팔레스타인 갈등 속에서 그리스도인들이 성경의 땅 약속을 어떻게 이해해야 하는지를 탐색하는 책.

Davies, W. D., *The Gospel and the Land* (Berkeley: University of California Press, 1974) 신약에 나타난 땅 모티프를 전문적으로 분석한 최초의 연구. 비록 복음서에 대해 오래된 양식비평적 견해를 보이고 있으나, 여전히 가장 중요한 연구로 여겨지고 있으며 아직도 서점에서 구입 가능하다.

Davies, W. D., *The Territorial Dimension of Judaism* (Minneapolis: Fortress, 1982) 1974년의 저작을 요약하면서 현대적인 응용법을 제시하는 책. 여러 학자들이 1967년의 전쟁에 비추어 토지와 신학의 의미를 논하는 에세이를 썼다.

Ellis, Mark, *Toward a Jewish Theology of Liberation* (Waco: Baylor University Press, 2004) 저자는 유대인을 위한 해방신학을 다루는 소수의 유대인 중 하나로서, 현대 이스라엘과 정의의 문제에 자신의 연구 주제를 적용하고 있다.

Habel, N., *The Land is Mine: Six Biblical Land Ideologies* (Minneapolis: Fortress, 1995) 히브리 성경 본문에 나타난 땅 주제를 다룬 연구. 저자는 그 땅에 대해 단 하나의 견해 대신 여러 견해가 존재함을 보여준다.

House, H. W., ed., *Israel: The Land and the People: An Evangelical Affirmation of God's Promises* (Grand Rapids: Kregel, 1998) 현대 이스라엘을 위해 땅 약속에 대한 복음주의적인 방어를 사용하는 기독교 시온주의자의 주장.

Johnston, P., and Walker, P., eds, *The Land of Promise* (Downers Grove: IVP, 2000) 땅 약속에 대한 보수 기독교인의 재평가를 다루며, 이를 현대 이스라엘-팔레스타인에 적용한다. (위의) House와는 반대의 견해를 취한다.

Loden, L., Walker, P., and Wood, M., *The Bible and the Land: An Encounter* (Jerusalem: Musalaha, 2000) 서구, 메시아적, 팔레스타인 신학자들이 이스라엘-팔레스타인의 영토 신학과 윤리적 적용을 평가하는 중요한 에세이들을 모은 책.

Sizer, S., *Zion's Christian Soldiers? The Bible, Israel and the Church* (Downers Grove and Nottingham: Inter-Varsity Press, 2007) 기독교 시온주의자들이 이스라엘-팔레스타

인에서 정치적 야망을 펼치는 데 어떻게 영토 신학을 사용했는지에 대한 중요한 연구.

Walker, P. W. L., ed., *Jerusalem Past and Present in the Purposes of God* (Cambridge: Tyndale, 1992) 하나님의 약속에 나타난 예루살렘의 신학적 장소와 그 약속이 오늘날 이스라엘-팔레스타인에서 어떻게 실현되었는지를 연구하는 에세이 모음집.

Walker, P. W. L., *Jesus and the Holy City: New Testament Perspectives on Jerusalem* (Grand Rapids: Eerdmans, 1996) (약속된 땅이라는 의미로서의) 예루살렘이 신약성경에서 어떻게 다루어지는지에 대한 연구.

Weber, Timothy, *On the Road to Armageddon: How Evangelicals Became Israel's Best Friend* (Grand Rapids: Baker, 2004) 이스라엘과 약속된 땅에 관한 복음주의 신학의 역사와 그것이 기독교 시온주의에서 어떻게 사용되었는지를 살펴본 역사적 연구.

이스라엘-팔레스타인 갈등

이스라엘-팔레스타인의 갈등은 영토에 관한 것이다. 그렇다면 우리는 "성지"에 대한 신학적 결론을 현재의 현실과 어떻게 통합할 것인가? 이 정치적 논쟁에서 오가는 의견들을 이해하는 것은 중요한 일이다. 하지만 이를 다루고 있는 책들이 너무 많다. 다음은 내가 논쟁의 양쪽 의견 중 흥미롭다고 여긴 자료들의 목록을 간략하게 정리한 것이다. 이 목록은 그 지역에서의 인간 경험에 대한 통찰력을 나누는 개인적인 이야기 또는 정치적인 분석을 담고 있는 저술들을 포함하고 있다.

Ben-Ami, Shlomo, *Scars of War, Wounds of Peace: The Israeli-Arab Tragedy* (Oxford: Oxford University Press, 2006) 이스라엘 역사가인 저자는 비판적이면서도 균형적인 시각으로 20세기 동안 이스라엘이 아랍인을 어떻게 대했는지를 다룬다.

Carter, Jimmy, *Palestine: Peace Not Apartheid* (New York: Simon & Schuster, 2006) 이스라

엘-팔레스타인 협상에 오랜 경력을 가진 전직 미국 대통령이 제시하는 갈등의 본질
과 해결책.

Chacour, E., *Blood Brothers*, expanded edition (Grand Rapids: Chosen Books, 2003) 갈릴리
의 그리스도인 사제가 1948년 그곳에서 추방당했을 때의 이야기를 들려준다. 관련
주제를 다룬 책 중 가장 먼저 참고할만한 책으로 알려져 있다.

Dunsky, Marda, *Pens and Swords: How the American Mainstream Media Report the Israeli-
Palestinian Conflict* (New York: Columbia University Press, 2008) 예루살렘 포스트
에서 아랍 문제 에디터로 근무했던 저자는 미국 언론이 이스라엘-아랍 갈등을 어떻
게 해석하는지 이스라엘인의 시각으로 분석한다.

Goldberg, J., *Prisoners: A Muslim and a Jew Across the Middle East Divide* (New York: Knopf,
2006) 이스라엘 군에 입대한 뉴욕 출신 미국계 유대인이 케츠리오트 수용소의 교도
관으로 배정된 후 아랍인과 친구가 된 이야기다.

Hass, Amira, *Drinking the Sea at Gaza* (New York: Holt/Owl Books, 2000) 한 유대인 기자가
가자 지구에서의 삶과 일의 어려움을 묘사한다.

Khalidi, Rashid, *The Iron Cage: The Story of Palestinian Struggle for Statehood* (Boston: Beacon,
2006) 컬럼비아 대학교에서 가르치는 팔레스타인 정치사학자가 20세기 팔레스타인
의 역사를 연대기적으로 돌아보면서 팔레스타인의 실패를 비판한다.

Mearsheimer, John, and Walt, Stephen, *The Israel Lobby and U.S. Foreign Policy* (New York:
Farrar, Straus & Giroux, 2007) 하버드와 시카고의 저명한 학자들의 미국 외교 정책
비평. 이 책은 중동에 대한 미국의 외교 정책이 미국의 국익보다는 워싱턴의 이스라
엘 로비에 의해 형성되었다고 주장한다.

Morris, B., *1948: A History of the First Arab-Israeli War* (New Haven: Yale University Press,
2009) 이스라엘 벤구리온 대학교의 유대 역사학자가 내놓은 이스라엘의 초기 역사
에 대한 중요하고 논쟁적인 연구.

Nathan, S., *The Other Side of Israel: My Journey Across the Jewish/Arab Divide* (New York:
Talese, 2005) 남아프리카에 뿌리를 둔 영국인 유대인이 텔 아비브로 이동한 다음
이스라엘 내 아랍 마을로 들어간다. 그는 그곳의 모습을 보며 남아프리카에서 본 것
들을 떠올린다. 생생한 1인칭 묘사가 돋보이는 책이다.

Netanyahu, Benjamin, *A Durable Peace: Israel and Its Place Among the Nations* (New York:

Warner, 2000) 현 총리이자 보수적인 이스라엘 정치인인 저자가 이스라엘의 미래에 관한 주장을 펼친다.

Pappe, Ilan, *The Ethnic Cleansing of Palestine* (Oxford: Oneworld, 2006) 이스라엘의 "포스트 시온주의" 역사학자는 논란이 되는 1948년의 사건들을 용기 있게 재구성함으로써 이스라엘의 인종청소 전략을 밝힌다.

Rabinowitz, Dan, and Abu-Baker, Khawla, *Coffins on Our Shoulders: The Experience of Palestinian Citizens of Israel* (Berkeley: University of California Press, 2005) 유대인과 아랍 사회학자가 여러 세대에 걸쳐 이스라엘에 살면서 서로 다른 경험을 겪은 가족들의 이야기를 서술하는 놀라운 책

Raheb, Mitri, *I am a Palestinian Christian* (Minneapolis: Fortress, 1995) 베들레헴에 있는 팔레스타인 루터교 목사가 점령지에서의 삶과 자신이 받은 목회 소명에 대해 이야기한다. 웨스트뱅크의 삶에 대한 직접적인 경험담.

Rees, Matt, *Cain's Field: Faith, Fratricide and Fear In the Middle East* (New York: Free Press, 2004) 타임지의 예루살렘 총국장이 아랍과 이스라엘 사회의 내부 갈등을 설명한다. 이 분야를 처음 접하는 사람들도 이해하기 쉬운 책이다.

Ross, Dennis, *The Missing Peace: The Inside Story of the Fight for Middle East Peace* (New York: Farrar, Straus & Giroux, 2004) 부시 대통령과 클린턴 행정부에서 특별 협상가로 활동한 저자는 1988-2001년에 이스라엘-팔레스타인 분쟁에 대해 직접 보고 들은 이야기들을 남겼다.

Spencer, Carol, *Danger Pay: Memoir of a Photojournalist in the Middle East, 1984-1994* (Austin: University of Texas Press, 2008) 저자는 사진의 구도를 어떻게 잡는지에 따라 어떻게 "현실"이 구성되는지를 밝히며, 이에 따라 중동에 대한 서구의 이해(혹은 오해)가 형성되었다고 주장한다.

예수와 땅의 신학

예수와 땅의 신학

시온주의의 성지 신학에 대한 성서적 반론

Copyright ⓒ 새물결플러스 2020

1쇄 발행 2020년 6월 17일

지은이	개리 버지
옮긴이	이선숙
펴낸이	김요한
펴낸곳	새물결플러스

편 집	왕희광 정인철 노재현 한바울 정혜인
	이형일 서종원 나유영 노동래 최호연
디자인	윤민주 황진주 박인미 이지윤
마케팅	박성민 이원혁
총 무	김명화 이성순
영 상	최정호 조용석 곽상원
아카데미	차상희

홈페이지	www.holywaveplus.com
이메일	hwpbooks@hwpbooks.com
출판등록	2008년 8월 21일 제2008-24호
주 소	(우) 04118 서울시 마포구 마포대로19길 33
전 화	02) 2652-3161
팩 스	02) 2652-3191

ISBN 979-11-6129-159-8 93230

책값은 뒤표지에 있습니다.

이 도서의 국립중앙도서관 출판예정도서목록(CIP)은 서지정보유통지원시스템 홈페이지(seoji.nl.go.kr)와 국가자료공동목록시스템(nl.go.kr/kolisnet)에서 이용하실 수 있습니다. CIP2020023154